DESCRIPTION PARTICULIÈRE

DE L'EUROPE

RÉDIGÉE

conformément aux derniers programmes officiels

POUR LA CLASSE DE TROISIÈME

PAR E. CORTAMBERT

NOUVELLE ÉDITION

PARIS

LIBRAIRIE DE L. HACHETTE ET Cie

BOULEVARD SAINT-GERMAIN, N° 77

DESCRIPTION PARTICULIÈRE

DE L'EUROPE

CLASSE DE TROISIÈME

ATLAS DE GÉOGRAPHIE

DRESSÉS SOUS LA DIRECTION

DE M. E. CORTAMBERT.

1° **Atlas géographique du premier âge**, contenant 9 cartes précédées d'un texte explicatif. 1 volume grand in-18. Prix, cartonné. 75 c.

2° **Atlas de géographie ancienne**, composé de 15 cartes, format 1/4 jésus. 1 volume grand in-8. Prix, cart. 2 fr. 50 c.

3° **Atlas de géographie du moyen âge**, composé de 15 cartes, format 1/4 jésus. 1 volume grand in-8. Prix, cartonné. 2 fr. 50 c.

4° **Atlas de géographie moderne**, composé de 17 cartes. 1 volume grand in-8. Prix, cartonné. 2 fr. 50 c.

Cet atlas est approprié à la classe de Sixième.

Chaque carte de cet atlas, séparément. 20 c.

5° **Atlas de géographie ancienne et moderne**, composé de 32 cartes. 1 volume grand in-8. Prix, cartonné. 5 fr.

6° **Atlas de géographie ancienne, du moyen âge et moderne**, composé de 47 cartes. 1 volume grand in-8. Prix, cartonné. 7 fr. 50 c.

7° **Atlas de géographie moderne**, contenant 54 cartes, format 1/4 jésus. 1 volume grand in-4. Prix, cartonné. 10 fr.

Cet atlas est approprié aux classes de Cinquième, de Quatrième, de Troisième et de Seconde.

8° **Atlas complet de géographie**, contenant, en 84 cartes, la cosmographie, la géographie physique, la géographie historique ancienne et moderne. 1 volume grand in-8. Prix, cartonné. 15 fr.

9° **Atlas de géographie moderne**, augmenté d'une carte géologique de la France et d'une carte de la France divisée en bassins hydrographiques, avec la distribution des espèces animales, végétales et minérales. 1 volume grand in-8. Prix, cartonné. 3 fr.

Cet atlas est surtout approprié à la Géographie physique et politique de la France.

Paris. — Imprimerie générale de Ch. Lahure, rue de Fleurus, 9.

DESCRIPTION PARTICULIÈRE

DE L'EUROPE

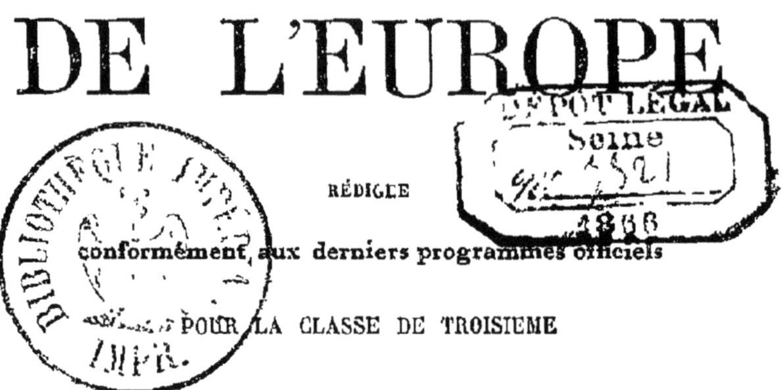

RÉDIGÉE

conformément aux derniers programmes officiels

POUR LA CLASSE DE TROISIÈME

PAR E. CORTAMBERT

NOUVELLE ÉDITION

PARIS

LIBRAIRIE DE L. HACHETTE ET Cie

BOULEVARD SAINT-GERMAIN, N° 77

1866

DESCRIPTION PARTICULIÈRE

DE L'EUROPE.

GÉOGRAPHIE PHYSIQUE DE L'EUROPE.

SITUATION, LIMITES; MERS ET GOLFES; ISTHMES ET DÉTROITS; ÎLES ET PRESQU'ÎLES PRINCIPALES.

Situation, limites; mers et golfes. — L'Europe, placée dans le N. O. de l'Ancien continent, à l'O. de l'Asie et au N. de l'Afrique, est une grande presqu'île, qui s'allonge du N. E. au S. O., et tient au reste du continent par deux côtés : à l'E., par le territoire des monts Ourals et du fleuve Oural, situé au N. de la mer Caspienne; au S. E., par l'isthme du mont Caucase, entre la mer Caspienne et la mer Noire. Elle s'étend du 35e au 77e degré de latitude nord, si l'on y comprend la Nouvelle-Zemble, et au 71e, si l'on s'arrête au cap Nord; elle est renfermée entre le 13e degré de longitude O. et le 67e degré de longitude E.

Au N., elle est baignée par l'océan *Glacial arctique;* à l'O., par l'océan *Atlantique;* au S., par la mer *Méditerranée.*

La mer *Caspienne* est, au S. E., une assez grande partie de sa limite.

L'océan Glacial arctique forme la mer de *Kara* et la mer *Blanche*.

L'océan Atlantique forme la mer *Baltique*, le *Cattégat*, la mer du *Nord*, la *Manche*, la mer d'*Irlande* et la mer de *France*, appelée aussi golfe de *Gascogne* ou mer de *Biscaye*.

On remarque dans la mer Baltique les golfes de *Botnie*, de *Finlande* et de *Livonie* ou de *Riga*. — Dans la mer du Nord, est le golfe de *Zuider-zee*. — Au S. O. de la Grande-Bretagne, se trouve celui qu'on appelle *canal de Bristol*.

La mer Méditerranée comprend la mer *Tyrrhénienne*, la mer *Adriatique*, la mer *Ionienne*, l'*Archipel*, la mer de *Marmara*, la mer *Noire* et la mer d'*Azov*.

On distingue, dans la Méditerranée, les golfes du *Lion* et de *Gènes*; dans la mer Ionienne, les golfes de *Tarente* et de *Lépante*; dans l'Archipel, le golfe de *Salonique*.

Isthmes et détroits; îles et presqu'îles principales, etc.— On passe de la mer Baltique dans la mer du Nord par les détroits du *Sund*, du *Grand-Belt* et du *Petit-Belt*, par le *Cattégat* et par le détroit du *Skager-Rack*.

On se rend de la mer du Nord dans la Manche par le *Pas de Calais*.

La mer d'Irlande communique avec l'océan Atlantique par le canal du *Nord* et le canal *Saint-George*.

On entre de l'Atlantique dans la Méditerranée par le détroit de *Gibraltar*.

La mer Tyrrhénienne est unie à la mer Ionienne par le détroit nommé *Phare de Messine*, entre l'Italie et la Sicile.

On passe de la mer Adriatique dans la mer Ionienne par le canal d'*Otrante*; de l'Archipel dans la mer de Marmara, par le détroit des *Dardanelles* (anciennement Hellespont); de la mer de Marmara dans la mer Noire, par le canal de *Constantinople* (anciennement Bosphore de Thrace); et de la mer Noire dans la mer d'Azov, par le détroit d'*Iénikalé* ou de *Kertch* (anciennement Bosphore Cimmérien).

Les côtes de l'Europe sont très-irrégulières, et forment beaucoup de presqu'îles :

Au N., on remarque la péninsule *Scandinave* et la péninsule *Cimbrique*, qui s'avancent l'une en face de l'autre, à l'O. de la mer Baltique. La première est jointe au continent vers le N. O. par l'isthme de *Laponie*, et la seconde s'y rattache au S. par l'isthme de *Holstein*. Le N. de la péninsule Cimbrique forme la presqu'île de *Jutland*.

A l'extrémité S. O. de l'Europe, est la péninsule *Hispanique*, unie au continent par l'isthme des *Pyrénées*.

Au S., on voit la presqu'île de l'*Italie*, qui a grossièrement la forme d'une botte, et qui se termine au S. par la presqu'île de *Calabre*.

On remarque encore au S. la grande péninsule *Turco-Hellénique*, dont la partie méridionale forme la presqu'île de *Morée* (anciennement *Péloponnèse*), unie au continent par l'isthme de *Corinthe*.

Entre la mer d'Azov et la mer Noire, est renfermée la presqu'île de *Crimée*, jointe au continent par l'isthme de *Pérékop*.

L'Europe a un grand nombre d'îles :

Dans l'océan Glacial, au N. E., on voit la *Nouvelle-Zemble*, qui est la terre la plus septentrionale de l'Europe ; c'est une contrée encore peu connue, très-froide et inhabitée. On la place quelquefois dans l'Asie.

Sur la côte N. O. de la péninsule *Scandinave*, on rencontre les îles *Lofoden*.

Dans le N. O. de l'Europe, se trouve la *Grande-Bretagne*, qui est l'île la plus considérable de cette partie du monde; près et à l'O. de la Grande-Bretagne, est l'*Irlande*, seconde île de l'Europe pour l'importance.

Dans le voisinage, sont les groupes des *Hébrides*, des

Orcades et de *Shetland*. Ces trois groupes composent, avec la Grande-Bretagne et l'Irlande, l'archipel des îles *Britanniques*, dont les îles *Anglo-Normandes*, dans la Manche, sont aussi une dépendance.

Plus loin, vers le N. O., on voit les îles *Færœer*, et enfin l'*Islande*, grande île très-froide, plus voisine de l'Amérique que de l'Europe et qu'il convient de rattacher aux terres américaines.

Entre le Cattégat et la mer Baltique, se trouvent les îles *Danoises*, dont les principales sont *Seeland* et *Fionie*.

Dans l'intérieur de la Baltique, sont les îles d'*Œland* et de *Gottland*, l'archipel d'*Aland*, l'archipel d'*Abo*, l'île de *Dago*, celle d'*Œsel* et celle de *Rügen*.

Dans la Méditerranée, on remarque, à l'E. de la péninsule Hispanique, les îles *Baléares* (*Majorque*, *Minorque* et *Ivice*).

Près de l'Italie, sont les grandes îles de *Sicile*, de *Sardaigne* et de *Corse*, les îles *Lipari*, l'île d'*Elbe* et celle de *Malte*.

Sur la côte N. E. de la mer Adriatique, est l'archipel *Dalmate-Illyrien*, comprenant les îles *Veglia*, *Cherso*, *Pago*, *Brazza*, *Curzola*, etc.

Près de la péninsule Turco-Hellénique, on remarque beaucoup d'îles, dont les principales sont les îles *Ioniennes* (*Corfou*, *Sainte-Maure*, *Théaki* ou *Ithaque*, *Céphalonie*, *Zante*, *Cérigo*) ; —celle de *Négrepont* ou *Eubée*; — les *Cyclades* (*Naxos*, *Paros*, etc.) ; — *Candie* (anciennement *Crète*).

Le cap le plus septentrional de l'Europe continentale est le cap *Nordkyn*, dans la péninsule Scandinave ; mais, plus au N. encore, dans une des îles Lofoden, on voit le cap *Nord*.

A l'extrémité S. O. de la Grande-Bretagne, on remarque le cap *Land's End* ou *Finisterre*; — le cap *Saint-Mathieu* termine la France à l'O., et se trouve dans le *Finisterre* français.

A l'extrémité N. O. de la péninsule Hispanique, est un cap qu'on nomme aussi *Finisterre*. — Vers l'extrémité

S. O. de la même péninsule, est le cap *Saint-Vincent;* et à son extrémité S., est la pointe de *Tarifa*, qui est le point le plus méridional de l'Europe.

A l'extrémité S. de la Morée, se trouve le cap *Matapan.*

La longueur de l'Europe, du N. E. au S. O., depuis l'embouchure de la rivière *Kara* dans la mer de ce nom jusqu'au cap *Saint-Vincent,* est de 5400 kilomètres; du N. au S., depuis le cap *Nord* jusqu'au cap *Matapan*, on compte 4000 kilomètres. La superficie est de 10 206 000 kilomètres carrés.

GRANDES CHAÎNES DE MONTAGNES; LEUR HAUTEUR; VOLCANS; LIGNE DE PARTAGE DES EAUX; VERSANTS.

Chaînes de montagnes; leur hauteur.—L'Europe a ses plus hautes montagnes vers le S. Les pays qui bordent la mer du Nord et la mer Baltique, et les pays de l'E., sont composés de grandes plaines.

Les chaînes de montagnes européennes se dirigent généralement de l'E. à l'O., comme l'Europe elle-même : ainsi, dans l'intérieur de cette partie du monde, s'allongent dans ce sens ses plus grandes chaînes : les *Alpes*, les *Carpathes;* — cependant on y voit courir, du N. au S., quelques chaînes secondaires, comme le *Jura*, les *Cévennes*, les monts d'*Auvergne* et les *Vosges*. — Dans le S., les *Pyrénées*, le *Balkan*, le *Caucase* s'allongent de l'E. à l'O.; — mais les *Apennins*, dans l'Italie, la chaîne *Hellénique*, dans la péninsule Turco-Hellénique, les monts *Ibériques* (y compris la *Sierra Nevada*), dans la péninsule Hispanique, vont du N. au S. — Dans la partie boréale, les *Alpes Scandinaves* ou monts *Dofrines* couvrent, du N. au S., l'intérieur de la péninsule Scandinave; les monts *Grampiens*, dans la Grande-Bretagne, s'étendent de l'E. à l'O.

La plus haute de ces chaînes de montagnes est le *Caucase*, dont les points culminants sont l'*Elbrouz* (d'une altitude de 5600 m.) et le *Kazbek* (5100 m.).

Les *Alpes* viennent ensuite : leur sommet le plus élevé est le mont *Blanc* (4810 m.); le mont *Rosa* (4636 m.) y occupe le second rang.

La *Sierra Nevada* est la troisième chaîne pour l'altitude: le pic de *Mulahacen* y atteint environ 4000 mètres.

Les *Pyrénées* ont pour principaux sommets le mont *Maladetta*, le pic de *Posets* et le mont *Perdu*, qui s'élèvent à peu près à 3500 mètres.

Les autres chaînes principales de l'Europe présentent, dans leurs plus hauts sommets, l'altitude suivante : le *Balkan :* 3000 m.; — les *Apennins :* 2900 m.; — les *Carpathes :* 2700 m.; — les monts *Dofrines :* 2600 m.; — la chaîne *Hellénique :* 2500 m.; — les monts *Ourals :* 2000 m.; — les monts d'*Auvergne :* 1900 m.; — les *Cévennes* : 1800 m.; — le *Jura :* 1700 m.; — les monts *Grampiens :* 1500 m.; — les *Vosges :* 1400 m.

L'île de *Corse* est traversée du N. au S. par une chaîne de montagnes, qui atteint 2700 m.

Volcans. — Plusieurs volcans se montrent dans le sud : les principaux sont : le *Vésuve*, sur la côte occidentale de la péninsule d'Italie; — l'*Etna*, en Sicile, le plus haut volcan d'Europe (3237 m.); — le *Stromboli*, dans une des îles Lipari, qui sont toutes, d'ailleurs, de nature volcanique. — On remarque, en outre, plusieurs petits volcans qui lancent de la boue ou des gaz, soit en Sicile, soit dans le voisinage du golfe de Naples, soit sur le territoire de Modène.

L'archipel Grec est le foyer de mouvements volcaniques remarquables : souvent, et tout récemment encore, des îlots s'y sont soulevés, par l'effet de feux souterrains. En général, toute la région méditerranéenne est le centre d'une action puissante de la chaleur intérieure du sol, et les tremblements de terre y sont fréquents.

L'Islande, pleine de volcans, dont le plus célèbre est le

mont *Hekla*, vers sa côte méridionale, appartient, comme on l'a vu, plutôt à l'Amérique qu'à l'Europe.

Ligne de partage des eaux ; versants. — L'Europe est divisée en deux versants : celui du N. et du N. O., incliné vers l'océan Glacial et l'océan Atlantique ; et celui du S. et du S. E., incliné vers la Méditerranée et la mer Caspienne. L'arête ou ligne de partage des eaux qui sépare ces deux versants s'étend du N. E. au S. O., des frontières de l'Asie au détroit de Gibraltar, et elle passe par les monts *Ourals*, les monts *Valdaï*, les *Carpathes*, les *Sudètes*, les monts *Moraves*, les monts de la *Forêt de Bohême*, les montagnes des *Pins* (*Fichtel-gebirge*), les *Alpes de Souabe*, la *Forêt-Noire*, les *Alpes des Grisons*, les *Alpes Rhétiques*, les *Alpes Lépontiennes*, les *Alpes Bernoises*, le *Jura*, les *Vosges* méridionales, la *Côte d'Or*, les *Cévennes*, les *Pyrénées*, les monts *Cantabres*, enfin les monts *Ibériques*, dont la partie la plus méridionale et la plus élevée est la *Sierra Nevada*.

DIVISION DE L'EUROPE EN GRANDS BASSINS ; PRINCIPAUX FLEUVES ET COURS D'EAU ; LEUR IMPORTANCE COMMERCIALE ; ETC.

Grands bassins ; principaux fleuves. — L'Europe est, comme on l'a vu, divisée en deux versants généraux ; chacun de ces deux versants se partage en plusieurs bassins de mer.

Le versant du N. et du N. O. comprend les principaux bassins suivants : 1° bassin de l'*océan Glacial* proprement dit ; 2° bassin de la *mer Blanche* ; 3° bassin de la *mer Baltique* ; 4° bassin du *Cattégat* ; 5° bassin de la *mer du Nord* ; 6° bassin de la *Manche* ; 7° bassin de la *mer d'Ir-*

lande; 8° bassin de la *mer de France* ou du *golfe de Gascogne;* 9° bassin de l'*Atlantique* proprement dit.

La *Petchora* est le seul fleuve important qui se jette immédiatement dans l'océan Glacial. — La *Dvina septentrionale* et l'*Onéga* tombent dans la mer Blanche.

La mer Baltique reçoit, au N. et au N. O., par le golfe de Botnie, le *Torneå* et le *Dal-elf;* — à l'E., dans le golfe de Finlande, vient se jeter la *Néva*, fleuve court, mais large, qui sert d'écoulement au lac Ladoga; — dans le golfe de Riga ou de Livonie, tombe la *Dvina méridionale*. — Au S., trois fleuves, coulant du S. au N., se rendent dans cette mer par des amas d'eau qui sont moitié lacs, moitié golfes, et qu'on appelle *haffs :* le *Niémen* se jette dans le Curische-haff; la *Vistule*, dans le Frische-haff; l'*Oder*, dans le Pommersche-haff.

Les principaux tributaires de la mer du Nord sont : l'*Elbe*, le *Weser*, le *Rhin*, grand et rapide fleuve qui descend des Alpes, reçoit à droite le *Main*, à gauche la *Moselle*, et se divise en plusieurs branches pour se jeter dans l'océan; — la *Meuse*, qui reçoit quelques branches du Rhin; — l'*Escaut*, peu long, mais qui a deux larges embouchures. — Tous ces fleuves coulent sur le continent, et généralement du S. au N. — La *Tamise*, l'*Humber* et le *Forth*, dans la Grande-Bretagne, coulent de l'O. à l'E., et se jettent aussi dans la mer du Nord.

La *Seine*, qui vient de la Côte d'Or et se dirige du S. E. au N. O., est le seul fleuve considérable qui se jette dans la Manche. Elle se grossit de la *Marne* et de l'*Yonne*.

Dans la mer de France, se rendent, en coulant du S. E. au N. O., la *Loire* et la *Gironde;* cette dernière est formée de la *Garonne*, qui vient des Pyrénées, et de la *Dordogne*, qui vient des montagnes d'Auvergne.

La *Clyde* et la *Mersey*, qui sont peu longues, mais fort larges, se jettent dans la mer d'Irlande.

L'Atlantique reçoit immédiatement le *Shannon*, fleuve d'Irlande, dirigé du N. au S., et le *Minho*, le *Douro*, le *Tage*, la *Guadiana*, le *Guadalquivir*, qui coulent de l'E. à l'O., dans la péninsule Hispanique.

Le versant du S. et du S. E. comprend à son tour les principaux bassins suivants : 1° bassin de la *Méditerranée* proprement dite; 2° bassin de la *mer Tyrrhénienne;* 3° bassin de la *mer Ionienne;* 4° bassin de l'*Adriatique;* 5° bassin de l'*Archipel;* 6° bassin de la *mer Noire* et de la *mer d'Azov* réunies; 7° bassin de la *Caspienne.*

Un seul fleuve remarquable de la péninsule Hispanique se rend immédiatement dans la Méditerranée : c'est l'*Èbre*, qui coule de l'O. à l'E.

Dans le golfe du Lion va se jeter le *Rhône*, qui descend des Alpes et coule d'abord à l'O., puis au S. Il reçoit une grande et importante rivière, la *Saône.*

Sur la côte occidentale de l'Italie, débouchent l'*Arno* et le *Tibre*, peu considérables, mais qui arrosent des lieux célèbres dans l'histoire. Ils viennent des monts Apennins, coulent généralement vers l'O., et se jettent, le premier, dans la Méditerranée proprement dite, le second, dans la mer Tyrrhénienne.

Les principaux tributaires de l'Adriatique sont le *Pô* et l'*Adige*, qui ont leurs sources dans les Alpes et coulent de l'O. à l'E.

La *Maritza* (anciennement *Hèbre*) va du N. au S., et s'écoule dans l'Archipel.

La mer Noire reçoit le *Danube*, qui sort de la Forêt-Noire, et qui a 3000 kilomètres de cours, de l'O. à l'E.; il a pour grands affluents l'*Inn*, la *Drave*, la *Save* et la *Theiss*. Cette mer reçoit encore le *Dniestr* et le *Dniepr*, qui vont du N. au S.

Le *Don*, dirigé aussi du N. au S., se jette dans la mer d'Azov.

La mer Caspienne reçoit le *Volga*, le plus grand fleuve d'Europe (3500 kilomètres), qui vient des monts Valdaï et se dirige du N. O. au S. E.; ses plus grands affluents sont l'*Oka* et la *Kama*. Cette mer reçoit aussi l'*Oural* ou *Iaïk* (3000 kilomètres), qui descend des monts Ourals et coule du N. au S.

Importance commerciale des fleuves.—Parmi tous

ces fleuves, ceux qui présentent le plus d'activité commerciale ne sont pas les plus étendus. Les fleuves de la Grande-Bretagne n'ont pas un très-long cours, mais ils offrent de larges embouchures, c'est-à-dire des *estuaires*, et ont la navigation la plus active : la *Tamise*, surtout, est le cours d'eau du monde où circulent le plus de navires. On a joint entre eux, par de nombreux canaux, tous les fleuves de cette île florissante.

Sur le continent, les fleuves les plus importants, ceux qu'on peut considérer comme les grandes artères de l'Europe, sont, à l'O., le *Rhin*, qui vivifie la France orientale, l'Allemagne occidentale et les Pays-Bas; — au centre et au S. E., le *Danube*, dont le cours, longtemps navigable, circule très-utilement à travers l'Allemagne intérieure, l'empire d'Autriche et la Turquie; — à l'E., le *Volga*, qui ne coule qu'en Russie, mais qui offre à ce pays des ressources infinies par les riches alluvions que déposent ses débordements périodiques, par la multitude de ses poissons et par la navigation considérable dont il est le théâtre.

Il faut ensuite remarquer la navigation très-importante du cours inférieur de certains fleuves beaucoup moins étendus que les trois précédents, mais dont les larges embouchures sont avantageusement disposées pour favoriser le commerce maritime. On doit citer particulièrement la *Seine*, la *Loire*, la *Gironde*, l'*Elbe*, le *Weser*, la *Meuse*, l'*Escaut*, la *Neva*, le *Tage*.

Lacs. — C'est autour de la mer Baltique que l'Europe a le plus de lacs. Les plus grands versent leurs eaux dans le golfe de Finlande : le lac *Ladoga* s'y écoule par la Néva; les lacs *Onéga*, *Saima* et *Ilmen* sont tributaires du Ladoga; le lac *Peipous* s'écoule dans le golfe par la Narova.

Le lac *Mælar* et le lac *Vetter*, dans la péninsule Scandinave, communiquent avec la mer Baltique.

Le lac *Vener*, dans la même péninsule, s'écoule dans le Cattégat.

Le lac de *Constance* est formé par le Rhin, et dans ce fleuve se rendent les eaux des lacs de *Zürich*, de *Lucerne* et de *Neuchâtel*.

Le lac de *Genève* ou lac *Léman*, un des plus beaux de l'Europe, est produit par le Rhône, au pied des Alpes.

Le Pô reçoit les eaux des lacs *Majeur*, de *Côme* et de *Garde*.

Le lac *Balaton*, au centre de l'Europe, s'écoule dans le Danube.

POPULATION DE L'EUROPE; RACES, LANGUES, RELIGIONS; GRANDES VOIES DE COMMUNICATION INTERNATIONALE PAR CANAUX OU CHEMINS DE FER, ETC.

Population, races, langues et religions.—L'Europe renferme environ 290 millions d'habitants. Les peuples qui composent cette population sont de race caucasique, excepté les *Lapons* et les *Samoïèdes* et quelques autres nations peu considérables du N. et de l'E., qui appartiennent à la race mongolique. Ils peuvent se classer, surtout d'après les *langues*, en treize familles principales :

1° La famille CELTIQUE, divisée en rameaux *Gaelique*, *Kymrique*, *Erse* et *Bas-Breton*, et fixée dans l'O et le N. de la Grande-Bretagne, en Irlande et dans l'O. de la France ;

2° La famille BASQUE qui ne comprend que les *Basques* ou *Escualdunacs*, dans les Pyrénées occidentales ;

3° La famille GRÉCO-LATINE, partagée en rameaux *Grec*, *Italien*, *Français*, *Espagnol*, *Portugais*, *Roman*, *Albanais*, *Roumain* (comprenant les *Valaques* et les *Moldaves*) ;

4° La famille TUDESQUE ou GERMANIQUE, avec les rameaux *Allemand*, *Hollandais*, *Flamand*, *Anglais*, *Suédois*, *Danois*, *Norvégien* ;

5° La famille SLAVE, composée des *Polonais*, des *Russes* (du moins en partie), des *Bohèmes* ou *Tchèkhes*, des *Wendes*, des *Russniaques* ou *Ruthènes*, des *Slovaques*, des *Slovènes*, des *Esclavons*, des *Croates*, des *Serbes*, des *Dalmates*, des *Istriens*, des *Carniolais*, des *Bosniaques*, des *Monténégrins*, des *Bulgares;*

6° La famille LITHUANIENNE (dans l'O. de la Russie et l'E. de la Prusse), comprenant les *Lithuaniens proprement dits* ou *Litaouis*, et les *Lettes* ou *Lettons;*

7° La famille FINNOISE ou OURALIENNE (appelée quelquefois TOURANIENNE), où l'on distingue les *Finnois* proprement dits ou *Tchoudes*, les *Esthes*, les *Lives*, les *Caréliens*, une partie des *Grands-Russes* ou *Moscovites*, et les *Magyars* ou *Hongrois* (les *Lapons*, pour la langue, appartiennent à cette famille, mais ils paraissent être, pour la conformation, de la race mongolique);

8° La famille BIARMIENNE, répandue dans le N. E. de la Russie, et divisée en *Sirianes*, *Permiens* et *Votiaks*.

9° La famille TATARO-MONGOLE, comprenant les *Samoïèdes*, les *Kalmouks*, les *Nogaïs*, et quelques autres populations du N. E., de l'E. et du S. E. de la Russie;

10° La famille TURQUE, composée des *Turcs* proprement dits, des *Turcomans*, des populations appelées improprement *Tatares de Crimée* et de quelques autres répandues dans le S. E. de l'Europe;

11° La famille CAUCASIENNE, dans la chaîne de montagnes à laquelle elle doit son nom; elle renferme les *Circassiens* ou *Tcherkesses*, les *Lesghiz*, les *Ossètes*, etc.

12° La famille SÉMITIQUE, qui ne comprend que les *Juifs*, épars dans les différents pays et parlant la langue des peuples chez lesquels ils se trouvent;

13° La famille BOHÉMIENNE, formée de ces populations vagabondes appelées tour à tour *Bohémiens*, *Zigueunes*, *Zingares*, *Tziganes*, *Tchinganès*, *Gitanos* ou *Gypsies*, et qui paraissent être venues de l'Hindoustan au moyen âge. La Turquie et l'empire d'Autriche sont les parties où l'on en trouve le plus.

Les familles Celtique, Gréco-latine, Tudesque, Slave,

Lithuanienne et Caucasienne, c'est-à-dire la grande majorité des populations européennes, ont les plus intimes rapports de langues et de conformation avec les *Aryas*, qui, sortis du plateau de la Perse, des monts Hindou-khouch et du bassin de l'Oxus, ont envahi l'Inde à une époque reculée, et ont aussi, dans un temps qu'on ne peut préciser, étendu leurs émigrations sur presque toute l'Europe. Voilà pourquoi on réunit ces familles sous la dénomination de souche *aryenne* ou *indo-européenne*.

La religion chrétienne règne dans toute l'Europe; cependant la Turquie est, en partie, musulmane, et il y a quelques bouddhistes à l'E.

Au S. et à l'O., les chrétiens sont généralement catholiques; au N., au N. O. et dans plusieurs parties du milieu, ils sont protestants, sous les noms divers de luthériens, de calvinistes, d'évangélistes, de presbytériens, d'anglicans, etc.; à l'E. et au S. E., ils professent la religion grecque.

Les juifs ou israélites sont assez nombreux en Pologne, en Allemagne, en Autriche.

Grandes voies de communication internationale. — On peut communiquer aujourd'hui d'un bout de l'Europe à l'autre par la navigation des fleuves et des canaux; sans parler de la navigation maritime, qui unit entre eux plus activement encore tous les peuples principaux de cette partie du monde, si admirablement conformée, par ses profondes découpures, pour le commerce de mer.

Le plus beau des canaux qui unissent l'Atlantique à la Méditerranée est celui du Midi, qui, joint à quelques autres canaux, s'étend de la Garonne au Rhône, dans le sud de la France.

La Saône (affluent du Rhône), la Seine et la Loire sont jointes au Rhin, soit directement, soit indirectement, par divers canaux; et la France est ainsi unie à l'Allemagne.

Le Rhin est mis en communication, par le Main, son affluent, et par le canal Louis ou Charlemagne, avec le Danube; la mer du Nord est par conséquent unie à la mer Noire, et l'Allemagne septentrionale l'est à l'Allemagne méridionale et à l'Autriche.

La mer Baltique communique à la mer du Nord par plusieurs canaux, entre autres, par le canal de Frédéric-Guillaume, qui unit l'Oder au bassin de l'Elbe, en Prusse, et par le canal de Kiel, dans le Holstein, elle communique avec le Cattégat par le canal de Gœtha, établi entre le lac Vetter et le lac Vener, en Suède; elle est mise aussi en rapport avec la mer Caspienne et la mer Noire par différents canaux de Russie, qui unissent, d'un côté, les lacs voisins du golfe de Finlande au Volga, et, de l'autre, la Dvina méridionale et le Niémen au bassin du Dniepr. D'autres canaux unissent le bassin du Volga au bassin de la Dvina septentrionale, par conséquent la mer Caspienne à la mer Blanche.

L'Europe est sillonnée par de nombreux chemins de fer, qui seront décrits dans chacune des contrées en particulier.

On doit seulement remarquer ici les lignes principales qui établissent les communications les plus importantes entre les divers états et entre les capitales.

Paris, centre du commerce et de la civilisation de l'occident de l'Europe continentale, projette dans tous les sens des lignes qui l'unissent avec toute l'Europe occidentale et centrale. Les chemins qui, conduisant de cette capitale à sa grande voisine, Londres, s'avancent, sur le continent, le plus près de l'Angleterre, sont ceux qui aboutissent à Boulogne et à Calais. La plus longue ligne qui parcourt la France est celle qui, de Calais, va aboutir à Marseille, par Paris et Lyon ; elle joint admirablement le N. O. de l'Europe à la Méditerranée.

Paris communique avec Bruxelles par plusieurs chemins, et avec l'Allemagne, particulièrement avec les deux plus grandes villes de ce pays, Berlin et Vienne, par des lignes qui passent ou par la Belgique, ou par Strasbourg, ou par Metz. Le nord et l'ouest de la Suisse lui sont unis par Mulhouse, d'un côté, et Pontarlier, de l'autre.

Par le chemin de Lyon, Paris communique avec Genève et la Savoie, d'où la ligne doit franchir les Alpes et se relier à celle qui aboutit à Turin, et de cette dernière ville des rameaux se répandent dans tout le nord et le centre de l'Italie (Milan, Florence, Rome, Naples, etc.).

Par le chemin de Bordeaux et Bayonne, Paris communique avec Madrid et une grande partie de l'Espagne.

Berlin est jointe à Vienne, à Hambourg, à Hanovre, à Bruxelles (par Cologne), à Francfort, à Dresde; la même capitale projette un rameau sur Kœnigsberg. — Vienne est unie à Varsovie, et par suite à Saint-Pétersbourg, d'un côté, et, de l'autre, à Trieste, d'où la ligne se porte sur Venise, et de Venise elle se dirige sur Milan. Vienne est encore reliée à Munich. De Hambourg, des chemins se rendent dans le Holstein et le Slesvig.

Les chemins de l'Allemagne occidentale et de la Belgique se prolongent à travers les Pays-Bas, et rencontrent Amsterdam, La Haye, etc.

Il y a, en Russie, un chemin très-étendu qui unit Saint-Pétersbourg à Moscou et Moscou à Nijnii-Novgorod; un autre joint Saint-Pétersbourg à Varsovie, avec embranchement sur Kœnigsberg.

En résumé, les parties de l'Europe qui sont unies entre elles par des chemins de fer sont la France, l'Espagne, la Belgique, les Pays-Bas, l'Allemagne, la Prusse, l'Autriche, la péninsule Cimbrique, la Suisse, l'Italie, la Russie.

Quant à la Grande-Bretagne, que sa position isole du reste de l'Europe, elle possède en particulier le système de railways le plus complet que l'on rencontre dans le monde; et elle a partout avancé les bras qui peuvent le plus facilement la mettre en rapport avec le continent.

La péninsule Scandinave et l'archipel Danois ne sont pas liés au reste de l'Europe par des chemins de fer, mais en possèdent déjà un réseau intérieur assez développé.

La télégraphie électrique étend son réseau plus loin que les chemins de fer; elle franchit même la mer : elle passe sous le Pas de Calais, pour unir la France à l'Angleterre; elle traverse le canal Saint-George, pour joindre la Grande-Bretagne à l'Irlande. De cette dernière, elle s'élance dans l'océan Atlantique, et gagne l'île de Terre-Neuve : l'Europe est ainsi jointe à l'Amérique. La Corse est unie à l'Italie et à la France, d'une part, et à l'île de Sardaigne, de l'autre. La France communique à l'Algérie; l'Italie continentale à la Sicile, la Sicile à Malte, etc.

Appendice pour le climat et les productions.

L'Europe est froide vers ses extrémités boréales, quoiqu'elle le soit moins que l'Asie et l'Amérique à la même latitude; dans le midi, le climat est chaud, mais non brûlant, comme dans quelques parties de l'Asie ou de l'Afrique. En général, la température y est douce et agréable, surtout dans les parties occidentales, qui reçoivent l'heureuse influence des vents de l'océan Atlantique et celle du courant du Golfe (*Gulf Stream*). L'Europe, enfin, a l'avantage d'être limitée au S. par une vaste mer, qui adoucit beaucoup le climat.

Il y a, dans un grand nombre de pays d'Europe, de riches mines de fer, particulièrement en Scandinavie, en Angleterre, en Allemagne, en France; le cuivre abonde surtout dans la péninsule Scandinave et aux monts Ourals; l'étain, dans la Grande-Bretagne; l'or, vers les monts Ourals et les monts Carpathes; le platine, dans les monts Ourals; l'argent, le plomb, en Allemagne, en France; le mercure, en Espagne, en Illyrie; le zinc, en Belgique.

Le soufre est fourni par l'Italie, par les îles qui l'environnent et par l'Islande. L'ambre jaune se recueille aux bords méridionaux de la Baltique. Le charbon de terre abonde dans la Grande-Bretagne et vers les bords de l'Escaut, de la Meuse, du Rhin, etc. La tourbe est commune dans toutes les parties basses des régions moyennes de l'Europe.

Les principaux arbres fruitiers sont les pommiers, les poiriers, les pruniers, les abricotiers, les pêchers, qui peuplent presque partout les vergers, surtout dans les régions moyennes.

Les châtaigniers et les noyers y sont répandus généralement.

Le cerisier est aussi l'un des arbres européens les plus communs et les plus intéressants : il s'avance fort loin vers le nord.

Les orangers, les citronniers, les cédratiers, les limoniers, les oliviers, les grenadiers, les figuiers, enrichissent de leurs produits les régions méridionales.

Les bois de construction sont surtout des chênes, des ormes, des frênes, des hêtres, des peupliers, des mélèzes, des sapins, des pins. — Les pins, les bouleaux, les trembles, les sorbiers, les saules, les aunes, sont les arbres qui s'avancent le plus au N. : on les trouve, quoique chétifs, jusqu'au 68e degré de latitude. Les sapins s'arrêtent au 67e degré; les chênes, les frênes, les hêtres, les tilleuls, au 62e; les peupliers, au 60e; le fruit du châtaignier ne mûrit pas au delà du 51e. L'olivier ne dépasse pas le 44e degré; l'oranger ne va que jusqu'à 43° et demi.

Les céréales (particulièrement le blé) et les pommes de terre sont les principaux objets de la culture. Le froment, qui est la meilleure espèce de blé, ne dépasse pas, au N., le 62e degré de latitude; le seigle va jusqu'au 64e; l'orge et l'avoine s'avancent jusqu'au 68e. Le riz ne se trouve que vers le midi. Le maïs abonde aussi dans le midi, mais s'avance au nord bien plus loin que le riz, sans aller, à beaucoup près, aussi loin que le blé.

La vigne tapisse les coteaux des régions méridionales et centrales. Elle ne dépasse pas, sur la côte de l'océan, le 47° degré et demi; dans l'intérieur du continent, elle s'avance jusqu'au delà du 51°; car, dans l'intérieur, les étés sont plus chauds, et, par conséquent, plus propres à mûrir les raisins, ainsi que divers autres fruits; mais la température n'en est pas moins beaucoup plus douce, et, terme moyen, plus élevée vers la mer.

Le cotonnier et la canne à sucre se rencontrent au sud.

Le lin et le chanvre sont les principaux végétaux propres à faire des tissus.

Le safran et la garance sont les principales plantes à teinture.

Parmi les animaux domestiques, le cheval, le bœuf, l'âne, le mouton, la chèvre, le chien, le chat, sont à peu près communs à toutes les contrées de l'Europe; le renne est particulier aux régions les plus septentrionales; le chameau ne se montre qu'au S. E.

Les principaux quadrupèdes sauvages sont le sanglier, l'ours, le loup, le cerf, le chevreuil, le daim, le renard, le lièvre, le lapin, le blaireau, l'écureuil, qui se trouvent dans presque toute l'Europe; — le lynx, la loutre, le castor, le chat sauvage, les martres, qui habitent plus particulièrement dans les contrées du nord; — le buffle, le bouquetin, le porc-épic, la marmotte, le chamois, qui se rencontrent plutôt vers le sud; — et le chacal, qu'on ne voit qu'au S. E.

Parmi les plus gros oiseaux que possède l'Europe, on peut nommer l'aigle, le faucon, le vautour, le cygne, la grue, la cigogne, le héron, le pélican.

Les plus jolis sont le martin-pêcheur, le jaseur de Bohème, le guêpier, le chardonneret. Parmi ceux qui chantent le plus agréablement, il faut citer le rossignol, le pinson, le serin, qui ne se trouve sauvage que dans le sud.

Parmi les reptiles, on n'a guère à redouter que la vipère. La couleuvre est fort commune.

Les poissons d'eau douce sont principalement les brochets, les carpes, les tanches, les perches, les truites. Les esturgeons remontent les grands fleuves de l'est. Dans la mer, on pêche surtout des maquereaux, des sardines, des anchois, des merlans, des soles, des turbots, des limandes, des raies, des thons, des harengs; ces derniers sortent de l'océan Glacial au printemps et se répandent par régions innombrables sur les côtes occidentales.

Parmi les mollusques, il faut citer les huîtres, abondantes partout, et, dans la Méditerranée seulement, les jolis argonautes papyracés, les sépias, si utiles par leur couleur, et les pinnes, qui donnent une très-belle soie.

Les principaux crustacés sont les écrevisses, dans les eaux douces, et les homards, dans les eaux marines.

La classe des arachnides offre, dans le sud, le redoutable scorpion.

Dans celle des annélides, on distingue la sangsue, si utile en médecine.

Les insectes les plus intéressants sont le ver à soie, particulier aux régions méridionales, et l'abeille, répandue presque partout.

Un des polypes les plus importants est l'éponge, qu'on rencontre surtout dans les parties orientales de la Méditerranée.

DIVISIONS POLITIQUES DE L'EUROPE.

FRANCE.

PRINCIPALES DIVISIONS ADMINISTRATIVES : GRANDES VILLES D'INDUSTRIE ET DE COMMERCE ; POPULATION, LANGUE, GOUVERNEMENT, RELIGION; IMPORTANCE MILITAIRE ET COMMERCIALE DES POSSESSIONS EXTÉRIEURES ET COLONIALES.

Introduction : principaux traits de la géographie physique de la France. — La France est dans la partie occidentale de la région moyenne de l'Europe, et s'étend (sans la Corse) du 42ᵉ au 51ᵉ degré de latitude nord, et du 6ᵉ degré de longitude est au 7ᵉ degré de longitude ouest. Elle est bordée au nord par la mer du *Nord* et par le *Pas de Calais*, qui la sépare de l'Angleterre; au nord-ouest, par la *Manche*, qui la sépare du même pays ; à l'ouest, par l'*Atlantique proprement dit*, et par ce grand avancement de l'océan qui pénètre entre la France et l'Espagne, et qu'on désigne par les noms de golfe de *Gascogne*, de mer de *France*, de mer de *Biscaye* ou de mer *Cantabrique ;* au sud, par la *Bidassoa* et les *Pyrénées*, du côté de l'*Espagne*, et par la *Méditerranée*, qui forme le golfe du *Lion;* au nord-est, par la *Belgique* et par plusieurs pays *allemands*, c'est-à-dire le grand-duché de *Luxembourg*, la *Prusse rhénane* et la *Bavière rhénane ;* à l'est, par un autre état *allemand*, le grand-duché de *Bade;* par la *Suisse ;* enfin par l'*Italie.*

La France n'a pas, au nord-est, de limites naturelles, si

ce n'est le cours de la petite rivière *Lauter*, vers la Bavière rhénane. A l'est, elle a le *Rhin*, vers le grand-duché de Bade; le *Doubs*, le *Jura* et le lac de *Genève*, vers la Suisse; les *Alpes* et une partie du cours de la *Roia*, du côté de l'Italie. Elle présente à peu près la forme d'un hexagone, dont trois côtés, au nord-ouest, à l'ouest, au sud-est, sont baignés par la mer, et les trois autres sont bornés par la terre. Les sommets des angles de cet hexagone sont Dunkerque, au nord; la pointe Saint-Matthieu, à l'ouest; l'embouchure de la Bidassoa, au sud-ouest; le cap Cerbère, au sud; un point voisin de l'embouchure de la Roia, au sud-est, et le confluent de la Lauter et du Rhin, à l'est.

On compte 980 kilomètres du nord au sud, depuis le voisinage de Dunkerque jusqu'au cap Cerbère; 935 kilomètres de l'ouest à l'est, de la pointe Saint-Matthieu au confluent de la Lauter et du Rhin; 1100 kilomètres du nord-ouest au sud-est, de la pointe Saint-Matthieu au voisinage de la Roia, et 988 kilomètres du nord-est au sud-ouest, du confluent de la Lauter et du Rhin à l'embouchure de la Bidassoa. La superficie de la France est de 543 000 kilomètres carrés.

Les côtes de France offrent d'abord, au N., des dunes mouvantes, depuis Dunkerque jusque vers l'embouchure de la Somme. Elles forment des falaises droites et escarpées entre l'embouchure de la Somme et celle de la Seine. Depuis celle-ci jusqu'à l'embouchure de la Loire, on trouve des côtes très-irrégulières, parsemées de presqu'îles, de caps avancés, de golfes, de baies, et formées de rochers de granite souvent majestueux et sauvages : on remarque le golfe de la *Seine* ou de *Normandie*, puis la presqu'île du *Cotentin*, terminée par les caps de *Gatteville* et de *la Hague*; et, à l'O. de cette presqu'île, le golfe de *Saint-Malo* ou de *Bretagne*, qui se divise en deux enfoncements profonds, la baie du *Mont-Saint-Michel* (dont l'O. comprend la rade de *Cancale*), et la baie de *Saint-Brieuc*. Il y a dans ce golfe un grand nombre d'îles, dont les principales sont les îles *Anglo-*

Normandes (*Jersey*, *Guernesey* et *Aurigny*). — La *Bretagne* est une sorte de péninsule qui s'avance entre la Manche et la mer de France ; elle est terminée par les pointes *Saint-Matthieu*, du *Raz*, de *Penmarc'h*, et découpée à l'O. par la rade de *Brest* et la baie de *Douarnenez*, au S. par le golfe du *Morbihan*, à côté duquel s'allonge la presqu'île de *Quiberon*. Dans le voisinage de la Bretagne, on voit l'île d'*Ouessant*, celle de *Sein*, celle de *Groix*, *Belle-Ile* et les îles de *Houat* et de *Haedik*.

Au S. de l'embouchure de la Loire, jusqu'à la Gironde, la côte est basse et bordée de marais salants ; on rencontre dans cette étendue la baie de *Bourgneuf*, et les îles de *Noirmoutier*, d'*Yeu*, de *Ré* et d'*Oléron*.

Au S. de la Gironde, jusqu'à l'Adour, la côte est de nouveau couverte de dunes mouvantes ; le pays est triste et désert : çà et là, cependant, se présentent des lacs entourés de pâturages. On y remarque l'espèce de golfe qu'on nomme *Bassin d'Arcachon*. — De l'Adour à la Bidassoa, les rivages sont diversifiés et agréables.

Les côtes de la Méditerranée offrent deux aspects principaux : à l'O., autour du golfe du Lion, elles sont basses, uniformes et parsemées de lacs ou de lagunes, comme l'étang de *Thau*, l'étang de *Valcarès*, l'étang de *Berre* ; à l'E., elles sont généralement élevées, très-variées et très-pittoresques ; on y voit beaucoup de caps, de petites presqu'îles, de baies et de petits golfes, comme ceux de *Grimaud*, de *Fréjus*, de *Cannes*, et le golfe *Jouan* ; on y remarque aussi les îles d'*Hyères* et de *Lérins*.

Des frontières de la Suisse à celles de l'Espagne, s'étend une chaîne de hauteurs formant une partie de la grande arête qui, depuis les monts Ourals jusqu'au détroit de Gibraltar, sépare l'Europe en deux versants généraux. La France est elle-même ainsi partagée en deux versants principaux : celui qui est incliné vers la Méditerranée, et celui qui se penche vers l'Atlantique ou vers les mers qu'il forme, c'est-à-dire vers la mer du Nord, la Manche et la mer de France.

Cette grande ligne de partage des eaux, dirigée en général du N. E. au S. O., porte successivement les noms de *Jura*, de *Vosges méridionales*, de monts *Faucilles*, de plateau de *Langres*, de *Côte d'Or*, de *Cévennes* (y compris les montagnes *Noires*), et de *Pyrénées*.

Six chaînes secondaires s'y rattachent du côté du versant de l'Atlantique : ce sont d'abord les *Vosges septentrionales*, puis la chaîne de l'*Argonne orientale* et des *Ardennes orientales*, ensuite celle de l'*Argonne occidentale* et des *Ardennes occidentales*, jointes aux collines de l'*Artois*. Cette troisième chaîne sépare le versant particulier de la mer du Nord de celui de la Manche.

En s'approchant du S., on trouve la longue chaîne située sur la limite des versants de la Manche et de la mer de France, et composée des montagnes du *Morvan*, du plateau de la *Forêt d'Orléans*, des hauteurs de la *Basse-Normandie* et de la chaîne *Armoricaine* (comprenant les montagnes d'*Arrée*); plus au sud, on remarque la chaîne des montagnes du *Velay* et des montagnes du *Forez*; enfin, la chaîne des montagnes d'*Auvergne*, continuées par celles du *Limousin* et par les collines du *Poitou*.

Sur le versant de la Méditerranée, on ne remarque que la chaîne des *Alpes méridionales*, secondaires pour le partage des eaux, mais la plus haute et la plus importante de toutes les chaînes de France. C'est en Suisse qu'elle se détache de l'arête principale, et elle vient former la limite de notre pays sous les noms d'*Alpes Pennines*, d'*Alpes Grecques*, d'*Alpes Cottiennes* et d'*Alpes Maritimes*.

Les Alpes françaises et franco-italiennes ont pour points culminants : le mont *Blanc*, haut de 4810 mètres et le sommet le plus élevé de l'Europe; le mont *Cenis* (3493 mètres), le mont *Olan* (4200 mètres), le pic des *Ecrins* ou des *Arsines* (4105 mètres), le *Grand-Pelvoux* (3934 mètres), le mont *Viso* (3838 mètres), le mont *Genèvre* (3592 mètres). Le mont *Ventoux*, qui forme un escarpement remarquable dans l'intérieur de la France, a 1909 mètres.

Les Pyrénées s'étendent de l'est-sud-est à l'ouest-nord-ouest, entre la France et l'Espagne, depuis le cap Cerbère jusque vers la source de la Bidassoa, où commencent les monts Cantabres, continuation immédiate des Pyrénées; elles offrent une longueur de 400 kilomètres, et forment, dans presque toute leur étendue, la limite entre le versant de l'Atlantique et le versant de la Méditerranée.

Ce n'est pas sur la ligne même du partage des eaux que sont les plus hauts sommets des Pyrénées, mais un peu au sud de cette ligne; les trois sommets les plus élevés, tous en Espagne, sont le mont *Maladetta* ou *Maudit* (ayant pour point culminant le pic de *Nethou*, haut de 3482 mètres), le pic *Posets*, et le mont *Perdu*; — on remarque du côté de la France le *pic du Midi de Bigorre*, le *pic du Midi de Pau*, le *pic Long*, les *Tours de Marboré* ou le *Cylindre*, le *Taillon*, le *mont Vignemale*, qui ont de 3000 à 3300 mètres d'altitude.

Les plus hautes montagnes françaises, après les Alpes et les Pyrénées, sont celles d'Auvergne, presque toutes de nature volcanique, terminées à leur sommet par des cratères encore évidents, mais éteints, et alignées du nord au sud, au cœur même de la France, entre le bassin de l'Allier et celui de la Dordogne; on désigne généralement leurs sommets sous le nom de *Puys*. Les principaux sont: le mont *Dore*, dont le point culminant est le *Puy de Sancy* (1888 mètres); le *Plomb du Cantal* (1858 mètres); le *Puy de Dôme* (1476 mètres).

Les points culminants des Cévennes sont le *Mézen* (1774 mètres), le *Gerbier des Joncs* (1562 mètres), la *Lozère* (1490 mètres), le mont *Pilat* (1434 mètres).

Le Jura se dirige du nord-est au sud-ouest, et se compose de plusieurs massifs parallèles et très-réguliers; sa partie septentrionale est en Suisse, sa partie moyenne est sur la limite de la Suisse et de la France, et sa partie méridionale est entièrement en France. Ses plus hautes sommités sont: le *Grand-Crédo*, le *Reculet*, le *Colombier*, le *Colomby*, la *Dole*, qui ont de 1600 à 1700 mètres d'altitude.

Les Vosges sont généralement arrondies; voilà pourquoi plusieurs de leurs sommets ont reçu le nom de *Ballons*. Les plus élevés sont le *Ballon de Guebwiller* (1429 mètres) et le *Ballon d'Alsace* (1250 mètres).

La Corse est traversée du nord au sud par une chaîne de hautes montagnes, dont les points principaux sont le *monte Rotondo* (2764 mètres) et le *monte d'Oro* (2652 mètres).

La France est divisée, comme nous l'avons dit, en deux versants principaux : celui de l'Atlantique et celui de la Méditerranée ; mais le versant de l'Atlantique est subdivisé en trois versants particuliers : ceux de la mer du Nord, de la Manche et de la mer de France.

Sur celui de la mer du Nord, on voit trois fleuves : le *Rhin*, la *Meuse* et l'*Escaut*. Ils n'ont pas leur embouchure sur le territoire français, mais assez loin de nos frontières, dans les Pays-Bas.

Le Rhin, le plus grand de ces trois fleuves, ne fait que toucher la France, en la séparant du grand-duché de Bade ; il coule rapidement du S. au N., et forme beaucoup d'îles ; il reçoit, en France, l'*Ill*, et, hors de France, la *Moselle*, grossie de la *Meurthe*.

La Meuse a pour affluent la *Sambre*, qui n'arrose que peu la France.

L'Escaut s'augmente de la *Scarpe* et de la *Lys*.

C'est par la rive gauche que ces fleuves reçoivent tous les affluents que nous venons de citer.

Les cours d'eau qui se jettent immédiatement dans la Manche sont la *Somme*, la *Seine*, la *Touques*, la *Dives*, l'*Orne*, la *Vire*, la *Sée*, le *Couënon*, la *Rance*, le *Trieux*.

La Seine est le seul de ces cours d'eau qui mérite le nom de fleuve : elle descend de la Côte d'Or, décrit un cours très-sinueux, et arrive dans la mer par une large embouchure, en face du Havre. Elle doit sa principale importance à la capitale de l'empire, située sur ses bords. Ses affluents les plus remarquables sont : à droite, l'*Aube*, la *Marne*, grossie de la *Saulx* (à laquelle se joint l'*Ornain*), de l'*Ourcq*, de la *Somme-Soude*, de la

Dhuis, du *Grand* et du *Petit-Morin;* l'*Oise*, grossie de l'*Aîne;* — à gauche, l'*Yonne* (grossie de l'*Armançon* et de la *Vannes*), le *Loing*, l'*Essonne* et l'*Eure*.

Dans l'Atlantique proprement dit et dans la mer de France, se rendent l'*Aulne*, le *Blavet*, la *Vilaine*, la *Loire*, la *Sèvre niortaise*, la *Charente*, la *Gironde*, la *Leyre*, l'*Adour* et la *Bidassoa*.

Les deux plus considérables de ces cours d'eau sont la Loire et la Gironde.

La première vient des Cévennes, coule d'abord au N., puis à l'O., et offre une large embouchure devant Paimbœuf; elle est sujette à des crues subites et dangereuses; souvent aussi elle est presque sans eau, et elle roule d'immenses quantités de sable qui rendent la navigation difficile. Elle reçoit, à droite, l'*Arroux*, la *Nièvre*, et, beaucoup plus loin, la *Maine*, qui porte dans sa partie supérieure le nom de *Mayenne*, et qui ne prend ce nom de Maine qu'après s'être grossie de la *Sarthe*, augmentée elle-même du *Loir*. — A gauche, elle a pour tributaires l'*Allier*, le *Loiret*, qui est peu étendu, mais remarquable par ses belles sources et l'abondance de ses eaux ; le *Cher*, qui se partage en plusieurs bras vers son confluent avec la Loire; l'*Indre*, la *Vienne*, grossie de la *Creuse*, et la *Sèvre nantaise*.

La Vilaine reçoit l'*Ille*.

La Sèvre niortaise reçoit la *Vendée*.

La Gironde est courte, mais fort large, et formée par deux rivières, la *Dordogne* et la *Garonne*, qui se réunissent au *Bec d'Ambez*.

La Dordogne a sa source dans les montagnes d'Auvergne, et se grossit, à droite, de la *Vézère*, unie à la *Corrèze*, et de l'*Ille*.

La Garonne descend avec rapidité des Pyrénées, et reçoit, à droite, l'*Ariége*, le *Tarn*, grossi de l'*Aveyron*, et le *Lot;* à gauche, le *Gers* et la *Baïse*.

L'Adour reçoit, à droite, la *Midouze*, et, à gauche, le *Gave de Pau* et la *Nive*.

Le versant de la Méditerranée est sillonné par le *Tech*, la *Tet*, l'*Agly*, l'*Aude*, l'*Hérault*, le *Vidourle*, le *Rhône*, l'*Argens*, le *Var* et la *Roia*, qui vont directement à la mer.

Le Rhône est le principal de ces cours d'eau. Ce grand fleuve, qui est très-impétueux et souvent terrible par ses débordements, vient des Alpes de Suisse, forme à leur pied le lac de Genève, et sépare quelque temps la France de la Suisse; il coule à l'O. jusqu'à Lyon, puis tourne au S., et se rend dans la Méditerranée par quatre branches qui produisent le fertile delta de la *Camargue*. — Il a pour affluents, à droite, l'*Ain*, la *Saône*, grossie du *Doubs*, et dont le cours est d'une lenteur remarquable; l'*Ardèche*, et le *Gard* ou *Gardon*, célèbre par son pont-aqueduc romain; — à gauche, l'*Arve*, l'*Isère*, la *Drôme*, la *Durance*, extrêmement rapide.

De tous les fleuves de la France, le plus considérable est le Rhin, qui a un cours de 1300 kilomètres. La *Loire*, la plus grande ensuite, est longue de 1130 kilomètres. Le Rhône a 800 kilomètres; la Seine, 780; la Garonne avec la Gironde, 570.

C'est dans le bassin du Rhône que se trouvent la plupart des lacs de la France. Le plus grand est le lac *Léman* ou de *Genève*, magnifique masse d'eau formée par le Rhône, et qui s'étend de l'E. à l'O., entre le département de la Haute-Savoie et la Suisse; à peu de distance au S. O. de ce lac, sont ceux d'*Annecy* et du *Bourget*, qui s'écoulent dans le Rhône. Le lac de *Nantua* s'écoule dans l'Ain; le lac de *Saint-Point* est formé par le cours supérieur du Doubs; le lac de *Paladru* s'écoule dans l'Isère. Des lagunes considérables avoisinent les embouchures du Rhône : tels sont l'étang de *Thau*, celui de *Mauguio*, l'étang de *Valcarès*, l'étang de *Berre*.

On remarque, sur le versant de la mer du Nord, les lacs de *Gérardmer*, de *Longemer* et de *Retournemer*, placés au pied des Vosges, et qui s'écoulent dans la Moselle.

Le lac des *Rousses* est formé au pied du Jura par l'Orbe, tributaire du lac de Neuchâtel.

Le lac de *Grand-Lieu*, vers l'embouchure de la Loire, dans laquelle il s'écoule par l'Achenau, est le plus considérable du versant de la mer de France. On en a entrepris le desséchement. — Près des Landes, règne une suite de grands étangs salés, évidemment restes de la mer, dont les dunes amoncelées par les vents les ont peu à peu séparés.

La France possède un grand nombre de canaux.

Le canal de *Saint-Quentin*, continué par le canal *Crozat*, unit l'Escaut à la Somme et à l'Oise. Le canal de *Manicamp* à *Chauny* longe l'Oise à la suite du canal Crozat. Le canal de la *Somme*, qui se rattache au canal Crozat, longe le cours de la rivière du même nom, et se confond souvent avec elle d'Amiens à la mer.

Le canal des *Ardennes* joint l'Aîne à la Meuse. Le canal de l'*Aîne* à la *Marne* en est comme la continuation. Le canal de la *Sambre* unit cette rivière à l'Oise.

Le canal de l'*Ourcq*, continué par le bassin de *La Villette* et le canal *Saint-Martin*, amène à Paris les eaux de l'Ourcq, petite rivière qui se jette dans la Marne. Le canal de *Saint-Denis* se rattache au canal de l'Ourcq, et, avec le bassin de La Villette et le canal Saint-Martin, il unit la Seine à elle-même, en faisant éviter le passage des bateaux à travers Paris.

La Seine et la Loire sont réunies par le canal du *Loing*, et par ceux d'*Orléans* et de *Briare*, qui en sont deux bifurcations.

Le canal de *Bourgogne* s'étend de l'Yonne à la Saône; le canal du *Rhône* au *Rhin*, ou de l'*Est*, en est en quelque sorte une continuation, et va rejoindre le Rhin, après avoir longé le Doubs et l'Ill.

On remarque aussi, dans l'est de la France, le canal de la *Marne* au *Rhin*.

Le canal *latéral de la Loire* longe la rive gauche du fleuve de ce nom, depuis le canal de Briare jusqu'à celui du Centre. Le canal de *Roanne* en est la continuation méridionale. Le canal du *Berri*, qui se rattache au canal latéral de la Loire, unit le cours supérieur et le cours moyen du Cher à la Loire.

Le canal du *Centre* unit la Loire à la Saône.

Le canal du *Nivernais* joint la Loire à l'Yonne.

Le canal de *Nantes* à *Brest* est le plus remarquable de l'ouest de la France.

Le canal d'*Ille-et-Rance* joint l'Ille à la Rance, par conséquent la Manche au golfe de Gascogne.

Le canal du *Languedoc* ou du *Midi*, le plus beau de la France, s'étend de la Garonne à l'étang de Thau, et s'appelle encore canal des *Deux-Mers*, parce qu'il unit l'Atlantique à la Méditerranée. Il est continué par le canal des *Etangs*, et celui-ci l'est par le canal de *La Radelle*, puis par le canal de *Beaucaire*, qui aboutit au Rhône. Au canal du Midi se rattachent le canal de la *Roubine de Narbonne*, qui, passant à Narbonne, se termine à la Méditerranée, vers La Nouvelle; et la *Grande-Roubine d'Aigues-Mortes*, qui va d'Aigues-Mortes à la mer. — Le canal *latéral de la Garonne* longe le cours moyen de cette rivière, de Toulouse (Haute-Garonne) à Castets (Gironde).

Le canal d'*Arles* à *Bouc* unit Arles à la Méditerranée, et remplace la navigation défectueuse du Rhône, ainsi que le canal de *Saint-Louis*, près de l'embouchure du fleuve. — Le canal de *Craponne*, destiné à l'irrigation, va de la Durance au Rhône. — Le canal de *Marseille* amène dans la ville de ce nom les eaux de la Durance.

Le canal de *Givors*, destiné au transport des charbons, se termine dans le Rhône, au sud de Lyon.

Le canal de *La Rochelle* s'étend du port de ce nom à la Sèvre niortaise; — le canal de *Brouage* va de la Charente à Brouage, en face de l'île d'Oléron.

Il y a, vers les extrémités septentrionales de la France, dans la Flandre et l'Artois, un grand nombre de canaux (tels que ceux de *Saint-Omer* à *Dunkerque*, de la *Colme*, de la *Sensée*, d'*Aire* à *La Bassée*), qui dessèchent les marais et mettent en communication tous les cours d'eau et toutes les villes du nord.

Divisions administratives. — Avant la révolution de 1789, la France était divisée géographiquement en 36 *provinces principales*; la véritable division politique ne consistait cependant qu'en 31 *gouvernements généraux militaires*, car six de ces provinces, la *Picardie*, l'*Artois*, la *Saintonge*, l'*Angoumois*, la *Guienne* et la *Gascogne*, ne formaient que trois gouvernements : ceux de *Picardie-et-Artois*, de *Saintonge-et-Angoumois*, de *Guienne-et-Gascogne*; et deux autres provinces, l'*Etat d'Avignon* et la *Corse*, n'étaient pas comptées, comme nous allons le voir, dans cette division générale en gouvernements.

En 1860, deux provinces, la *Savoie* et le territoire de *Nice*, qui appartenaient aux États Sardes, ont été annexées à la France.

Sur le VERSANT DE LA MER DU NORD, on trouve quatre anciennes provinces : l'*Alsace*, à l'est, entre les Vosges et le Rhin, capitale Strasbourg; — la *Lorraine*, située au nord-est, dans les bassins de la Moselle et de la Meuse, et formant, avec le *Barrois*, le gouvernement de *Lorraine-et-Barrois*, capitale Nancy; — la *Flandre*, à l'extrémité nord de la France, capitale Lille; — et l'*Artois*, aussi au nord, capitale Arras.

Le VERSANT DE LA MANCHE en comprend également quatre : la *Picardie*, au nord, dans le bassin de la Somme, ayant pour capitale Amiens, et formant, avec l'Artois, le gouvernement général de *Picardie-et-Artois*, dont Amiens était la capitale; — la *Champagne*, à l'est, qui avait pour capitale Troyes, et qui était désignée dans la division politique sous le nom de gouvernement de *Champagne-et-Brie*; — l'*Ile-de-France*, au milieu, capitale Paris; — la *Normandie*, à l'ouest, sur la mer, capitale Rouen. Ces trois dernières provinces appartiennent au bassin de la Seine.

Une grande province, à l'extrémité occidentale de la France, est à la fois sur le VERSANT DE LA MER DE FRANCE, sur CELUI DE LA MANCHE et sur celui de l'OCÉAN ATLANTIQUE PROPREMENT DIT : c'est la *Bretagne*, capitale Rennes.

Dix-huit provinces appartiennent au VERSANT DU GOLFE DE GASCOGNE.

Dans ce nombre, onze se trouvent dans le bassin de la Loire.

D'abord, sur les rives de ce fleuve : le *Bourbonnais*, capitale Moulins; — le *Nivernais*, capitale Nevers; — le *Berri*, capitale Bourges; — l'*Orléanais*, capitale Orléans; — la *Touraine*, capitale Tours ; — l'*Anjou*, capitale Angers.

Ensuite, à quelque distance de la Loire : à droite, le *Maine*, capitale Le Mans; — et, à gauche, l'*Auvergne*, capitale Clermont; — la *Marche*, capitale Guéret; — le *Limousin*, capitale Limoges; — le *Poitou*, capitale Poitiers.

Trois sont dans le bassin de la Charente : l'*Angoumois*, capitale Angoulême; — la *Saintonge*, capitale Saintes, capitale de tout le gouvernement de *Saintonge-et-Angoumois*; — l'*Aunis*, capitale La Rochelle.

On en voit quatre dans les bassins de la Garonne et de l'Adour : la *Guienne*, capitale Bordeaux, qui était la capitale de tout le gouvernement de *Guienne-et-Gascogne*; — la *Gascogne*, capitale Auch; — le *Béarn*, situé à l'extrémité sud-ouest de la France, dans le bassin de l'Adour, et qui, uni à la Basse-Navarre, formait le gouvernement de *Béarn-et-Navarre*, capitale Pau; — le *Comté de Foix*, capitale Foix.

Deux provinces, traversées par la chaîne des Cévennes, sont partagées presque également entre les VERSANTS DE LA MÉDITERRANÉE ET DU GOLFE DE GASCOGNE : l'une est le *Languedoc*, très-longue province, qui s'étend du nord-est au sud-ouest, dans le sud de la France, depuis le

Rhône jusqu'à la Garonne ; capitale Toulouse; — l'autre est le *Lyonnais*, dans l'est de la France ; capitale Lyon.

Une province, traversée par la Côte d'Or, les Cévennes et les monts du Morvan, appartient à la fois aux VERSANTS DE LA MÉDITERRANÉE, DE LA MANCHE ET DU GOLFE DE GASCOGNE : c'est la *Bourgogne*, située dans l'est de la France; elle était unie à la *Bresse*, pour former le gouvernement de *Bourgogne-et-Bresse*, capitale Dijon.

Enfin huit provinces versent entièrement leurs eaux dans la Méditerranée : une à l'est, vers le Jura : c'est la *Franche-Comté*, capitale Besançon ; — cinq au sud-est, entre les Alpes, le Rhône et la Méditerranée : ce sont la *Savoie*, capitale Chambéry ;— le *Dauphiné*, capitale Grenoble; — l'*État d'Avignon* (qui était une province dépendante des Papes), capitale Avignon ; — la *Provence*, capitale Aix;— le *Comté de Nice* (dont une partie seulement, mais la plus considérable, a été annexée à la France), capitale Nice; — une province à l'extrémité sud de la France, vers les Pyrénées : c'est le *Roussillon*, capitale Perpignan. — La dernière province est l'*île de Corse*, qui avait pour capitale Bastia. Cette île ne formait pas un gouvernement général, mais seulement un *petit gouvernement.*

Il y avait, en outre, sept autres petits gouvernements, enclavés dans les grands : c'étaient ceux de *Paris*, dans l'Ile-de-France ; de *Boulogne*, dans la Picardie ; du *Havre*, dans la Normandie; de *Sedan*, dans la Champagne; de *Toul*, de *Metz-et-Verdun*, dans la Lorraine; de *Saumur*, dans l'Anjou.

Aujourd'hui la France est divisée en 89 départements (92 si l'on y ajoute les 3 départements de l'Algérie).

L'ALSACE a formé deux départements : le *Bas-Rhin*, chef-lieu Strasbourg; — le *Haut-Rhin*, chef-lieu Colmar.

La LORRAINE a formé quatre départements : la *Meuse*,

chef-lieu Bar-le-Duc; — la *Moselle*, chef-lieu Metz; — la *Meurthe*, chef-lieu Nancy; — les *Vosges*, chef-lieu Épinal.

La Flandre a formé le département du *Nord*, chef-lieu Lille.

L'Artois a formé[1] le département du *Pas-de-Calais*, chef-lieu Arras.

La Picardie a formé le département de la *Somme*, chef-lieu Amiens.

La Champagne a formé quatre départements : les *Ardennes*, chef-lieu Mézières; — la *Marne*, chef-lieu Châlons-sur-Marne; — l'*Aube*, chef-lieu Troyes; — la *Haute-Marne*, chef-lieu Chaumont.

L'Ile-de-France a formé cinq départements : la *Seine*, chef-lieu Paris; — *Seine-et-Oise*, chef-lieu Versailles; — l'*Oise*, chef-lieu Beauvais; — *Seine-et-Marne*, chef-lieu Melun; — l'*Aine*, chef-lieu Laon.

La Normandie a formé cinq départements : la *Seine-Inférieure*, chef-lieu Rouen; — l'*Eure*, chef-lieu Évreux; — le *Calvados*, chef-lieu Caen; — la *Manche*, chef-lieu Saint-Lô; — l'*Orne*, chef-lieu Alençon.

La Bretagne a formé cinq départements : *Ille-et-Vilaine*, chef-lieu Rennes; — les *Côtes-du-Nord*, chef-lieu Saint-Brieuc; — le *Finisterre*, chef-lieu Quimper; — le *Morbihan*, chef-lieu Vannes; — la *Loire-Inférieure*, chef-lieu Nantes.

Le Bourbonnais a formé le département de l'*Allier*, chef-lieu Moulins.

Le Nivernais a formé le département de la *Nièvre*, chef-lieu Nevers.

Le Berri a formé deux départements : le *Cher*, chef-lieu Bourges, — et l'*Indre*, chef-lieu Châteauroux.

L'Orléanais a formé trois départements : le *Loiret*,

1. Il faut remarquer que les départements correspondent seulement *à peu près* aux provinces que nous indiquons comme les ayant formés. L'Artois, par exemple, diffère assez sensiblement du département du Pas-de-Calais, formé aussi d'une partie de la Picardie.

chef-lieu Orléans; — *Eure-et-Loir*, chef-lieu Chartres; — et *Loir-et-Cher*, chef-lieu Blois.

La TOURAINE a formé le département d'*Indre-et-Loire*, chef-lieu Tours.

L'ANJOU a formé le département de *Maine-et-Loire*, chef-lieu Angers.

Le MAINE a formé deux départements : la *Sarthe*, chef-lieu le Mans, — et la *Mayenne*, chef-lieu Laval.

L'AUVERGNE a formé deux départements : le *Puy-de-Dôme*, chef-lieu Clermont; le *Cantal*, chef-lieu Aurillac.

La MARCHE a formé le département de la *Creuse*, chef-lieu Guéret.

Le LIMOUSIN a formé deux départements : la *Corrèze*, chef-lieu Tulle; — la *Haute-Vienne*, chef-lieu Limoges.

Le POITOU a formé trois départements : la *Vendée*, chef-lieu Napoléon-Vendée; — les *Deux-Sèvres*, chef-lieu Niort; — la *Vienne*, chef-lieu Poitiers.

L'ANGOUMOIS a formé le département de la *Charente*, chef-lieu Angoulême.

L'AUNIS et la SAINTONGE ont formé le département de la *Charente-Inférieure*, chef-lieu La Rochelle.

La GUIENNE a formé six départements : la *Dordogne*, chef-lieu Périgueux; — le *Lot*, chef-lieu Cahors; — l'*Aveyron*, chef-lieu Rodez; — *Tarn-et-Garonne*, chef-lieu Montauban; — *Lot-et-Garonne*, chef-lieu Agen; — la *Gironde*, chef-lieu Bordeaux.

La GASCOGNE a formé trois départements : les *Landes*, chef-lieu Mont-de-Marsan; — le *Gers*, chef-lieu Auch; les *Hautes-Pyrénées*, chef-lieu Tarbes.

Le BÉARN a formé le département des *Basses-Pyrénées*, chef-lieu Pau.

Le COMTÉ DE FOIX a formé le département de l'*Ariége*, chef-lieu Foix.

Le LANGUEDOC a formé huit départements : trois sont baignés par la mer : l'*Aude*, chef-lieu Carcassonne; — l'*Hérault*, chef-lieu Montpellier; — le *Gard*, chef-lieu Nîmes; — et cinq sont dans l'intérieur : la *Haute-Garonne*, chef-lieu Toulouse; — le *Tarn*, chef-lieu Albi; —

la *Lozère*, chef-lieu Mende ; — la *Haute-Loire*, chef-lieu Le Puy ; — l'*Ardèche*, chef-lieu Privas.

Le LYONNAIS a formé deux départements : le Rhône, chef-lieu Lyon ; — la *Loire*, chef-lieu Saint-Etienne.

La BOURGOGNE a formé quatre départements : l'*Yonne*, chef-lieu Auxerre ; — la *Côte-d'Or*, chef-lieu Dijon ; — *Saône-et-Loire*, chef-lieu Mâcon ; — l'*Ain*, chef-lieu Bourg.

La FRANCHE-COMTÉ a formé trois départements : le *Doubs*, chef-lieu Besançon ; — la *Haute-Saône*, chef-lieu Vesoul ; — le *Jura*, chef-lieu Lons-le-Saunier.

La SAVOIE a formé deux départements : celui de la *Savoie*, chef-lieu Chambéry ; — la *Haute-Savoie*, chef-lieu Annecy.

Le DAUPHINÉ a formé trois départements : l'*Isère*, chef-lieu Grenoble ; — la *Drôme*, chef-lieu Valence ; — les *Hautes-Alpes*, chef-lieu Gap.

L'ETAT D'AVIGNON a formé le département de *Vaucluse*, chef-lieu Avignon.

La PROVENCE a formé trois départements : les *Bouches-du-Rhône*, chef-lieu Marseille ; — les *Basses-Alpes*, chef-lieu Digne ; — le *Var*, chef-lieu Draguignan.

La plus grande partie du COMTÉ DE NICE, et l'arrondissement de Grasse, distrait du département du Var et qui se trouvait en PROVENCE, ont formé le département des *Alpes-Maritimes*, chef-lieu Nice.

Le ROUSSILLON a formé le département des *Pyrénées-Orientales*, chef-lieu Perpignan.

La CORSE a formé le département du même nom, chef-lieu Ajaccio.

Chaque département est partagé en *arrondissements* : l'un de ces arrondissements a pour chef-lieu la *préfecture*, c'est-à-dire le chef-lieu du département ; les autres ont pour chefs-lieux des *sous-préfectures*.

Villes principales.

1° Bassin du Rhin.

Département du Haut-Rhin (516 000 hab). — Chef-lieu : *Colmar*, près de l'Ill ; draps et toiles peintes ; 23 000 habitants [1].

Sous-préfectures : *Béfort* ou *Belfort*, place très-forte. — *Mulhouse* ou *Mulhausen*, sur l'Ill, et sur le canal du Rhône au Rhin ; toiles peintes ; 46 000 hab.

Autres lieux : *Altkirch*, sur l'Ill. — *Thann*, *Sainte-Marie aux Mines*, villes très-industrieuses. — *Neuf-Brisach*, place forte, près du Rhin.

Département du Bas-Rhin (577 000 hab.). — Chef-lieu : *Strasbourg* (anc. *Argentoratum*), sur l'Ill, sur le canal de l'Est et près du Rhin ; place très-forte ; belle cathédrale ; 82 000 hab. ; invention de l'imprimerie en 1436.

Sous-préfectures : *Wissembourg* (en allemand *Weissenburg*), place forte, sur la Lauter. — *Saverne* (en allemand *Zabern*), sur la Zorn ; château celèbre, où l'on a fondé un asile pour les veuves des fonctionnaires de l'Etat. — *Schlestadt* (en allemand *Schlettstadt*), place forte, sur l'Ill ; 10 000 hab.

Autres lieux : *Haguenau*, ville fortifiée ; bataille de 1793 ; 11 000 hab. — *Mutzig* ; manufacture d'armes à feu. — *Molsheim* ; manufacture d'armes blanches. — *Lauterbourg*, place forte. — *La Petite-Pierre* (en allemand, *Lutzelstein*), petite ville fortifiée, au milieu des Vosges. — *Bischwiller* et *Bouxwiller*, intéressantes par leur industrie. — *Barr*, entourée de beaux vignobles.

1. La population des villes de moins de 10 000 habitants n'est pas indiquée. Les populations données ici sont, en nombres ronds, celles du recensement de 1861.

Département des Vosges (415 000 hab). — Chef-lieu: *Épinal*, sur la Moselle; 10 000 hab.

Sous-préfectures : *Saint-Dié*, sur la Meurthe. — *Remiremont*, sur la Moselle. — *Mirecourt;* fabriques d'instruments de musique et de dentelles. — *Neufchâteau*, près de la Meuse.

Autres lieux : *Domremy*, village, patrie de Jeanne Darc. — *Rambervillers*, ville très-industrieuse, papeteries. — *Gérardmer;* trois petits lacs pittoresques; fromages renommés. — *Plombières*, *Contrexéville* et *Bussang;* eaux minérales.

Département de la Meurthe (429 000 hab.). — Chef-lieu : *Nancy*, très-belle ville, près de la Meurthe, sur le canal de la Marne au Rhin ; place Stanislas ; broderies et tapisseries renommées; 48 000 hab.

Sous-préfectures : *Lunéville*, 16 000 hab. ; château des anciens ducs de Lorraine ; traité de paix de 1801 ; fabriques de faïence. — *Toul* (anc. *Tullum*), place forte, sur la Moselle. — *Château-Salins;* salines ; — *Sarrebourg*, sur la Sarre.

Autres lieux remarquables : *Dieuze*, sur le canal des Salines ; renommée par ses grandes salines. — *Vic*, au milieu de vastes bancs de sel gemme. — *Pont-à-Mousson*, sur la Moselle. — *Baccarat*, sur la Meurthe; manufacture de cristaux. — *Saint-Quirin* et *Cirey*, villages, avec une célèbre manufacture de glaces. — *Marsal*, place forte. — *Phalsbourg*, place forte.

Département de la Moselle. (446 000 hab.). — Chef-lieu : *Metz* (anc. *Divodurum*, puis *Mediomatrices* et *Mettis*), place très-forte, sur la Moselle; belle cathédrale; 57 000 hab. Siége brillamment soutenu par François de Guise contre Charles-Quint, en 1522 ; école d'application de l'artillerie et du génie ; arsenal très-important.

Sous-préfectures : *Thionville*, jolie ville et place forte, sur la Moselle; belles défenses de 1792 et 1814. — *Sar-*

reguemines; fabriques de faïence.— *Briey*, dans une gorge des Ardennes orientales.

Autres lieux : *Bitche*, *Longwy*, places fortes. — *Forbach*, près de la frontière.

2° BASSIN DE LA MEUSE.

Département de la Meuse (306 000 hab.).—Chef-lieu : *Bar-le-Duc*, sur l'Ornain, et sur le canal de la Marne au Rhin ; 14 000 hab.

Sous-préfectures : *Montmédy*, place forte, sur le Chiers; — *Verdun* (anc. *Verodunum*), sur la Meuse; 15 000 hab. — *Commercy*, sur la Meuse.

Autres lieux : *Varennes-en-Argonne;* arrestation de Louis XVI en 1791. — *Clermont-en-Argonne*, ancienne capitale du Clermontois. — *Saint-Mihiel*, sur la Meuse; — *Vaucouleurs*, près de la Meuse ; souvenir de Jeanne Darc. — *Ligny*, sur l'Ornain et sur le canal de la Marne au Rhin; combat de 1814, et rencontre des souverains de Russie, d'Autriche et de Prusse en 1815[1]. — *Stenay*, sur la Meuse, ancienne place forte.

Département des Ardennes (329 000 hab.).—Chef-lieu : *Mézières*, petite ville, mais place très-forte, sur la Meuse; brillamment défendue par Bayard contre l'armée de Charles-Quint, en 1521 ; belle résistance contre les alliés, en 1815.

Sous-préfectures : *Sedan*, place forte, sur la Meuse; 16 000 hab. ; fabriques de beaux draps. — *Rocroi*, place forte; victoire de Condé sur les Espagnols, en 1643. — *Rethel*, sur l'Aîne; victoire de Turenne sur les Frondeurs, en 1650. — *Vouziers*, ville fortifiée, sur l'Aîne.

Autres lieux : *Givet*, place forte, sur la Meuse ; fabriques de colle forte et de cire à cacheter. — *Fumay*, sur la

1. Il ne faut pas confondre ce Ligny avec un autre situé en Belgique, près de Fleurus, et célèbre par une bataille en 1815.

Meuse ; carrières d'ardoises. — *Charleville*, sur la Meuse, très-près de Mézières, qu'elle surpasse en étendue. — *Grand-Pré*, où Dumouriez arrêta les Prussiens en 1793. — *Attigny*, résidence royale sous les deux premières races. — *Carignan*, sur le Chiers.

3° Bassin de l'Escaut.

Département du Nord (1 303 000 hab.).—Chef-lieu: *Lille*, en flamand *Ryssel*, place très-forte, sur la Deule ; fabriques de dentelles, de velours et de toiles ; belle citadelle, élevée par Vauban ; plusieurs siéges brillamment soutenus, particulièrement en 1708 et 1792 ; 132 000 habitants.

Sous-préfectures : *Dunkerque*, place forte et port de mer ; 32 000 hab. ; prise par Turenne sur les Espagnols en 1658. — *Hazebrouck*, à la jonction de chemins de fer se rendant à Lille, à Dunkerque, à Calais. — *Douai*, place forte; fabriques de toiles, fonderies de canons ; arsenal ; école d'artillerie ; 24 000 hab. — *Cambrai* (anc. *Camaracum*), place forte, sur l'Escaut ; fabriques de toiles; 23 000 hab. ; traité de 1529; belle défense de 1793. — *Valenciennes* (anc. *Valentianæ*), place forte, sur l'Escaut; fabriques de dentelles et de toiles ; mines de charbon de terre; 25 000 hab.; défense héroïque de 1793. — *Avênes*, place forte.

Autres lieux : *Gravelines*, place forte et port de mer, vers l'embouchure de l'Aa. — *Bailleul;* 10 000 hab. — *Bergues*, place forte. — *Cassel*, trois batailles livrées par trois Philippe de France. — *Hondschoote;* victoire des Français sur les Autrichiens en 1793. — *Roubaix* (49 000 hab.) et *Tourcoing* (33 000 hab.), villes remarquables par leurs fabriques de toutes sortes de tissus. — *Armentières*, ville industrielle, sur la Lys. — *Saint-Amand;* eaux minérales. — *Condé*, place forte, sur l'Escaut. — *Bouchain*, *Le Quênoy*, *Landrecies*, places fortes. — *Maubeuge*, autre place forte. — *Wal-*

tignies; bataille gagnée par Jourdan en 1793. — *Denain;* victoire de Villars, en 1712, et riches mines de houille. — *Bouvines;* victoire de Philippe Auguste, en 1214. — *Anzin;* importantes houillères. — *Le Cateau-Cambrésis*, ville manufacturière; traité de 1559, entre la France et l'Espagne. — *Malplaquet;* victoire de Marlborough et du prince Eugène sur les Français, en 1709.

Département du Pas-de-Calais (724 000 hab.). — Chef-lieu : *Arras* (anc. *Nemetacum* ou *Atrebates*), belle ville, place forte; fabriques de batistes; 26 000 hab.

Sous-préfectures : *Saint-Omer*, place forte, sur l'Aa; fabriques de draps; 22 000 hab. — *Béthune*, place forte. — *Boulogne-sur-Mer* (anc. *Bononia* ou *Gesoriacum*), port très-fréquenté et place forte; belle colonne qui rappelle le camp de Napoléon Ier et la flottille rassemblée contre l'Angleterre en 1804; 36 000 hab. — *Montreuil-sur-Mer*, placée à quelque distance de la mer, sur la Canche; siéges fameux en 1537 et 1554. — *Saint-Pol*, brûlée par Charles-Quint en 1557.

Autres lieux : *Calais*, port de mer et place forte, 13 000 hab.; prise par les Anglais en 1347, et reprise sur eux par François de Guise en 1558. — *Saint-Pierre-lès-Calais*, ville industrielle; 15 000 hab. — *Aire*, place forte. — *Ardres;* entrevue du camp du Drap d'Or entre François Ier et Henri VIII, en 1520. — *Azincourt;* victoire de Henri V d'Angleterre, en 1415. — *Lens;* victoire de Condé, en 1648. — *Hédin*, place forte. — *Bapaume*, autre place forte. — *Guinegate* ou *Enguinegate;* bataille de 1479, entre Maximilien d'Autriche et Louis XI, et bataille des *Éperons*, en 1513, entre Louis XII et les Anglais. — *Thérouanne*, ancienne place forte; ruinée par Charles-Quint en 1553.

4° Bassin de la Somme.

Département de la Somme (573 000 hab.). — Chef-lieu : *Amiens* (anc. *Samarobriva*, puis *Ambiani*), sur la Somme, près de la bifurcation du chemin de fer du Nord en deux branches qui se rendent à Boulogne et à Douai; belle cathédrale; citadelle; fabriques de velours, de tapis et de casimirs; 59 000 hab.; traité de 1802, entre la France et l'Angleterre.

Sous-préfectures : *Abbeville*, sur la Somme et sur le chemin de fer de Boulogne; fabriques de draps, de moquettes et de toiles; 20 000 hab. — *Péronne*, place très-forte, sur la Somme; vainement assiégée plusieurs fois par les Espagnols; captivité de Charles le Simple et de Louis XI; traités de Louis XI avec Charles le Téméraire, et de Henri III avec Henri de Guise. — *Doullens*, place très-forte, sur l'Authie. — *Montdidier*.

Autres lieux : *Saint-Valery-sur-Somme*, port de mer. — *Ham*, château fort, qui a été le lieu de captivité de plusieurs prisonniers célèbres. — *Roye;* commerce de grains. — *Albert*, autrefois *Ancre;* souterrains curieux. — *Corbie* et *Saint-Riquier*, connues par leurs anciennes abbayes. — *Picquigny*, sur la Somme; paix de 1475, entre Louis XI et Edouard IV. — *Crécy;* victoire d'Edouard III, roi d'Angleterre, en 1346. — *Testry;* bataille de 687, entre Pépin d'Héristal et Thierri III.

5° Bassin de la Seine.

Départements traversés par la Seine.

Département de l'Aube (263 000 hab.). — Chef-lieu : *Troyes* (anc. *Augustobona* ou *Tricasses*), sur la Seine; fabriques de toiles et de bonneterie; papeterie; 35 000 hab.; belle cathédrale; traité de 1420, entre Henri V, roi d'Angleterre, et Charles VI.

Sous-préfectures : *Nogent-sur-Seine*, près de laquelle sont les ruines de l'abbaye du Paraclet. — *Bar-sur-Seine*, ruinée par les Anglais dans la guerre de Cent ans. — *Arcis-sur-Aube*, et *Bar-sur-Aube*; batailles de 1814.

Autres lieux : *Brienne-Napoléon*; ancienne école militaire, où Napoléon Ier a été élevé; bataille livrée par cet empereur en 1814. — *Clairvaux*; ancienne abbaye, dont saint Bernard fut le premier abbé, et qui a été transformée en une maison de détention. — *Méry*, où commence la navigation de la Seine.

Département de Seine-et-Marne (352000 hab.). — Chef-lieu : *Melun* (anc. *Melodunum*), sur la Seine; 11 000 hab.

Sous-préfectures : *Meaux* (anc. *Jatinum*, puis *Meldi*), sur la Marne; belle cathédrale gothique; 11000 hab. — *Coulommiers*, sur le Grand-Morin; ville agréable et industrieuse. — *Provins*; commerce de grains et de roses; eaux minérales. — *Fontainebleau*, jolie ville, près de la Seine; château et magnifique forêt; 12 000 hab.

Autres lieux : *La Ferté-sous-Jouarre*, sur la Marne; carrières de pierres meulières. — *Lagny* et *Brie-Comte-Robert*; commerce de grains. — *Nemours*, sur le canal du Loing. — *Château-Landon*, carrières de pierres de construction. — *Montereau*, au confluent de la Seine et de l'Yonne; assassinat de Jean sans Peur, duc de Bourgogne, en 1419, et victoire de Napoléon Ier, en 1814.

Département de la Seine (1 954 000 hab.). — Chef-lieu : PARIS (anc. *Lutetia*, puis *Parisii*), capitale de la France, sur les deux rives de la Seine et sur deux îles de ce fleuve : l'île de la Cité et l'île Saint-Louis. Le canal Saint-Martin traverse l'E., et la Bièvre le S. E. — Paris a 33 kilomètres de circuit et 1 700 000 hab. (d'après le recensement; environ 2 millions, en y comprennant les étrangers et les militaires.

C'est la première ville de l'Europe par la culture des lettres, des sciences et des arts, et par le nombre et la variété des monuments publics; la seconde pour la population (par laquelle Londres l'emporte sur Paris). Son enceinte était marquée par un ancien mur d'octroi, le long duquel régnaient les boulevards dits extérieurs; aujourd'hui elle l'est par l'enceinte des fortifications, qui est couverte par seize forts détachés. — On nomme *boulevards* de larges et belles rues qui parcourent de grands espaces de la ville. — *Principaux lieux de promenade :* les boulevards, les Champs-Elysées, les jardins des Tuileries, du Luxembourg et des Plantes, et de nombreux *squares*. — *Belles rues* (autres que les boulevards) : rues de la Paix, de Castiglione, de Rivoli, etc. — *Places :* Vendôme, de la Concorde et du Carrousel; Champ de Mars. — *Palais :* les Tuileries, le Louvre, le Palais-Royal, l'Elysée, le palais de l'Industrie, le Luxembourg, le palais du Corps législatif, le palais de Justice. — *Principales églises :* Notre-Dame, Sainte-Geneviève (Panthéon), Saint-Eustache, la Madeleine, Saint-Sulpice, Saint-Roch, Saint-Germain l'Auxerrois, Sainte-Clotilde, la Trinité. — *Hospices et hôpitaux :* l'hôpital Saint-Louis, l'hôpital Lariboisière, l'Hôtel-Dieu, l'hospice des Quinze-Vingts, la Salpêtrière, l'hôpital militaire du Val-de-Grâce, etc. — *Établissements consacrés à la science et à l'instruction :* l'Observatoire, l'Institut, la Sorbonne (siége des facultés de théologie, des lettres et des sciences), le collége de France, l'école de Médecine, l'école de Droit, l'école des Mines, l'école Polytechnique, l'école Normale, les Archives (avec l'école des Chartes), l'école de Pharmacie, l'école des Beaux-Arts, l'école centrale des Arts et Manufactures, le Muséum d'histoire naturelle, la bibliothèque Impériale (avec l'école des Langues orientales), les bibliothèques Sainte-Geneviève, de l'Arsenal, Mazarine, etc.; le Conservatoire de musique, celui des Arts et Métiers, les musées du Louvre, du Luxembourg, etc. — *Edifices divers :* l'Hôtel de ville, la Bourse, l'hôtel des Invalides, l'Ecole Militaire, l'hôtel de la Monnaie, la colonne Vendôme, la colonne de Juillet, l'arc de triomphe de l'Etoile, les portes Saint-Denis et Saint-Martin, la tour Saint-Jacques, les vastes bâtiments de l'Exposition universelle de 1867.

Les anciens villages, bourgs ou villes de la banlieue qui se trouvaient entre le mur d'octroi et les fortifications et qui viennent d'être compris dans Paris, sont : à droite de la Seine, *Bercy*, *Charonne*, *Ménilmontant*, *Belleville*, *La Villette*, *La Chapelle*, *Montmartre*, *Les Batignolles-Monceaux*, *Les Ternes*, *Passy*, *Auteuil*; à gauche, *le Petit-Montrouge*, *Vaugirard*, *Grenelle*.

Sous-préfectures : *Saint-Denis*, sur le canal du même nom, près de la Seine; importantes fortifications; belle église de l'ancienne abbaye, avec les tombeaux des rois; 22 000 hab. — *Sceaux*; marché de bestiaux.

Autres lieux : *Vincennes*; beau bois, château fort; 13 000 hab. — *Saint-Mandé*, près du bois de Vincennes. — *Montreuil-sous-Bois*; pêches renommées et autres bons fruits en espaliers. — *Neuilly-sur-Seine*; ancien château; 24 000 hab. — *Clichy-la-Garenne*; fabriques de produits chimiques; verrerie; 17 000 hab. — *Boulogne-sur-Seine*, qui donne son nom à un beau bois; 13 000 hab. — *Gentilly*; hospice de Bicêtre. — *Arcueil*; aqueduc célèbre. — *Choisy-le-Roi*; fabriques de maroquin, de faïence, etc. — *Charenton*, au confluent de la Marne et de la Seine; maison d'aliénés. — *Alfort*; école vétérinaire. — *Nogent-sur-Marne*, dans une agréable situation. — *Saint-Maur*, sur un canal du même nom, qui abrége la navigation de la Marne.

Département de Seine-et-Oise (513 000 hab.). — Chef-lieu : *Versailles*, belle ville; célèbre château, avec musée historique; jardins et parc superbes, avec les châteaux des Trianons; 44 000 hab.

Sous-préfectures : *Pontoise*, sur l'Oise; commerce de blé. — *Mantes*, sur la Seine. — *Rambouillet*; château et forêt. — *Étampes*; commerce de grains et de farine. — *Corbeil*, sur la Seine, au confluent de l'Essonne; même commerce.

Autres lieux : *Sèvres*, sur la Seine; manufacture de porcelaine. — *Meudon*, château célèbre, sur une hauteur. — *Saint-Cloud*, sur la Seine; joli château impérial et parc. — *Marly*, sur la Seine; machine pour conduire les eaux à Versailles. — *Saint-Germain-en-Laye*, près de la Seine; château; belle forêt; 16 000 hab. — *Poissy*, sur la Seine; grand marché de bestiaux. — *Meulan*, sur la Seine; autrefois fortifiée, et connue par plusieurs siéges. — *Montmorency*; forêt; belle situation. — *Enghien*; eaux minérales et joli lac. — *Saint-Cyr*, dans le voisinage de Versailles; école militaire.

Département de l'Eure (399 000 hab.). — Chef-lieu : *Evreux* (anc. *Mediolanum*, puis *Eburovices*), sur l'Iton, affluent de l'Eure; belle cathédrale; 12 000 hab.

Sous-préfectures : *Louviers*, sur l'Eure; fabriques de beaux draps; 11 000 hab. — *Pont-Audemer*, sur la Rille, avec un port; tanneries renommées. — *Bernay*; grand commerce de chevaux. — *Les Andelys*, sur la Seine; patrie du peintre Nicolas Poussin.

Autres lieux : *Gisors*. — *Verneuil*; victoire des Anglais, en 1424. — *Ivry-sur-Eure*; victoire de Henri IV, en 1590. — *Vernon*, sur la Seine. — *Quillebeuf*, sur la Seine, dont le passage est dangereux en cet endroit.

Département de la Seine-Inférieure (790 000 habit.). — Chef-lieu : *Rouen* (anc. *Rotomagus*), dans une belle situation, en amphithéâtre, sur la Seine; port très-fréquenté, belle cathédrale, église Saint-Ouen, remarquable palais de justice; place où Jeanne Darc fut brûlée; teintureries; toiles de coton renommées (*rouenneries*); faïence, etc. (103 000 hab.)

Sous-préfectures : *Le Havre*, port de mer et place forte, à l'embouchure de la Seine; c'est le port de Paris et la place de commerce la plus importante que la France ait sur la Manche; beaux bassins pour les navires : 75 000 hab., en y comprenant *Ingouville*. — *Dieppe*, port de mer, à l'embouchure de l'Arques; fabriques de dentelles et de jolis ouvrages en ivoire; 20 000 habitants. — *Yvetot*. — *Neufchâtel-en-Bray*; fromages renommés.

Autres lieux principaux : *Eu;* château et parc; port formé par la Brêle canalisée. — *Le Tréport*, port de mer, à l'embouchure de la Brêle. — *Saint-Valery-en-Caux* et *Fécamp* (12000 hab.), ports de mer. — *Harfleur*, sur la Seine. — *Lillebonne* (anc. *Juliobona*) ; antiquités. — *Bolbec;* fabriques de toiles de coton; 10000 hab. — *Caudebec*, sur la Seine, près des belles ruines de l'abbaye de Saint-Wandrille. — *Darnetal*, très-près de Rouen; industrie très-importante pour les lainages et les cotons. — *Elbeuf*, sur la Seine; fabriques de draps; 21000 hab. — *Gournay;* beurre renommé. — *Forges;* eaux minérales. — *Aumale*, autrefois *Albemarle*, ancienne capitale d'un comté célèbre.

Départements des bassins de la Marne et de l'Oise, affluents de droite de la Seine.

Département de la Haute-Marne(254000 hab.). — Chef-lieu : *Chaumont*, jolie ville, sur la Marne; ganterie estimée. Traité signé entre les alliés, en 1814.

Sous-préfectures : *Langres* (anc. *Andomatunum*, puis *Lingones*), place de guerre, près de la source de la Marne; coutellerie renommée; 11000 hab. — *Vassy;* massacre des protestants, en 1562.

Autres lieux : *Daint-Dizier*, sur la Marne, qui y devient navigable. — *Joinville*, sur la Marne; ancien château célèbre. —*Bourbonne-les-Bains;* eaux minérales. —*Andelot;* célèbre congrès de 587, entre plusieurs rois francs et leurs leudes.

Département de la Marne (385000 hab.). — Chef-lieu : *Châlons-sur-Marne* (anc. *Catalauni*); 17000 hab. — Près de là est établi un vaste camp de manœuvres pour les troupes.

Sous-préfectures : *Reims* (anc. *Durocortorum*, puis *Remi*), sur la Vêle; belle cathédrale, où l'on sacrait les rois de France; curieuse église de Saint-Remi; fabriques d'étamines et de casimirs ; commerce de vins de Champagne ; 56 000 hab. — *Epernay*, sur la Marne; commerce de vins; 11000 hab. — *Vitry-le-François*[1], place fortifiée, sur la Marne, brûlée par Louis VII en 1144, par Charles-Quint en 1555, et rebâtie par François Ier. — *Sainte-Menehould*, sur l'Aine.

Autres lieux : *Ai*, près de la Marne; vins renommés. — *Montmirail*; carrières de pierres meulières; victoire de Napoléon Ier, en 1814. — *Valmy*; victoire des Français sur les Prussiens, en 1792. — *Champaubert*; victoire de Napoléon Ier sur les alliés, en 1814.

Département de l'Aine[2] (565 000 hab.). — Chef-lieu : *Laon* (nommée, dans les premiers temps du moyen âge, *Lugdunum Clavatum*, ensuite *Laudanum*), ville fortifiée, sur une montagne; commerce de grains; 10 000 habit. Séjour des derniers rois carlovingiens.

Sous-préfectures : *Saint-Quentin*, sur la Somme et sur le canal de Saint-Quentin ; fabriques de basins, de gazes, de mousselines et de batistes ; bataille de 1557, gagnée par les Espagnols sur les Français ; 31 000 hab. — *Vervins*; traité de 1598, entre Henri IV et Philippe II. — *Soissons* (anc. *Augusta Suessionum*), sur l'Aine ; commerce de blé et de légumes estimés ; ancienne capitale d'un royaume du même nom ; victoire de Clovis, en 486, et de Hugues le Grand sur Charles le Simple, en 922 ; captivité de Louis le Débonnaire dans le couvent de Saint-Médard ; 10 000 hab. — *Château-Thierry*, sur la Marne.

Autres lieux : *Guise*, place forte et ancienne capitale d'un duché célèbre, sur l'Oise. — *La Fère*, autre place forte, sur la même rivière ; école d'artillerie et arsenal

1. Cette ville a été ainsi nommée en l'honneur de François Ier. C'est donc à tort qu'on l'appelle ordinairement *Vitry-le-Français*.

2. On a établi l'usage très-convenable de supprimer l'*s*, et de la remplacer par un accent circonflexe, dans le mot *île*, *Nîmes*, etc. Il nous a semblé rationnel de faire une réforme semblable pour le mot *Aîne*, que, suivant une orthographe surannée, on écrit encore généralement *Aisne*.

militaire; belle défense en 1815. — *Chauny*, ville manufacturière, aussi sur l'Oise. — *Saint-Gobain;* manufacture de glaces. — *La Ferté-Milon;* patrie de Racine. — *Villers-Cotterets;* forêt célèbre.

Département de l'Oise (401 000 hab.). —Chef-lieu : *Beauvais* (anc. *Cæsaromagus* et *Bellovaci*), sur le Thérain, affluent de l'Oise; belle cathédrale; manufacture de tapis; 15 000 hab.; défense courageuse de Jeanne Hachette contre les Bourguignons, en 1472.

Sous-préfectures : *Clermont*, ancien château célèbre. — *Compiègne*, vers le confluent de l'Oise et de l'Aîne; 10 000 hab.; château, forêt, bel hôtel de ville. — *Senlis* (anc. *Augustomagus* et *Silvanectes*), sur la Nonette; très-ancienne ville; commerce de grains.

Autres lieux : *Chantilly;* fabriques de dentelles et de blondes; porcelaine; château, en partie démoli, des anciens princes de Condé; belle forêt. — *Ermenonville* et *Morfontaine;* villages avec châteaux et parcs agréables. — *Noyon* (*Noviomagus Veromanduorum*, ensuite *Noviomum*), sur l'Oise. — *Creil*, sur l'Oise; fabriques de porcelaine et de faïence. — *Méru;* tabletterie. — *Liancourt;* grande industrie pour les tissus. — *Crépy-en-Valois;* paix de 1544, entre François Ier et Charles-Quint.

Départements des bassins de l'Yonne et de l'Eure, affluents de gauche de la Seine.

Département de l'Yonne (370 000 hab.). — Chef-lieu : *Auxerre* (*Autissiodurum*), sur l'Yonne; commerce de vins; 15 000 hab.

Sous-préfectures : *Sens* (anc. *Agendicum*, ensuite *Senones*), ville très-ancienne, sur l'Yonne; belle cathédrale; 11 000 hab. — *Joigny*, sur l'Yonne; vins renommés. — *Tonnerre*, sur l'Armançon; excellents vins. — *Avallon*.

Autres lieux : *Villeneuve-sur-Yonne*. — *Chablis;* vins blancs renommés. — *Arcy;* grottes célèbres. — *Vézelay;*

ancienne abbaye, où saint Bernard prêcha la deuxième croisade, en 1146. — *Cravant ;* bataille de 1423, entre les Français et les Anglais. — *Fontanet* ou *Fontenoy ;* bataille de 841, entre les fils de Louis le Débonnaire.

Département d'Eure-et-Loir (290 000 hab.). — Chef-lieu : *Chartres* (anc. *Autricum*, ensuite *Carnutes*), sur l'Eure ; belle cathédrale ; commerce de grains ; 20 000 hab.

Sous-préfectures : *Dreux* (anc. *Durocasses*, puis *Drocæ*) ; bataille de 1562, entre les catholiques et les protestants. — *Nogent-le-Rotrou.* — *Châteaudun*, sur le Loir.

Autre lieu : *Maintenon :* beau château, que Louis XIV donna à la dame qui a porté le nom de cette ville.

6° Bassins de l'Orne, de la Touques, de la Dives, de la Vire, de la Sée, de la Sélune, de la Rance, du Gouet et du Trieux.

Département de l'Orne (423 000 hab.). — Chef-lieu : *Alençon*, sur la Sarthe ; fabriques de dentelles renommées ; 16 000 hab.

Sous-préfectures : *Argentan*, sur l'Orne ; fabriques de dentelles. — *Domfront.* — *Mortagne ;* fabriques de toiles.

Autres lieux remarquables : *Laigle ;* grandes fabriques d'épingles et d'aiguilles. — *Sées* (anc. *Sagii* et *Sagium*) ; belle cathédrale. — *Tinchebrai ;* bataille en 1106, entre Henri Ier d'Angleterre et Robert. — *Bellême*, près d'une forêt célèbre. — *Flers*, ville industrielle ; 10 000 hab.

Département du Calvados (481 000 hab.). — Chef-lieu : *Caen*, ville industrielle, commerçante et savante, sur l'Orne, qu'un canal longe, en formant un port propre aux bâtiments de 200 tonneaux ; 44 000 hab.

Sous-préfectures : *Pont-l'Évêque*, sur la Touques. — *Lisieux*, sur la même rivière ; lainages et toiles ; 13 000 hab. — *Falaise ;* teintureries, bonneteries ; foires du faubourg de Guibrai. — *Vire*, sur la rivière du même nom; draps. — *Bayeux* (anc. *Aregenus*, puis *Bajocasses*); belle cathédrale; 10000 hab.

Autres lieux: *Honfleur*, port sur la Seine, presque en face du Havre. — *Isigny*, à l'embouchure de la Vire; beurre et commerce de cidre. — *Trouville*, petit port, à l'embouchure de la Touques.

Département de la Manche (591 000 hab.). — Chef-lieu: *Saint-Lô*, sur la Vire; belle cathédrale; 10000 hab.

Sous-préfectures: *Cherbourg*, la ville la plus importante du département, avec un port militaire et un port de commerce, et une vaste rade qui peut contenir 400 vaisseaux; 42000 hab. — *Valognes*. — *Coutances* (anc. *Constantia* et *Unelli*), ville très-ancienne; belle cathédrale. — *Avranches* (anc. *Ingenia*, puis *Abrincatui* et *Abrincæ*); fabriques de bougies et de toiles; salines. — *Mortain*.

Autres lieux: *Granville*, port de mer et place forte. — *Mont-Saint-Michel*, montagne, village et château fort, tour à tour environnés par la mer et par une plaine de sable, selon que la marée est haute ou basse. — *Carentan*, petit port fortifié, à l'embouchure de la Taute et de la Douve. — *Saint-Vaast de La Hougue*, port fortifié et assez commerçant, sur la belle rade de *La Hougue* ou *La Hogue*, qui est protégée par le fort du même nom et par l'île fortifiée de Tatihou, et à côté de laquelle s'avance le cap de La Hougue, célèbre par la bataille navale de 1692.

Département des Côtes-du-Nord (629000 hab.). — Chef-lieu: *Saint-Brieuc*, près de l'anse du même nom, sur le Gouet, à l'embouchure duquel est Le Légué, qui sert de port à cette ville; fabriques de papier; 15000 hab.

Sous-préfectures: *Dinan*, commerçante et industrielle, sur la Rance et à l'extrémité du canal d'Ille-et-Rance; avec un petit port. — *Guingamp*; belle église; commerce de fil. — *Lannion*, sur le Guer, avec un petit port. — *Loudéac*; fabriques de toiles.

Autres lieux: *Lamballe*, ancien chef-lieu du duché de

Penthièvre. — *Tréguier*, très-commerçante, avec un vaste et beau port, sur une rivière du même nom.

7° Bassins de l'Élorn, de l'Aulne, de l'Odet, de l'Ellé, du Blavet et de la Vilaine.

Département du Finistère[1] (627 000 hab.) — Chef-lieu: *Quimper-Corentin*, sur l'Odet, avec un port, à peu de distance de la mer; 12 000 hab.

Sous-préfectures: *Brest*, importante place forte et port militaire, le plus beau et le plus sûr de l'Europe; bel arsenal de marine, chantier de construction, ancien bagne, rade immense, qui s'étend au S. de la ville; 60 000 hab. — *Morlaix*, vers la Manche, avec un port sur la rivière du même nom; 14 000 hab. — *Châteaulin*, port sur l'Aulne, à l'extrémité du canal de Nantes à Brest. — *Quimperlé*, port sur l'Ellé.

Autres lieux: *Saint-Pol-de-Léon*, près de la Manche. — *Roscoff*, port assez fréquenté, près de Saint-Pol. — *Le Huelgoat* et *Poullaouen;* importantes mines de plomb.

Département du Morbihan (487 000 hab.). — Chef-lieu: *Vannes* (anc. *Dariorigum*, ensuite *Veneti*), port de mer, sur le golfe du Morbihan; commerce de blé et de sardines; 15 000 hab.

Sous-préfectures: *Lorient*, place forte et port militaire célèbre, au confluent du Scorff et du Blavet, à 4 kilomètres de la mer; 35 000 hab. — *Pontivy* ou *Napoléonville*, ancien chef-lieu du duché de Rohan, sur le Blavet et sur le canal de Nantes à Brest. — *Ploermel*.

Autres lieux: *Port-Louis*, port de mer, à l'embouchure du Blavet. — *Auray*, sur une rivière du même nom, qui y forme un petit port; bataille de 1364, entre les comtes de Blois et de Montfort. — *Sarzeau*, près du golfe de

1. On écrit souvent, à tort, Finistère, puisque ce mot signifie *fin de la terre* (*finis terræ*); il indique la situation de ce département à l'extrémité occidentale de la France.

Morbihan, sur la presqu'île de Ruis; salines. — *Hennebont*, port sur le Blavet; siége soutenu par Jeanne de Montfort contre Charles de Blois, en 1341.

Département d'Ille-et-Vilaine (585 000 hab.) — Chef-lieu : *Rennes* (anc. *Condate*, puis *Redones*), au confluent de l'Ille et de la Vilaine; blanchisseries de cire : commerce de toile et de beurre ; 46 000 hab.

Sous-préfectures : *Saint-Malo*, port de mer et place très-forte, sur l'île d'Aaron, à l'embouchure de la Rance; 11 000 hab. — *Fougères*, autrefois place très-forte. — *Vitré*, sur la Vilaine. — *Montfort-sur-Meu* ou *Montfort-la-Canne;* commerce de lin et de toiles. — *Redon*, sur la Vilaine et sur le canal de Nantes à Brest ; avec un port.

Autres lieux : *Saint-Servan* (anc. *Aletum* ou *Aletha*), très-près de Saint-Malo, avec un port de commerce et un port militaire, sur la Rance; 13 000 hab. — *Cancale*, sur la rade du même nom ; huîtres renommées. — *Dol*, port et autrefois place très-forte. — *Saint-Aubin-du-Cormier;* bataille de 1488.

8° Bassin de la Loire.

Départements traversés par la Loire.

Département de la Haute-Loire (306 000 hab.). — Chef-lieu : *Le Puy* (anc. *Anicium* et *Civitas Vellavorum*), au pied du mont Corneille, près de la Loire; fabriques de dentelles et de blondes ; 17 000 hab.

Sous-préfectures : *Issingeaux* (anc. *Icidmagus*); commerce de blondes. — *Brioude*, sur l'Allier.

Département de la Loire (518 000 hab.). — Chef-lieu : *Saint-Étienne*, sur le Furand; manufactures d'armes, fabriques de quincaillerie, de coutellerie, de rubans et de lacets, et riches mines de charbon de terre; 92 000 hab.

Sous-préfectures: *Montbrison*, longtemps chef-lieu du département. — *Roanne*, sur la Loire; commerce actif; 17 000 hab.

Autres lieux: *Rive-de-Gier*, sur le canal de Givors et sur le Gier; mines de charbon de terre, fabriques d'acier; 15 000 hab. — *Saint-Chamond;* fabriques de rubans, de lacets et de clouterie; mines de charbon de terre; 10 000 hab. — *Saint-Galmier;* eaux minérales.

Département de la Nièvre (333 000 hab). — Chef-lieu: *Nevers* (anc. *Noviodunum*, *Nevirnum* ou *Nivernum*), sur la Loire, près du confluent de la Nièvre; forges considérables et fonderie importante pour la marine; commerce de fer, de quincaillerie, de bois, de porcelaine, de faïence et de vins; 19 000 hab.

Sous-préfectures: *Clamecy*, sur l'Yonne et sur le canal du Nivernais; commerce de bois et de charbon de bois. — *Château-Chinon*, sur l'Yonne, au milieu des montagnes du Morvan; même commerce. — *Cône* (anc. *Condate*), sur la Loire; coutellerie; fabriques d'ancres et de quincaillerie.

Autres lieux: *Pouilly-sur-Loire;* vins blancs renommés. — *La Charité*, sur la Loire. — *Donzy;* forges importantes. — *Decize*, dans une île de la Loire, à la jonction du canal du Nivernais; houilles, pierres meulières, forges.

Département du Loiret (353 000 hab.). — Chef-lieu: *Orléans* (*Aurelianum*, et, plus anciennement, *Genabum*, suivant l'opinion commune), sur la Loire; belle cathédrale; beau pont; fabriques de draps fins; raffineries de sucre; commerce de vins, de vinaigre et de bois; deux siéges fameux: en 450, par Attila, et en 1428, par les Anglais, que Jeanne Darc repoussa; 51 000 hab.

Sous-préfectures: *Montargis*, sur le Loing, vers la jonction des canaux du Loing, de Briare et d'Orléans. — *Pithiviers*. — *Gien* (près de l'emplacement de *Genabum*, suivant quelques antiquaires), sur la Loire.

Autres lieux: *Briare*, à la jonction du canal du même nom et de la Loire. — *Sully-sur-Loire*, érigé en duché par Henri IV, en faveur de son ministre Rosny. — *Olivet*, dans une agréable situation, sur le Loiret, près de la source remarquable de cette rivière. — *Beaugency*, sur la Loire; commerce de vins.

Département de Loir-et-Cher (269 000 hab.). — Chef-lieu : *Blois*, sur la Loire; beau pont; ancien château, fameux dans l'histoire des Valois; 20000 hab.

Sous-préfectures : *Vendôme*, sur le Loir. — *Romorantin*, ancienne capitale de la Sologne; manufacture de draps; édit célèbre publié en 1560.

Autres lieux: *Saint-Aignan*, sur le Cher. — *Chambord*, beau château, élevé sous François Ier. — *Fréteval*; victoire de Richard Cœur de Lion, en 1194.

Département d'Indre-et-Loire (324 000 hab.). — Chef-lieu : *Tours* (anc. *Cæsarodunum*, puis *Turones*), sur la Loire, vers le confluent d'un bras du Cher; superbe pont, belle cathédrale; commerce de draps, de soieries, de fruits, etc.; 41 000 hab. Près de là, l'emplacement du château du *Plessis-lès-Tours*, qui fut habité par Louis XI.

Sous-préfectures : *Chinon*, sur la Vienne; ruines du château qui fut la résidence de Charles VII. — *Loches*, sur l'Indre; ancien château royal.

Autres lieux : *Amboise*, sur la Loire; château agréablement placé, où séjournèrent Charles VII, Louis XI, Charles VIII et François II. — *La Haye-Descartes*, sur la Creuse; patrie du philosophe Descartes. — *Richelieu*; château qui fut la résidence de l'illustre ministre du même nom. — *Mettray*, près de Tours; colonie agricole pour les jeunes condamnés.

Département de Maine-et-Loire (526 000 hab.). — Chef-lieu : *Angers* (anc. *Juliomagus*, puis *Andecavi*), sur la Maine; commerce de vins, de bestiaux et d'ardoises; vieux château fort; 52 000 hab.

Sous-préfectures : *Saumur*, sur la Loire; château fort; école de cavalerie; 14 000 hab. — *Baugé*. — *Segré*. —

Cholet; fabriques de toiles et de mouchoirs; commerce de bœufs; 13 000 hab.

Autres lieux: *Beaupréau;* foires célèbres et grand commerce de bestiaux. — *Chalonne,* sur la Loire; fabriques de mouchoirs et mines de houille. — *Les Ponts-de-Cé,* sur la Loire, ville souvent citée dans l'histoire des guerres dont l'Anjou fut le théâtre, particulièrement en 1620 et 1793.

Département de la Loire-Inférieure (580 000 hab.) — Chef-lieu: *Nantes* (anc. *Condivicnum,* puis *Nannetes),* sur la Loire, au confluent de l'Erdre et de la Sèvre nantaise; belle ville et port très-commerçant; 113 000 hab.

Sous-préfectures: *Paimbœuf,* port sur la Loire, près de l'embouchure de ce fleuve. — *Savenay;* marais salants. — *Châteaubriant;* ancien et célèbre château. — *Ancenis,* petit port assez animé, sur la Loire.

Autres lieux: *Guérande,* près de la mer; traité de 1375. — *Saint-Nazaire,* port à l'embouchure de la Loire. — *Machecoul,* ancienne capitale du duché de Retz. — *Indre,* sur la Loire, à peu de distance et au-dessous de Nantes, avec l'île d'*Indret,* qui a une célèbre usine de la marine de l'Etat. — *Le Croisic* et *Pornic,* petits ports de mer.

Départements du bassin de la Mayenne, affluent de droite de la Loire.

Département de la Sarthe (466 000 hab.). — Chef-lieu: *Le Mans* (anc. *Suindidum,* puis *Cenomani*), sur la Sarthe; bougies, toiles, volailles renommées; 37 000 hab.

Sous-préfectures: *Mamers;* bestiaux et toiles. — *Saint-Calais.* — *La Flèche,* sur le Loir; Prytanée militaire.

Autres lieux: *Sablé,* sur la Sarthe. — *Château-du-Loir.*

Département de la Mayenne (375 000 hab.). —

Chef-lieu : *Laval*, sur la Mayenne ; commerce de fil et de toiles ; 23000 hab.

Sous-préfectures : *Mayenne*, sur la rivière du même nom ; fabriques de toiles ; duché fameux au XVIe siècle ; 10000 hab. — *Château-Gontier*, sur la Mayenne.

Autre lieu : *Ernée*.

Départements sur la rive gauche de la Loire.

Département de l'Allier (357000 hab.). — Chef-lieu : *Moulins*, sur l'Allier ; 18 000 hab.

Sous-préfectures : *Montluçon*, sur le Cher et sur le canal du Berri ; 16000 hab. — *Gannat* ; commerce de blé. — *La Palisse* ; ancien château de l'illustre guerrier Chabannes de La Palisse.

Autres lieux : *Bourbon l'Archambault* ; eaux minérales ; a donné son nom aux Bourbons et aux Bourbonnais. — *Vichy*, sur l'Allier ; eaux minérales très-renommées. — *Saint-Pourçain* ; vins estimés. — *Néris* ; eaux minérales. — *Commentry* ; exploitation importante de houille.

Département du Cher (323000 hab.) — Chef-lieu : *Bourges* (anc. *Avaricum*, puis *Bituriges*), très-ancienne ville, au centre de la France, au confluent de l'Evre et de l'Auron ; belle cathédrale ; draps et toiles peintes ; forges et hauts fourneaux ; commerce de laine ; antiquités ; siége de la cour de Charles VII pendant l'invasion des Anglais ; fameuse *pragmatique sanction* de 1438 ; 28 000 hab.

Sous-préfectures : *Sancerre*, sur une montagne, près de la Loire ; bons vins ; siége et famine de 1573. — *Saint-Amand-Montrond*, jolie ville, près du Cher et du canal du Berri ; industrie du fer.

Autre lieu : *Vierzon*, sur le Cher et sur le canal du Berri ; forges, hauts fourneaux, porcelaine.

Départements situés à gauche et loin de la Loire, dans les bassins de l'Allier, du Cher, de l'Indre et de la Vienne.

Département du Puy-de-Dôme (576 000 hab.). — Chef-lieu : *Clermont-Ferrand* (anc. *Nemetum*) ; étoffes de laine ; fontaine pétrifiante de Saint-Allyre ; belle cathédrale, 37 000 hab. ; concile de 1095. Dans le voisinage, emplacement de l'ancienne *Gergovie*.

Sous-préfectures : *Riom*, ville industrielle et commerçante, 11 000 hab. — *Thiers* ; coutellerie, papeterie, tanneries ; 16 000 hab. — *Ambert ;* fabriques de papier, de toiles et de dentelles ; commerce de mercerie. — *Issoire*, près de l'Allier.

Autres lieux : *Billom*, ancienne capitale de la Limagne. — *Aigueperse*, patrie du chancelier de L'Hôpital. — *Volvic ;* carrières de basalte. — *Royat*, village avec des grottes curieuses et des eaux minérales. — Les *Bains-du-Mont-Dore*, village célèbre par ses eaux minérales.

Département de la Creuse (270 000 hab.).—Chef-lieu : *Guéret*, sur une montagne, entre la Creuse et la Gartempe : commerce de bestiaux.

Sous-préfectures : *Aubusson*, sur la Creuse ; manufactures de tapis. — *Boussac*, sur un rocher escarpé. — *Bourganeuf ;* tour célèbre, que Zizim (Djem), frère de Bajazet II, reçut pour habitation de Pierre d'Aubusson.

Autres lieux : *Felletin*, sur la Creuse ; manufactures de tapis. — *Evaux ;* eaux minérales.

Département de l'Indre (270 000 hab.). — Chef-lieu : *Châteauroux*, sur l'Indre ; commerce de draps, de grains et de bestiaux ; parc de construction du train des équipages militaires ; 16 000 hab.

Sous-préfectures : *Issoudun* (anc. *Auxellodunum*) ; draps ; commerce de fer ; 14 000 hab. — *Le Blanc*, sur la Creuse ; forges dans le voisinage. — *La Châtre*, sur l'Indre.

Autres lieux remarquables ; *Valençay* ; beau château,

qui appartenait au prince de Talleyrand. — *Buzançais*, ville très-industrieuse, sur l'Indre.

Département de la Haute-Vienne (311 000 hab.). —Chef-lieu : *Limoges* (anc. *Augustoritum*, puis *Lemovices*), sur la Vienne ; porcelaine ; étoffes de laine ; 51 000 hab.

Sous-préfectures : *Bellac;* siége de 1591. —*Rochechouart*, sur la pente d'une montagne escarpée. —*Saint-Yrieix ;* carrières de kaolin; fabriques de porcelaine et de faïence.

Autres lieux : *Saint-Léonard*, sur la Vienne ; fabriques de porcelaine. — *Chalus ;* siége de 1199, où mourut Richard Cœur de Lion. — *Saint-Junien*, très-belle église. —*La Roche l'Abeille ;* bataille de 1569, gagnée par le duc d'Anjou.

Département de la Vienne (322 000 hab.). —Chef-lieu : *Poitiers* (anc. *Limonum*, puis *Pictavi*), sur le Clain, affluent de la Vienne ; antiquités, belle cathédrale ; fabriques de draps, commerce de grains et de laine ; 31 000 hab. ; victoire de Charles Martel sur les Sarrasins, en 732, et du prince Noir sur le roi Jean, en 1356.

Sous préfectures : *Châtellerault*, sur la Vienne ; manufacture d'armes, coutellerie renommée ; 14 000 hab. — *Loudun* (anc. *Juliodunum*). — *Montmorillon*, sur la Gartempe. — *Civray*, sur la Charente.

Autres lieux : *Vouillé* (autrefois *Voclade*), près de Poitiers ; victoire de Clovis sur les Visigoths, en 507. — *Moncontour ;* victoire du duc d'Anjou sur l'amiral Coligny, en 1569. — *Lusignan ;* ancien château fort, qui a donné son nom à une famille célèbre dans les Croisades.

9° Bassins du Lay, de la Sèvre niortaise, de la Charente et de la Seudre.

Département de la Vendée (396 000 hab.). —Chef-lieu : *Napoléon-Vendée* (ci-devant *Bourbon-Vendée*, et, dans l'origine, *La Roche-sur-Yon*) jolie ville, agrandie par Napoléon Ier.

Sous-préfectures : *Fontenay-le-Comte*, sur la Vendée. — *Les Sables-d'Olonne*, port de mer ; commerce de grains.

Autre lieu : *Luçon ;* siége épiscopal de Richelieu ; port au moyen d'un canal qui communique avec la mer.

Département des Deux-Sèvres (329 000 hab.). — Chef-lieu : *Niort*, sur la Sèvre niortaise ; fabriques de serges, de droguets et de gants ; 21 000 hab.

Sous-préfectures : *Bressuire*, souvent nommée dans les guerres de la Vendée. — *Parthenay ;* tanneries et corroieries. — *Melle ;* commerce de mulets.

Autres lieux : *Thouars ;* château magnifique, qui a été le séjour de la célèbre famille de La Trémouille. — *Châtillon ;* victoire des Vendéens, en 1793.

Département de la Charente (379 000 hab.). — Chef-lieu : *Angoulême* (anc. *Iculisma*, *Æquolesima* ou *Agesina*), sur la Charente ; fabriques de beau papier ; de lainages et de faïence ; 25 000 hab.

Sous-préfectures : *Confolens*, sur la Vienne. — *Ruffec*, près de la Charente ; commerce de grains et de truffes. — *Cognac*, sur la Charente ; eaux-de-vie renommées. — *Barbezieux* ; commerce de toiles et de truffes.

Autres lieux : *Jarnac*, sur la Charente ; victoire des catholiques sur les calvinistes, en 1569. — *La Rochefoucault ;* berceau d'une famille célèbre.

Département de la Charente-Inférieure (481 000 hab.). — Chef-lieu : *La Rochelle*, place forte et port de mer ; raffineries de sucre ; manufactures de faïence ; commerce d'esprits et d'eau-de-vie ; une des places principales des calvinistes pendant les guerres de religion du seizième et du dix-septième siècle ; siége fameux de 1628 ; 19 000 hab.

Sous-préfectures : *Rochefort*, jolie ville, place forte et port militaire de 1re classe, sur la Charente, près de son embouchure ; grand arsenal et bel hôpital de la marine ; chantiers de construction ; fonderie de canon ; 30 000 hab. — *Saintes* (anc. *Mediolanum*, ensuite *Santones*), sur la Charente ; antiquités romaines, commerce d'eaux-de-vie renommées ; 11 000 hab. — *Saint-Jean-d'Angély* ; commerce d'eaux-de-vie et de bois de construction.— *Marennes*, port de mer, à l'embouchure de la Seudre; huîtres renommées. — *Jonzac* ; commerce de lainages et d'eaux-de-vie.

Autres lieux : *Marans*, port sur la Sèvre niortaise, près de son embouchure ; commerce de sel et de blé. — *Taillebourg*, sur la Charente ; victoire de saint Louis sur les Anglais, en 1242.

10° Bassin de la Garonne.

Départements traversés par la Garonne.

Département de la Haute-Garonne (484 000 hab.). — Chef-lieu : *Toulouse* (anc. *Tolosa*), sur la Garonne. vers la jonction du canal du Midi et du canal latéral de la Garonne ; académie des Jeux Floraux ; faux et limes excellentes ; fonderie de canons ; 113 000 hab. ; bataille de 1814, entre le maréchal Soult et les Anglo-Espagnols.

Sous-préfectures : *Villefranche de Lauraguais*, vers le canal du Midi. — *Muret*, sur la Garonne; siége et bataille de 1213, dans la guerre des Albigeois. — *Saint-Gaudens*, sur la Garonne ; industrie assez active en rubans de fil et tissus de laine.

Autres lieux : *Bagnères-de-Luchon* ; eaux minérales.— *Revel*, ville industrielle, dans une belle plaine. —*Saint-Bertrand-de-Comminges* ; ancien évêché ; exploitation de marbres et de cuivre.

Département de Tarn-et-Garonne (233 000 hab.). — Chef-lieu : *Montauban*, sur le Tarn ; une des principales places des calvinistes pendant les guerres de religion ; manufactures de cotonnades et de bas de soie ; siége de 1621, soutenu victorieusement contre Louis XIII ; prise en 1629 par Richelieu, qui en fit raser les fortifications ; 27 000 hab.

Sous-préfectures : *Moissac*, sur le Tarn, ancienne abbaye célèbre. — *Castel-Sarrasin*, près de la Garonne.

Autres lieux : *Saint-Antonin*, sur l'Aveyron ; commerce de cuirs. — *Beaumont-de-Lomagne*, très-jolie ville.

Département de Lot-et-Garonne (332 000 hab.). —Chef-lieu : *Agen* (anc. *Aginnum*), sur la Garonne ; belle promenade du Gravier ; commerce de minoterie, c'est-à-dire de farine ; prunes renommées ; 18 000 hab.

Sous-préfectures : *Villeneuve-d'Agen*, sur le Lot ; 14 000 hab. — *Nérac*, sur la Baise, ancienne capitale du duché d'Albret ; château où Henri IV a séjourné. — *Marmande*, sur la Garonne.

Autre lieu : *Tonneins*, sur la Garonne ; manufacture de tabac.

Département de la Gironde (667 000 hab.). — Chef-lieu : *Bordeaux* (anc. *Burdigala*), sur la Garonne ; la quatrième ville de France par sa population, qui est de 163 000 hab. ; beau port ; promenades de Tourny ; pont, places, quais et théâtre remarquables.

Sous-préfectures : *Libourne*, sur la Dordogne ; port commerçant ; 14 000 hab. — *Blaye* (anc. *Blavia*), petit port et place forte, sur la rive droite de la Gironde.—*Lesparre*, dans le pays de Médoc, resserré entre la Gironde et l'océan. — *La Réole*, sur la Garonne. — *Bazas* (anc. *Vasatæ* ou *Cossium*).

Autres lieux : *Saint-Émilion*, près de la Dordogne ; excellents vins.—*Coutras ;* victoire de Henri IV, en 1587. —*Castillon ;* bataille gagnée par Charles VII sur les Anglais, en 1451. — *Bourg-sur-Mer*, petit port sur la Dordogne, très-près du Bec d'Ambez. — *Arcachon* et *La Teste*, petit port, sur le Bassin d'Arcachon, vers les Landes.

Départements traversés par la Dordogne.

Département du Cantal (240 000 hab.). — Chef-lieu : *Aurillac ;* commerce de dentelles, de chaudronnerie et de bestiaux ; 11 000 hab. Ancien monastère, illustré par Gerbert.

Sous-préfectures : *Saint-Flour,* sur un rocher de basalte. — *Murat,* au pied du Cantal. — *Mauriac,* près de la Dordogne.

Autre lieu : *Chaudesaigues ;* eaux thermales célèbres.

Département de la Corrèze (310 000 hab.). — Chef-lieu : *Tulle,* dans une gorge étroite, sur la Corrèze ; manufacture d'armes, commerce de fer et de cuivre ; 12 000 hab.

Sous-préfectures : *Brive* (anc. *Briva Curetia*), sur la Corrèze, dans une petite plaine riante ; 10 000 hab. — *Ussel,* ancien chef-lieu du duché de Ventadour.

Autres lieux : *Bort,* sur la Dorgogne ; colonnes de basalte, nommées *Orgues de Bort.* — *Uzerche,* remarquable par sa situation pittoresque. — *Turenne,* ancienne vicomté qui a appartenu à l'illustre famille de ce nom.

Département de la Dordogne (502 000 hab.). — Chef-lieu : *Périgueux* (anc. *Vesunna,* puis *Petrocorii*), sur l'Ile ; antiquités ; belle cathédrale ; 19 000 hab.

Sous-préfectures : *Nontron* ; coutellerie. — *Ribérac,* jolie petite ville. — *Bergerac,* sur la Dordogne ; autrefois ville très-forte ; vins renommés ; 12 000 hab. — *Sarlat.*

Autres lieux remarquables : *Brantôme ;* ancienne abbaye. — *Salignac,* près de Sarlat ; berceau de la famille de Fénelon. — *Saint-Michel,* à l'O. de Bergerac ; château de *Montaigne,* où est né le célèbre écrivain du même nom.

Départements des bassins de l'Ariége, du Tarn et du Lot, affluents de droite de la Garonne.

Département de l'Ariége (252 000 hab.). — Chef-lieu : *Foix*, sur l'Ariége.

Sous-préfectures : *Pamiers*, sur l'Ariége ; faux et limes. — *Saint-Girons ;* forges ; grand commerce avec l'Espagne.

Autres lieux : *Mirepoix*, ancienne capitale d'un pays du même nom. — *Massat ;* mines de fer et forges. — *Tarascon*, sur l'Ariége. — *Ax*, sur l'Ariége ; eaux minérales.

Département du Tarn (354 000 hab.). — Chef-lieu : *Albi* (anc. *Albiga*), sur le Tarn ; belle cathédrale ; 15 000 hab.

Sous-préfectures : *Castres* ; draps ; 22 000 hab. — *Lavaur ;* manufactures de soieries. — *Gaillac*, sur le Tarn ; vins estimés.

Autres lieux : *Rabastens*, sur le Tarn. — *Sorèze ;* école célèbre ; dans le voisinage, magnifique bassin de Saint-Féréol, qui fournit de l'eau au canal du Midi. — *Mazamet ;* draps ; 11 000 hab.

Département de la Lozère (137 000 hab.) — Chef-lieu : *Mende*, sur le Lot ; serges.

Sous-préfectures : *Marvejols*, détruite en 1586 par Joyeuse, et rebâtie par Henri IV. — *Florac*, près du Tarn.

Autres lieux : *Villefort ;* mines de plomb argentifère. — *Châteauneuf-de-Randon ;* siége de 1380, pendant lequel mourut Du Guesclin. — *Bagnols-les-Bains ;* eaux minérales renommées.

Département de l'Aveyron (396 000 hab.). — Chef-lieu : *Rodez* (anc. *Segodunum*, puis *Ruteni*), sur l'Aveyron ; belle cathédrale ; 10 000 hab.

Sous-préfectures : *Villefranche*, sur l'Aveyron ; industrie active ; houille et forges dans le voisinage, à *Aubin* et à *Decazeville* ; 10 000 hab. — *Espalion*, sur le Lot. — *Milhau* ou *Millau*, sur le Tarn, ville très-industrieuse ; 13 000 hab. — *Saint-Affrique* ; commerce de draps et de fromages.

Autres lieux : *Roquefort* ; fromages renommés. — *Cransac* ; mines de houille et eaux minérales célèbres.

Département du Lot (296 000 hab.) — Chef-lieu : *Cahors* (anciennement *Divona*, puis *Cadurci*), sur le Lot ; commerce de vins ; 14 000 hab.

Sous-préfectures : *Gourdon* ; commerce de vins ; dans le voisinage, château de *La Mothe-Fénelon*, où est né Fénelon. — *Figeac*, sur le Lot.

Autre lieu : *Luzech*, qui paraît correspondre à l'*Uxellodunum* si célèbre par la résistance qu'elle opposa à César.

Département du bassin du Gers, affluent de gauche de la Garonne.

Département du Gers (299 000 hab.). — Chef-lieu : *Auch* (anc. *Elimberris*, *Augusta Ausciorum* ou *Auscii*), sur le Gers ; magnifique cathédrale ; 12 000 hab.

Sous-préfectures : *Condom*, sur la Baïse. — *Lectoure*, sur le Gers ; antiquités curieuses. — *Lombez* ; ancien siége des états de Comminges. — *Mirande*, sur la Baïse ; commerce de blé, de vins et d'eaux-de-vie.

Autre lieu : *Eauze*, l'ancienne *Elusa*.

11° Bassin de l'Adour.

Département des Hautes-Pyrénées (240 000 hab.). — Chef-lieu *Tarbes* (anc. *Castrum Bigorrense* ou *Turba*), sur l'Adour ; 15 000 hab.

Sous-préfectures : *Bagnères de Bigorre* (anc. *Aquæ Con-*

venarum), sur l'Adour; sources minérales très-fréquentées. — *Argelès*, dans une vallée magnifique.

Autres lieux remarquables : *Campan*, dans une très-belle vallée du même nom; carrières de beau marbre. — *Barèges*, *Saint-Sauveur* et *Cauterets*; eaux minérales renommées. — *Lourdes*, petite place forte, sur le Gave de Pau.

Département des Basses-Pyrénées (437 000 hab.). — Chef-lieu : *Pau*, sur le Gave du même nom; château où est né Henri IV; 21 000 hab.

Sous-préfectures : *Bayonne* (anc. *Lapurdum*), sur l'Adour, près de son embouchure et au confluent de la Nive; port très-commerçant et place forte de premier ordre; 25 000 hab. (*Saint-Esprit*, sur la rive droite de l'Adour, aujourd'hui faubourg de Bayonne, et auparavant ville à part, dans le département des Landes, a une population presque tout entière israélite). — *Orthez*, ville industrielle et commerçante, autrefois capitale du Béarn, sous la maison de Moncade. — *Oloron-Sainte-Marie*, sur le Gave d'Oloron. — *Mauléon*, sur le Gave de Mauléon.

Autres lieux : *Salies*; commerce de sel et de jambons. — *Eaux-Chaudes* et *Eaux-Bonnes*, célèbres établissements thermaux. — *Saint-Jean de Luz*, port de mer et place forte. — *Saint-Jean-Pied-de-Port*, place forte. — *Biarritz*, petit port; belle villa impériale.

Département des Landes (300 000 hab.). — Chef-lieu : *Mont-de-Marsan*, sur la Midouze; commerce de vins, d'eaux-de-vie, de liége et de résine.

Sous-préfectures : *Dax* (anc. *Aquæ Tarbellicæ*), sur l'Adour; eaux thermales. — *Saint-Sever*, sur l'Adour.

Autres lieux : *Pouy-Saint-Vincent-de-Paul*, village près de Dax, patrie de saint Vincent de Paul. — *Labrit*, autrefois *Albret*; berceau d'une famille illustre. — *Aire* (anc. *Atures* ou *Adura*), ville très-ancienne, sur l'Adour; fut le siége de l'empire d'Alaric.

12° Bassins du Tech, de la Tet, de l'Agly, de l'Aude et de l'Hérault.

Département des Pyrénées-Orientales (182 000 hab.). — Chef-lieu : *Perpignan*, sur la Tet, à peu de distance de la Méditerranée ; place très-forte ; commerce de vins; 23 000 hab.

Sous-préfectures : *Prades*, sur la Tet. — *Céret*, sur le Tech.

Autres lieux : *Rivesaltes*, sur l'Agly; excellents vins.— *Collioure* (anc. *Caucolliberris*) et *Port-Vendres* (anc. *Portus Veneris*), ports de mer et places fortes. — *Bellegarde*, *Prats-de-Mollo*, *Mont-Louis*, *Villefranche*, *Salces*, places fortes. — *Vernet-les-Bains* et *Amélie-les-Bains*; eaux thermales renommées.

Département de l'Aude (284 000 hab.). — Chef-lieu : *Carcassonne* (anc. *Carcaso*), sur l'Aude, près du canal du Midi ; 21 000 hab.

Sous-préfectures : *Castelnaudary*, sur le canal du Midi ; bataille de 1632 ; 10 000 hab. — *Narbonne* (anc. *Narbo Martius*), ville très-ancienne, près de la Méditerranée, à laquelle elle communique par le canal de la Roubine de Narbonne, et où elle a le port fortifié de *La Nouvelle*; belle cathédrale; miel renommé ; 16 000 hab. — *Limoux*, sur l'Aude ; vins estimés.

Département de l'Hérault (409 000 hab.). — Chef-lieu : *Montpellier*, sur le Lez, où elle possède le port Juvénal ; à peu de distance de la Méditerranée et de l'emplacement de l'ancienne Maguelone ; place du Peyrou ; école de médecine et beau jardin botanique ; étoffes de laines, siamoises, vert-de-gris ; commerce de vins et d'eaux-de-vie; 52 000 hab.

Sous-préfectures : *Béziers* (anc. *Biterræ* ou *Bæterræ*), sur l'Orb et sur le canal du Midi; situation délicieuse;

24000 hab. — *Lodève* (anc. *Luteva*) ; draps ; 12000 hab. — *Saint-Pons-de-Thomières ;* draps.

Autres lieux : *Pézenas*, dans une très-agréable position. — *Agde* (anc. *Agatha*), place forte et port très-commerçant, sur l'Hérault, près de son embouchure. — *Cette* (anc. *Sigium* ou *Setium*), place forte et port de mer, sur une langue de terre qui sépare l'étang de Thau de la Méditerranée ; 22000 hab. — *Frontignan* et *Lunel ;* vins renommés. — *Ganges*, sur l'Hérault ; soieries. — *Clermont-l'Hérault ;* draps. — *Bédarieux ;* draps ; 10000 hab.

13° Bassin du Rhône.

Départements sur la rive droite du Rhône.

Département de l'Ain (370000 hab.). — Chef-lieu : *Bourg-en-Bresse ;* belle église de Brou ; 14000 hab.

Sous-préfectures : *Trévoux*, dans une jolie situation, sur la Saône ; ancien collége célèbre des jésuites. — *Nantua*, sur un joli lac. — *Belley*, ancienne capitale du Bugey ; pierres lithographiques. — *Gex*, autrefois à la Suisse.

Autres lieux : *Ferney*, célèbre par le séjour de Voltaire. — *Pont-de-Vaux*, près de la Saône. — *Seyssel*, sur le Rhône ; mines d'asphalte.

Département du Rhône (662000 hab.). — Chef-lieu : *Lyon* (anc. *Lugdunum*), la seconde ville de France, au confluent du Rhône et de la Saône ; cathédrale Saint-Jean ; superbe hôtel de ville ; palais Saint-Pierre, qui renferme un riche musée d'arts et d'antiquités ; rue Impériale ; place Bellecour ; parc de la Tête d'Or ; nombreuses fabriques de belles soieries. Les anciens faubourgs de *La Guillotière* (avec les *Brotteaux*), de *La Croix-Rousse* et de *Vaize* sont devenus des parties de Lyon. 320000 hab.

Une seule sous-préfecture : *Villefranche-sur-Saône ;* commerce de bestiaux, de chevaux et de toiles ; 12000 h.

Autres lieux : *Tarare ;* mousselines renommées ; 15 000 hab. — *Beaujeu;* commerce de vins du Beaujolais. — *Givors*, sur le Rhône, à l'endroit où aboutit un canal auquel elle donne son nom ; commerce de houille; 10000 hab. — *Condrieu;* vignobles fameux. — *Chessy;* mines de cuivre.

Département de l'Ardèche (389 000 hab.). — Chef-lieu ; *Privas ;* commerce de cuirs.

Sous-préfectures : *Tournon*, sur le Rhône. — *Largentière.*

Autres lieux : *Annonay*, la plus importante ville du département; papeteries, mégisseries, filatures de soie; invention des aérostats par les frères Montgolfier ; 14 000 h. — *Aubenas*, sur l'Ardèche; commerce de soie et de marrons. — *Viviers*, sur le Rhône.

Département du Gard (422 000 hab.). — Chef-lieu : *Nîmes* (anc. *Nemausus*), près du Gard ; plusieurs monuments antiques, tels que l'Amphithéâtre ou les Arènes, la Maison Carrée, un arc de triomphe, la Tour Magne ; à quelque distance, le pont du Gard, magnifique aqueduc romain ; soieries ; 57 000 hab., en majorité calvinistes.

Sous-préfectures : *Alais;* fabriques de rubans de soie ; forges ; charbon de terre ; 20 000 h. — *Uzès.* — *Le Vigan.*

Autres lieux : *Le Pont-Saint-Esprit*, sur le Rhône. — *Beaucaire*, sur le Rhône ; foires célèbres ; 13 000 hab. — *Saint-Gilles;* commerce de vins. — *Aigues-Mortes*, à 4 kilomètres de la Méditerranée, avec laquelle elle communique par le canal de la Grande-Roubine, et à la jonction des canaux des Etangs et de Beaucaire ; petite place forte et petit port, autrefois plus important, et où saint Louis s'embarqua pour ses deux croisades. — *Saint-Hippolyte ;* château de *Florian*, où est né l'auteur de ce nom. — *La Grand'Combe ;* charbon de terre.

Départements sur la rive gauche du Rhône.

Département de la Haute-Savoie (267 000 hab.). — Chef-lieu : *Annecy*, sur le lac du même nom ; 11 000 hab.

Sous-préfectures : *Thonon*, sur le lac de Genève. — *Bonneville*, sur l'Arve. — *Saint-Julien*, au S. O. de Genève.

Autres lieux : *Évian*, *Saint-Gervais*, connus par leurs eaux minérales. — *Chamonix*, au pied du mont Blanc, dans une vallée fameuse par ses vastes glaciers et ses beautés sauvages.

Département de la Savoie (275 000 hab.). — Chef-lieu : *Chambéry* ; 22 000 hab.

Sous-préfectures : *Albertville* ; mines d'argent. — *Moutiers-de-Tarantaise* (l'anc. *Darantasia*), sur l'Isère. — *Saint-Jean-de-Maurienne*, sur l'Arc.

Autres lieux : *Montmélian*, sur l'Isère. — *Aix-les-Bains*, célèbre par ses eaux minérales, sur le lac du Bourget. — *Lanslebourg*, au pied du mont Cenis, vers l'endroit où la célèbre route faite sous Napoléon Ier, en 1805, commence à gravir cette montagne.

Département de l'Isère (578 000 hab.). — Chef-lieu : *Grenoble* (anc. *Cularo*, puis *Gratianopolis*), sur l'Isère ; place forte ; ganterie renommée ; 35 000 hab.

Sous-préfectures : *Vienne* (anc. *Vienna*), ville très-ancienne, sur le Rhône ; fabriques de draps ; mines de plomb argentifère ; 20 000 hab. ; concile de 1311, où fut aboli l'ordre des Templiers. — *La Tour-du-Pin*. — *Saint-Marcellin*, près de l'Isère ; vins estimés.

Autres lieux : *Bourgoin* ; manufactures d'indiennes. — *Voiron* ; fabriques de toiles. — *Sassenage* ; fromages renommés. — *La Grande Chartreuse*, monastère célèbre. — *Uriage* et *Allevard* ; eaux thermales très-fréquentées. — *Le Pont de Beauvoisin*, sur le Guier. — Le *Fort Barraux*, place forte, sur l'Isère.

Département de la Drôme (327 000 hab.). — Chef-lieu : *Valence* (anc. *Valentia*), sur le Rhône ; soieries ; 19 000 hab.

Sous-préfectures : *Montélimar*, près du Rhône ; 12 000 hab. — *Die* (anc. *Dea*), sur la Drôme ; commerce de soie. — *Nyons*.

Autres lieux : *Romans*, ville très-commerçante, sur l'Isère ; 11 000 hab. — *Tain*, sur le Rhône ; célèbre vignoble de l'*Ermitage*, dans le voisinage. — *Crest*, sur la Drôme ; commerce de soie. — *Dieu-le-fit* ; eaux minérales.

Département de Vaucluse (268 000 hab.). — Chef-lieu : *Avignon* (anc. *Avenio*), sur le Rhône ; longtemps la résidence des Papes, qui l'ont ornée d'un grand nombre de beaux édifices (entre autres, un palais célèbre) ; commerce de vins, d'huiles et de parfums ; 36 000 hab.

Sous-préfectures : *Carpentras* (anc. *Carpentoracte*), ancienne capitale du Comtat Venaissin ; 11 000 hab. — *Orange* (anc. *Arausio*), ancienne capitale d'une principauté du même nom ; monuments romains ; 10 000 hab. — *Apt* (anc. *Apta Julia*) ; manufacture de faïence ; cathédrale curieuse.

Autres lieux : *Cavaillon* (anc. *Cabellio*), sur la Durance ; commerce de fruits secs et confits. — *L'Ile*, ville industrielle, sur la Sorgues. — *Vaucluse*, village, près de la fontaine du même nom.

Département des Bouches-du-Rhône (507 000 hab.). — Chef-lieu : *Marseille* (anc. *Massilia* ou *Massalia*), sur une baie du golfe du Lion ; la troisième ville de France par sa population, qui est de 260 000 hab. ; trois beaux ports, défendus par des forts qui occupent les collines voisines et par les îles fortifiées de Ratoneau, de Pomègue et du Château-d'If ; belles rues Impériale et de la Canebière, cours Belzunce ; très-grand commerce ; fabriques de savon renommé.

Sous-préfectures : *Aix* (*Aquæ Sextiæ*), ancienne capitale de la Provence ; huile d'olive très-estimée ; eaux minérales ; 28 000 hab. — *Arles* (anc. *Arelate*), sur le Rhône, vers l'endroit où il se divise en deux bras pour former l'île de la Camargue ; antiquités romaines et du moyen âge (amphithéâtre, etc.); port communiquant avec la mer par le canal d'Arles à Bouc ; 26 000 hab.

Autres lieux : *Tarascon* (anc. *Tarasco*), sur le Rhône, en face de Beaucaire ; 13 000 hab. — *Salon*. — *Lambesc*. — *Saint-Remi*; soie; arc de triomphe romain. — *Les Martigues*, vers l'étang de Berre; avec un port qui se trouve à *Bouc*. — *La Ciotat*, port de mer; vins muscats.

Départements du bassin de la Saône, affluent de droite du Rhône.

Département du Jura (298 000 hab.). — Chef-lieu : *Lons-le-Saunier*; salines; 10 000 hab.

Sous-préfectures : *Dôle*, sur le Doubs, dans une jolie vallée ; 11 000 hab. — *Poligny*. — *Saint-Claude*; ouvrages en bois, en corne, en écaille, en os et en ivoire.

Autres lieux : *Salins*, importantes salines. — *Arbois*; vins renommés.

Département du Doubs (296 000 hab.). — Chef-lieu : *Besançon* (anc. *Vesontio*), place forte, sur le Doubs ; dentelles et horlogerie ; 49 000 hab.

Sous-préfectures : *Baume-les-Dames*, près du Doubs ; ancien monastère célèbre. — *Montbéliard*, ville fortifiée. — *Pontarlier*, sur le Doubs; forges et hauts fourneaux.

Autres lieux : *Osselle*; grottes célèbres. — *Ornans*. — *Blamont* et *Château-de-Joux*, deux forteresses, sur la frontière. — *Alaise*, l'ancienne *Alesia*, suivant plusieurs archéologues.

Département de la Haute Saône (317 000 hab.).—

Chef-lieu : *Vesoul*, au pied de la montagne appelée Motte de Vesoul.

Sous-préfectures : *Gray*, à la tête de la navigation de la Saône; commerce de grains et de fer. — *Lure*, sur l'Oignon.

Autres lieux : *Luxeuil ;* eaux minérales ; ancien monastère, fameux sous les Mérovingiens. — *Port-sur-Saône ;* fer et bestiaux.

Département de la Côte-d'Or (384 000 hab.). — Chef-lieu : *Dijon* (anc. *Divio*), belle ville, sur l'Ouche et sur le canal de Bourgogne; belle cathédrale; 37 000 hab.

Sous-préfectures : *Beaune* ; vins renommés ; 11 000 h. — *Châtillon-sur-Seine;* congrès de 1814. — *Semur;* château de Bourbilly, qu'habita Mme de Sévigné.

Autres lieux : *Auxonne*, place forte, sur la Saône. — *Saint-Jean de Lône* ou *Belle-Défense*, à la jonction de la Saône et du canal de Bourgogne ; courageuse résistance de 1636, contre les Impériaux. — *Cîteaux ;* ancienne abbaye. — *Nuits* et *Vougeot*, vins renommés. — *Fontaine-Française ;* victoire de Henri IV sur Mayenne et les Espagnols, en 1595. — *Montbard*, patrie de Buffon et de Daubenton. — *Alise* ou *Sainte-Reine*, considérée généralement comme l'ancienne *Alesia*, connue par la résistance que César y opposa à tous les Gaulois confédérés.

Département de Saône-et-Loire (582 000 hab.). — Chef-lieu : *Mâcon* (anc. *Matisco*), sur la Saône ; vins très-estimés ; 18 000 hab.

Sous-préfectures : *Autun* (anc. *Augustodunum*, et, suivant l'opinion commune, la ville plus ancienne de *Bibracte*, que plusieurs archéologues placent cependant à quelque distance de là), sur l'Arroux ; antiquités ; 12 000 hab. — *Charolles ;* bœufs renommés. — *Chalon-sur-Saône* (anc. *Cabillonum*), place forte et ville très-commerçante, à la jonction du canal du Centre et de la Saône ; 20 000 hab. — *Louhans;* commerce de blé.

Autres lieux : *Le Creusot;* mines de charbon de terre,

et grands établissements pour le travail du fer et du cuivre, les fabriques de machines à vapeur, etc.; 16000 hab. — *Epinac;* houille et fer. — *Bourbon-Lancy*, près de la Loire; eaux minérales. — *Cluny;* ancienne abbaye (aujourd'hui école Normale de l'enseignement secondaire spécial). — *Tournus*, sur la Saône. — *Digoin*, ville commerçante, à la jonction du canal du Centre et de la Loire.

Départements du bassin de la Durance, affluent de gauche du Rhône.

Département des Hautes-Alpes (125 000 hab.). — Chef-lieu : *Gap* (anc. *Vapincum*).

Sous-préfectures : *Embrun* (anc. *Ebrodunum*), place forte, sur un rocher escarpé. — *Briançon* (anc. *Brigantio*), autre place forte, sur la Durance; c'est la ville la plus élevée de France.

Autre lieu : *Mont-Dauphin*, petite place forte.

Département des Basses-Alpes (146 000 hab.). — Chef-lieu : *Digne* (anc. *Dinia*), dans une position pittoresque.

Sous-préfectures : *Sisteron* (anc. *Segustero*), sur la Durance. — *Forcalquier*. — *Barcelonette*, sur l'Ubaye. — *Castellane*.

Autres lieux : *Manosque ;* commerce de fruits et de soie. — *Colmars*, *Seyne*, *Tournoux*, *Entrevaux*, petites places fortes.

14° Bassins de l'Argens, du Var et de la Roia.

Département du Var (315 000 hab.). — Chef-lieu : *Draguignan* ; commerce d'huile d'olive ; 10 000 hab.

Sous-préfectures : *Toulon* (anc. *Telo Martius*), ville forte, port militaire de premier ordre et le premier arsenal de la France sur la Méditerranée, avec une rade superbe ; grand commerce de vins, d'huile et de savon ;

85 000 hab. (y compris les marins, les étrangers, etc.). Siége fameux, où se dévoila le génie militaire du jeune Bonaparte (Napoléon Ier). — *Brignoles*; très-beau climat; prunes estimées.

Autres lieux : *Hyères*, agréablement située près de la Méditerranée, en face des îles d'Hyères; climat très-doux; 10 000 hab. — *Fréjus* (anc. *Forum Julii*), à peu de distance du golfe du même nom, où *Saint-Raphaël* lui sert de port. — *La Seyne*, port; 12 000 hab.

Département des Alpes-Maritimes (195 000 hab.). — Chef-lieu : *Nice*, port de mer, célèbre par la douceur de son climat; 48 000 âmes.

Sous-préfectures : *Grasse*, renommée par ses parfums, ses fruits et ses huiles; 12 000 hab. — *Puget-Théniers*, sur le Var.

Autres lieux : *Villefranche*, avec une magnifique rade, à l'est de Nice. — *Menton* ou *Mentone*, autre ville maritime, admirablement située, près de la petite principauté de *Monaco*. — *Antibes*, ville forte, sur la Méditerranée. — *Cannes*, petit port, près duquel Napoléon Ier débarqua en 1815, à son retour de l'île d'Elbe; en face, sont les deux îles de Lérins (*Sainte-Marguerite* et *Saint-Honorat*).

15° Ile de Corse.

Département de la Corse (253 000 hab.). — Chef-lieu : *Ajaccio*, sur la côte occidentale; place forte et beau port; lieu de naissance de Napoléon Ier; 14 000 hab.

Sous-préfectures : *Bastia*, place forte de première classe et bon port, sur la côte orientale; 17 000 hab. — *Corté*, place forte, au centre de l'île, sur le Tavignano. — *Calvi*, sur la côte N. O. — *Sartène*, dans le S.

Autres lieux : *Saint-Florent*, petite place forte, sur la côte N. de l'île. — *Bonifacio*, beau port et place forte, à l'extrémité S. de l'île, sur les Bouches de Bonifacio. — *Orezza*, qui a des eaux minérales

La France a aujourd'hui environ 13 000 kilomètres de chemins de fer en exploitation. *Paris* est le centre de ces chemins. Huit lignes en partent :

1° LE CHEMIN DU NORD se dirige sur *Creil*, en se divisant en deux branches : l'une directe, par *Chantilly;* l'autre avec un grand détour à l'ouest, par *Pontoise;*— de *Creil*, la ligne se porte sur *Amiens*, *Arras* et *Douai;* là, le chemin se divise en deux embranchements : l'un sur *Valenciennes*, d'où il passe en Belgique pour se rendre à *Mons* et à *Bruxelles;* — l'autre embranchement va à *Lille*, entre aussi en Belgique, passe à *Gand*, et arrive à *Malines*, d'où une ligne importante va rejoindre, par *Liége*, les chemins de fer d'Allemagne, en touchant *Aix-la-Chapelle* et *Cologne*. Un chemin plus direct va d'*Arras* à *Lille*. — A Amiens, naît sur la gauche un embranchement qui se dirige sur *Abbeville* et *Boulogne*, où il se termine en face du port anglais de *Folkestone;* un embranchement va d'*Abbeville* à *Saint-Valery-sur-Somme*. — A Lille, un embranchement se porte à l'ouest, sur *Hazebrouck;* de là, deux chemins se dirigent, l'un, sur *Dunkerque*, l'autre sur *Saint-Omer* et sur *Calais*, en face du port anglais de *Douvres*; une branche va d'*Hazebrouck* sur *Béthune*, et se rattache au chemin d'Arras à Lille. — A *Creil*, commence un embranchement sur *Compiègne* et *Saint-Quentin*, puis sur *Charleroi* en Belgique. C'est la ligne la plus directe pour se rendre de Paris à Liége et à Cologne. Il s'y rattache un embranchement qui, passant à *Cambrai*, va rejoindre le chemin de Douai à Mons; un autre embranchement qui va à *Reims* par *Laon*, et un troisième qui se rend à *Saint-Gobain*. — Une ligne qui se sépare de celle de Paris à Creil, un peu avant Saint-Denis, se porte sur *Soissons* et *Reims*. — Un autre chemin unit *Creil* à *Beauvais*.

2° LE CHEMIN DE ROUEN ET DU HAVRE envoie, près de Rouen, au nord, un embranchement sur *Dieppe*, et, près du Havre, un embranchement sur *Fécamp*. — Près de

Paris, il s'en sépare un chemin qui se rend à *Versailles*, avec le surnom de *rive droite* (parce que, dans Paris, l'embarcadère se trouve à droite de la Seine), et un autre qui se rend à *Saint-Germain*; il se détache encore une branche sur *Argenteuil*, reliée au chemin du Nord (ligne de Pontoise). — Vers l'O., un autre embranchement se porte sur *Caen*, en passant par *Evreux*, et se termine à *Cherbourg*. De cet embranchement se séparent d'autres branches qui se portent sur *Pont-l'Evêque*, *Honfleur* et *Trouville*, sur *Falaise*, et sur *Saint-Lô*.— Un chemin de fer qui part du même embarcadère se termine à *Auteuil*, en passant dans le *bois de Boulogne* et à *Passy*.

3° LE CHEMIN DE VERSAILLES (*rive gauche* (commence à Paris, à gauche de la Seine, et se joint, à Versailles, au chemin de la rive droite. De là, la ligne va à *Chartres*, au *Mans*, à *Laval*, à *Rennes*, à *Saint-Brieuc*, à *Guingamp*, et se prolonge jusqu'à *Brest*; — un embranchement se détache de cette ligne à *Saint-Cyr*, et se porte sur *Dreux*, d'où il se dirigera sur *Granville*; —un autre embranchement va de *Rennes* à *Redon*, où il se bifurque pour se rendre à *Savenay* et *Nantes*, d'un côté, à *Vannes*, *Lorient*, *Quimper* et *Châteaulin*, de l'autre ; — un troisième embranchement va à *Saint-Malo* ; — près du *Mans*, naît un embranchement qui, touche *Alençon* et *Argentan*, et se joint au chemin d'Evreux à Cherbourg. — Du Mans encore, partent deux branches qui se portent sur *Angers* et sur *Tours*.

(Ce chemin et le précédent forment le réseau général des CHEMINS DE L'OUEST.

4° Le CHEMIN D'ORSAY, avec un embranchement sur *Sceaux*, est peu étendu.

5° LE CHEMIN D'ORLÉANS est continué, d'un côté, par le CHEMIN DE TOURS ET BORDEAUX, et, de l'autre, par le CHEMIN DE VIERZON. — Un embranchement se sépare du chemin d'Orléans pour se rendre à *Corbeil*, d'où il sera prolongé sur *Montargis*. Un autre se rend à *Vendôme*. — Le chemin d'Orléans à Bordeaux passe par *Blois*, *Tours*, *Poitiers*, *Angoulême*. — De Tours, une ligne se porte sur *Nantes*, par *Angers*, et se prolonge jusqu'à *Saint-Nazaire*, par *Savenay*, d'où une branche se porte sur *Redon*, *Vannes*, *Lorient*, *Quimper* et *Châteaulin*. — Près de Poitiers, un embranchement se rend à *Niort*, et ensuite, par deux bras, à *La Rochelle* et à *Rochefort*. — De Bordeaux, un chemin conduit à *Bayonne* et en *Espagne* (*Irun*, *Saint-Sébastien*, etc.), avec des embranchements sur *Arcachon*, sur *Mont-de-Marsan*, d'où la ligne continue vers *Tarbes* et *Bagnères-de-Bigorre*; enfin sur *Pau*. — Une autre ligne unit *Bordeaux* à *Cette*, par *Agen*, *Montauban* et *Toulouse*. De cette dernière ville, un embranchement se porte sur *Montrejeau*, dans la direction de *Bagnères-de-Luchon*, en projetant une branche sur *Foix*. — De Montauban, un embranchement se dirige sur *Villefranche-d'Aveyron*, après laquelle il se rend à *Figeac* et *Brive*, avec une branche sur *Rodez*.

Le chemin d'*Orléans* à *Vierzon* se divise, à cette dernière ville, en deux lignes : l'une va à *Bourges*, à *Moulins*, à *Clermont*, à *Issoire*, à *Brioude*, et le chemin de *Nevers* s'y rattache; — de *Moulins*, un chemin va rejoindre *Montluçon*, d'où une branche se porte au N., sur *Saint-Amand* et *Bourges*, une autre sur *Guéret*, dans la direction de *Limoges*; — un autre embranchement se dirige sur *Roanne* et *Saint-Etienne*; — un autre encore sur *Vichy*. — Près de *Brioude*, se détache une branche dans la direction de *Murat*.

L'autre ligne qui se sépare à *Vierzon*, va à *Châteauroux*, se prolonge jusqu'à *Limoges*, et, de là, jusqu'à *Périgueux*, qui est réunie, dans d'autres directions, à *Bordeaux*, à *Agen*, et à *Brive*, *Figeac*, *Rodez* et *Montauban*.

6° Le CHEMIN DE PARIS A LYON passe à *Melun*, à *Moret*, d'où part une branche sur *Montargis* et *Nevers* ; à *Montereau*, d'où il envoie un embranchement sur *Troyes* ; à *Sens* ; à *Joigny*, près de laquelle une branche se détache sur *Auxerre ;* à *Tonnerre* et à *Montbard*, entre lesquelles il envoie une branche vers *Châtillon-sur-Seine ;* à *Dijon*, à *Chalon-sur-Saône*, à *Mâcon*. — De *Villeneuve-Saint-George*, il part un embranchement qui se raccorde, à *Juvisy*, au chemin d'Orléans, et rejoint *Corbeil*. — Du chemin de Paris à Lyon, se sépare, à *Dijon*, une ligne qui va à *Auxonne*, à *Dôle*, à *Besançon*, à *Belfort* et à *Mulhouse*. — De Dôle, un embranchement se porte à *Lons-le-Saunier* et *Bourg*, avec des rameaux qui vont, l'un, à *Salins*, l'autre à *Pontarlier* et *Neufchâtel* (en Suisse). — De *Chagny* près de Chalon, part un bras sur *Montceau-les-Mines*, avec un petit embranchement sur *Le Creusot*. — *Genève* est unie au même chemin de Lyon par une ligne bifurquée en deux embranchements : l'un partant de *Mâcon* et passant par *Bourg*, l'autre partant de *Lyon*. — La ligne de Genève met la ligne de Paris à Lyon en communication avec le chemin *Victor-Emmanuel*, qui, se séparant de cette ligne à *Culoz* et parcourant la Savoie par *Aix-les-Bains* et *Chambéry*, se dirige vers les Alpes ; il franchira cette chaîne en un point situé entre le mont Tabor et le mont Cenis, par un immense tunnel qui se construit avec activité. — Un chemin unit *Lyon* à *Saint-Étienne*, puis *Saint-Étienne* à *Roanne*, d'où la ligne se porte sur *Moulins*, *Nevers* et *Paris* ; c'est le chemin de Paris à Lyon par le *Bourbonnais*. — Un autre embranchement va de *Saint-Étienne* dans la direction du *Puy*.

Le CHEMIN DE LYON A LA MÉDITERRANÉE est la continuation de celui de Paris à Lyon ; il longe le Rhône, en passant à *Valence*, à *Avignon*, à *Tarascon*, à *Arles*, et il aboutit à *Marseille*. Ainsi, une longue et magnifique voie parcourt la France entière, depuis la mer du Nord jusqu'à la Méditerranée. Trois embranchements, partant de *Lyon*, de *Saint-Rambert* et de *Valence*, se portent sur *Grenoble*, qui est à son tour unie à *Chambéry ;* un autre se dirige sur *Privas ;* un cinquième sur *Carpentras ;* un sixième sur *Aix ;* un septième se rend à *Toulon* et à *Nice*, et il s'en détache un rameau sur *Draguignan*.

A *Tarascon*, se sépare une ligne qui, passant à *Beaucaire*, se rend à *Nîmes;* de Nîmes, partent deux branches, sur *Alais*, *La Grand'Combe* et *Bességes*, d'une part, et sur *Montpellier* et *Cette*, de l'autre.

La ligne qui joint *Cette* à *Bordeaux*, passe par *Agde* (d'où un embranchement sur *Lodève*), par *Béziers* (et de là un embranchement sur *Graissessac*), puis par *Narbonne*, *Carcassonne* et *Toulouse*, et projette un embranchement de *Narbonne* à *Perpignan*, puis un autre de *Castelnaudary* à *Castres*. — Avec la ligne de Bordeaux à Bayonne, et divers embranchements que nous avons décrits en parlant du chemin de fer de Bordeaux (p. 77), elle compose le système des CHEMINS DU MIDI.

7° Le CHEMIN DE STRASBOURG OU DE L'EST passe par *Meaux*, *Châlons-sur-Marne*, *Bar-le-Duc*, *Nancy*, *Sarrebourg* et *Saverne*. Il s'en détache, à *Epernay*, une ligne qui se dirige sur *Reims*, et de *Reims* une autre se porte sur les *Ardennes*, c'est-à-dire sur *Mézières*, d'où elle se bifurque vers *Givet* et vers *Sedan*, *Montmédy* et *Thionville*. Un autre embranchement joint directement *Châlons* à *Reims*.—Près de *Nancy*, un embranchement se dirige sur *Metz*, d'où partent deux autres lignes, l'une sur *Forbach*, reliée avec les chemins de la Prusse et de la Bavière Rhénanes; la seconde sur *Thionville* et *Luxembourg*. —D'un autre côté, des rameaux se dirigent sur *Chaumont* (par *Saint-Dizier* et *Joinville*), sur *Épinal* et sur *Saint-Dié*.

De *Strasbourg*, un chemin se rend à *Kehl*, en Allemagne; un autre à *Wissembourg*, dans la direction de *Mayence;* un troisième à *Bâle*, par *Colmar* et *Mulhouse*, avec un embranchement qui va de *Schlestadt* à *Sainte-Marie-aux-Mines*, et un autre qui, près de *Mulhouse*, se détache sur *Thann*.

Mulhouse est reliée à Paris par un chemin plus direct qui, se séparant du chemin de Strasbourg, près de Paris, passe à *Nogent-sur-Seine*, à *Troyes*, à *Chaumont*, à *Langres*, à *Vesoul*, à *Belfort*. Ce chemin envoie de petits embranchements à *Coulommiers*, à *Provins* et à *Bar-sur-*

Seine. — Mulhouse est aussi jointe à Dijon par un chemin qui passe à *Besançon*, à *Dôle* et à *Auxonne*. — Ce dernier chemin est uni à celui de Paris à Mulhouse par un autre qui se dirige d'*Auxonne* sur *Gray*, et de là, en deux rameaux, sur *Vesoul* et sur *Langres*. — Enfin, deux lignes transversales, passant l'une à *Joinville*, l'autre à *Épinal*, sont un lien entre le chemin de Paris à Mulhouse et celui de Paris à Strasbourg.

8° Le CHEMIN DE VINCENNES, DE SAINT-MAUR ET DE LA VARENNE-SAINT-MAUR n'a qu'un parcours peu considérable.

Il faut ajouter à tous ces chemins le *chemin de ceinture de Paris*, reliant entre elles les grandes lignes qui partent de cette ville.

Population, langue. — La population de la France, d'après le recensement de 1861, s'élève à 37 382 225 hab.; en y ajoutant les troupes qui se trouvaient en Algérie, en Syrie et à Rome lors du recensement, on a un total de 37 472 732 âmes. La superficie étant de 543 051 kilomètres carrés, il y a, en moyenne, 69 habitants par kilomètre carré sur le territoire français.

Quoique formés, dans l'origine, d'éléments assez divers, celtique, romain, germanique, normand, les Français sont aujourd'hui la nation la plus homogène de l'Europe. Leur caractère général est la vivacité. Ils ont l'imagination ardente, un caractère bouillant; ils embrassent avec chaleur et enthousiasme les projets les plus hardis et se livrent facilement aux entreprises les plus aventureuses. Ils sont célèbres, entre tous les peuples, par leur urbanité, la finesse de leur esprit, leurs penchants généreux et hospitaliers; mais on leur reproche de l'inconstance; ils se rebutent aisément, et abandonnent souvent leurs premiers projets pour de nouveaux.

Outre le français on parle quelques autres langues sur différents points : l'allemand, en Alsace et dans une partie de la Lorraine; le flamand, dans une partie de la

Flandre et de l'Artois ; le bas-breton, reste de la langue celtique, dans l'ouest de la Bretagne ; le basque, dans les Pyrénées occidentales, et l'italien, en Corse. Des patois sont en usage dans un grand nombre de localités ; mais ces patois et les mœurs locales tendent peu à peu à disparaître, par suite des communications de jour en jour plus faciles, d'une administration et d'une législation parfaitement uniformes, et de la division en départements, qui fait oublier les anciennes rivalités et les étroits patriotismes de provinces.

Gouvernement, administration, etc. — Le gouvernement de la France est un empire constitutionnel. L'Empereur gouverne avec le concours : 1° du *Sénat*, composé de membres choisis par lui; 2° du *Corps législatif*, dont les membres sont élus par la nation ; 3° du *Conseil d'État*, dont les membres sont nommés par l'Empereur, et qui est chargé de juger les conflits de toutes les administrations publiques, et de préparer les projets de loi d'un intérêt général.

Sous la direction immédiate de l'Empereur, sont dix ministères, chargés de toutes les diverses branches de l'administration : 1° le ministère d'État; 2° le ministère de la maison de l'Empereur et des beaux-arts; 3° le ministère de la justice et des cultes; 4° le ministère de l'intérieur; 5° le ministère des affaires étrangères; 6° le ministère des finances; 7° le ministère de l'instruction publique; 8° le ministère de la guerre; 9° le ministère de la marine et des colonies; 10° le ministère de l'agriculture, du commerce et des travaux publics.

Chaque département est administré civilement, sous la direction du ministère de l'intérieur, par un *préfet*, assisté d'un conseil de préfecture; les arrondissements sont administrés par un *sous-préfet*, excepté ceux qui ont pour chef-lieu le chef-lieu du département et qui sont sous la direction immédiate du préfet. Chaque arrondissement comprend un certain nombre de divisions, moitié judiciaires, moitié civiles, nommées *cantons*, à la tête desquelles sont, pour la partie judiciaire, des juges de paix; chaque canton comprend plusieurs *communes*, dont chacune est dirigée par un *maire*.

Il y a 373 arrondissements, 3938 cantons et 37 510 communes.

L'instruction publique est dirigée par le ministre de l'instruction publique et par un *conseil impérial*. Il y a *dix-sept académies universitaires*, à la tête de chacune desquelles est un recteur, qui a la surveillance des cours publics, des lycées, des colléges communaux et des établissements secondaires libres.

Voici le tableau des académies et des départements qu'elles comprennent :

SIEGES. DES ACADÉMIES.	DÉPARTEMENTS COMPRIS DANS LES ACADÉMIES.
AIX	Basses-Alpes, Alpes-Maritimes, Bouches-du-Rhône, Corse, Var, Vaucluse.
BESANÇON	Doubs, Jura, Haute-Saône.
BORDEAUX	Dordogne, Gironde, Landes, Lot-et-Garonne, Basses-Pyrenees.
CAEN	Calvados, Eure, Manche, Orne, Sarthe, Seine-Inferieure.
CHAMBÉRY	Savoie, Haute-Savoie.
CLERMONT	Allier, Cantal, Corrèze, Creuse, Haute-Loire, Puy-de-Dôme.
DIJON	Aube, Côte-d'Or, Haute-Marne, Nièvre, Yonne.
DOUAI	Aine, Ardennes, Nord, Pas-de-Calais, Somme.
GRENOBLE	Hautes-Alpes, Ardèche, Drôme, Isère.
LYON	Ain, Loire, Rhône, Saône-et-Loire.
MONTPELLIER	Aude, Gard, Herault, Lozère, Pyrenées-Orientales
NANCY	Meurthe, Meuse, Moselle, Vosges.
PARIS	Cher, Eure-et-Loir, Loir-et-Cher, Loiret, Marne, Oise, Seine, Seine-et-Marne, Seine-et-Oise.
POITIERS	Charente, Charente-Inferieure, Indre, Indre-et-Loire, Deux-Sèvres, Vendee, Vienne, Haute-Vienne
RENNES	Côtes-du-Nord, Finisterre, Ille-et-Vilaine, Loire-Inférieure, Maine-et-Loire, Mayenne, Morbihan.
STRASBOURG	Bas-Rhin, Haut Rhin.
TOULOUSE	Ariége, Aveyron, Haute-Garonne, Gers, Lot, Hautes-Pyrénees, Tarn, Tarn-et-Garonne.

Le corps enseignant des 17 académies constitue l'*Université*. — L'enseignement se divise en *supérieur*, *secondaire* et *primaire*.

L'enseignement supérieur se partage en cinq facultés : théologie, droit, médecine, sciences et lettres.

L'enseignement secondaire est donné par les lycées, les colléges communaux, les grands et les petits séminaires ou établissements secondaires ecclésiastiques, et un grand nombre d'institutions particulières. — Il faut distinguer l'enseignement secondaire spécial, qui vient de recevoir une organisation remarquable, et qui forme les élèves pour l'industrie, le commerce et l'agriculture.

L'enseignement primaire compte une multitude d'écoles entretenues par les communes, et beaucoup d'écoles particulières : il comprend des écoles normales primaires, destinées à former des instituteurs ; des écoles primaires supérieures, des écoles élémentaires et des salles d'asile. L'instruction primaire est sous la direction des préfets pour tout ce qui concerne le personnel et le matériel, mais le recteur a la haute surveillance de l'enseignement.

A la tête des sociétés savantes chargées de maintenir la pureté de la langue, de recueillir les découvertes, de perfectionner les arts et les sciences, se trouve l'*Institut de France*, qui se divise en cinq *académies :* l'Académie française, l'Académie des inscriptions et belles-lettres, l'Académie des sciences, l'Académie des beaux-arts, et l'Académie des sciences morales et politiques.

La justice est rendue, dans chaque canton, par des juges de paix ; au-dessus, sont des tribunaux de première instance, aussi nombreux que les arrondissements. On appelle de ces tribunaux à des cours impériales, au nombre de vingt-huit, établies à Agen, Aix, Amiens, Angers ; — Bastia, Besançon, Bordeaux, Bourges ; — Caen, Chambéry, Colmar ; — Dijon, Douai ; — Grenoble ; — Limoges, Lyon ; — Metz, Montpellier ; — Nancy, Nîmes ; — Orléans ; — Paris, Pau, Poitiers ; — Rennes, Riom, Rouen ; — Toulouse.

Au-dessus de ces cours, est celle de cassation, qui siége à Paris.

Dans chaque département, il y a une cour d'assises, tribunal criminel temporaire, qui se tient ordinairement au chef-lieu, et où les citoyens sont appelés à siéger comme jurés.

Enfin les tribunaux de commerce sont établis dans les principales villes commerçantes de l'Empire.

Sous le rapport militaire, la France est partagée en 22 divisions : 1re Paris ; 2e Rouen ; 3e Lille ; 4e Châlons-sur-Marne ; 5e Metz ; 6e Strasbourg ; 7e Besançon ; 8e Lyon ; 9e Marseille ; 10e Montpellier ; 11e Perpignan ; 12e Toulouse ; 13e Bayonne ; 14e Bordeaux ; 15e Nantes ; 16e Rennes ; 17e Bastia ; 18e Tours ; 19e Bourges ; 20e Clermont-Ferrand ; 21e Limoges ; 22e Grenoble.

Les troupes de ligne stationnées dans l'intérieur de l'empire sont réparties en six grands commandements : le premier comprend les 1re et 2e divisions militaires : il a son quartier général à Paris ; — le second, les 3e et 4e divisions : quartier général à Lille ; — le troisième, les 5e, 6e et 7e divisions : quartier général à Nancy ; — le quatrième, les 8e, 9e, 10e, 17e, 20e et 22e divisions : quartier général à Lyon ; — le cinquième, les 15e, 16e, 18e, 19e et 21e divisions : quartier général à Tours ; — le sixième, les 11e, 12e, 13e et 14e divisions : quartier général à Toulouse.

Pour l'administration de la marine militaire, il y a 5 préfectures maritimes, qui ont pour chefs-lieux les cinq grands ports militaires de l'État : la 1re préfecture est Cherbourg ; la 2e, Brest ; la 3e, Lorient ; la 4e, Rochefort ; la 5e, Toulon.

La cour des comptes vérifie et juge les comptes des services publics.

Parmi les administrations qui dépendent du ministère des finances, on remarque : celle de l'enregistrement et des domaines, qui est chargée d'établir et de percevoir les droits d'enregistrement sur les actes publics et sous scing privé, et d'administrer les propriétés de l'État; — l'administration des contributions directes (impôt foncier, personnel, etc.); l'administration des douanes et des contributions indirectes (droits sur les boissons, les cartes à jouer, le sucre indigène, etc); — l'administration des postes; — l'administration des forêts; — celle des tabacs; — la commission des monnaies.

La Banque de France est un établissement très-important, fondé par actions, qui a le privilége d'émettre des billets à vue au porteur.

L'INDUSTRIE de la France est principalement agricole; elle s'exerce sur 25 000 000 d'hectares de terres labourables, consacrées aux céréales et aux racines, 2 140 000 hectares de vignes, 5 500 000 hectares de prés et de prairies artificielles, etc.; la valeur seule des céréales produites est d'environ 2 milliards de francs; il y a 7 700 000 hectares de forêts. L'industrie manufacturière a fait aussi de grands progrès depuis un demi-siècle; elle n'a de rivale que l'industrie anglaise, si merveilleusement favorisée par les bas prix des matières premières; elle lui est même supérieure pour les produits où l'art et le goût ont la principale part. On peut mentionner, parmi les ouvrages où elle excelle, les soieries, surtout celles de Lyon; les cachemires; les draps de Sedan, de Louviers, d'Elbeuf et du Languedoc; les basins, les toiles fines, les batistes et le gazes de Saint-Quentin, de Valenciennes, de Cambrai, etc.; les tulles, les dentelles, les blondes; les tissus divers de coton, dont la Normandie, la Flandre et l'Alsace sont les principaux centres; les toiles peintes de Mulhouse et autres villes; ce qu'on appelle les *articles de Paris*, c'est-à-dire les bronzes, les plaqués, la bijouterie, l'orfévrerie, l'horlogerie, surtout celle de précision, l'ébénisterie, la tabletterie, la librairie, les instruments de musique, de chirurgie et de mathématiques, la quincaillerie, l'ameublement, la passementerie, la carrosserie, les modes, les fleurs artificielles, etc.

Le COMMERCE de la France prend d'année en année un développement plus considérable. Il faut le distinguer en *commerce intérieur* et *commerce extérieur*. Le premier, qui s'exerce entre les différentes parties du pays lui-même, représente une valeur d'à peu près 40 milliards; le second a lieu avec l'étranger, et se partage encore en deux sections : le *commerce général* et le *commerce spécial*.

Le commerce général comprend, dans les importations, tout ce qui arrive par terre ou par mer, soit pour la consommation, soit pour l'entrepôt, soit pour la réexportation et le transit; dans les exportations il embrasse tous les produits envoyés à l'étranger, sans distinction de leur origine française ou étrangère.

Le commerce spécial n'a rapport, pour l'importation, qu'aux marchandises destinées à entrer dans la consommation intérieure, et, pour l'exportation, qu'aux marchandises nationales.

La France est, d'après l'Angleterre, le pays du monde qui fait le commerce le plus considérable.

La valeur totale annuelle du commerce extérieur général était, dans la période de 1825 à 1830, de 1 milliard 200 millions de francs; aujourd'hui elle est d'environ 6 milliards et demi, dont 3 milliards et demi pour l'exportation et 3 milliards pour l'importation. Le commerce spécial offre, à l'exportation, 2 milliards et demi, et, à l'importation, une valeur presque égale.

Les principaux articles d'exportation sont les vins, l'eau-de-vie, l'huile, le vinaigre, les fruits, les œufs, le savon, le sel, les étoffes de soie et de laine, la bonneterie, la tapisserie, les toiles de lin, de chanvre et de coton, les dentelles, le papier, les caractères d'imprimerie, les livres, l'horlogerie, la bijouterie, l'ébénisterie, les objets de modes, etc.—Les importations se composent principalement de métaux, de houille, de bois de construction et d'ébénisterie, de chevaux, de moutons, de gros bétail, d'huile pour fabriques, d'indigo, de coton, de laines, de soies gréges, de peaux, de fourrures, de sucre, de café.— Les pays avec lesquels les relations commerciales de la

France ont le plus d'activité, sont l'Angleterre, les États-Unis, la Belgique, la Suisse, l'Italie, l'Espagne, l'Allemagne, l'Algérie, la Russie, la Turquie, les Pays-Bas, le Brésil, les colonies françaises.

La marine commerciale française emploie, pour le commerce extérieur, environ 16 000 navires, jaugeant 1 900 000 tonneaux; la marine étrangère occupée à la navigation française, soit pour nos importations, soit pour nos exportations, est, année commune, de 20 000 navires, jaugeant plus de 2 500 000 tonneaux. Le nombre des bâtiments commerciaux à vapeur français s'élève à environ 300, ayant une force de 23 000 chevaux. Le cabotage, c'est-à-dire la navigation côtière, qui rentre dans le commerce intérieur, emploie annuellement en moyenne 77 000 navires, jaugeant 2 500 000 tonneaux et montés par plus de 300 000 marins. Le nombre total des ports maritimes de France est de 400.

Le *revenu* de l'État est d'environ 2 milliards de francs; les *dépenses* offrent à peu près le même chiffre. La *dette publique* s'élève à environ 13 milliards de capital.

L'armée de terre s'élève, sur le pied de paix, à 400 000 hommes; sur le pied de guerre, à 750 000.

L'armée navale compte, en temps de paix, 40 000 hommes; sur le pied de guerre, de 66 000 hommes, qui se recrutent principalement parmi les marins de l'*inscription maritime*. Les marins faisant partie de cette inscription et susceptibles d'être appelés en temps de guerre, forment 170 000 hommes.

La marine de l'État a environ 500 bâtiments à flot, dont 260 vapeurs à hélice (30 cuirassés); 90 vapeurs à roues, et 150 navires à voiles.

Religion. — La très-grande majorité de la population française est catholique; ce culte compte 35 735 000 âmes, et comprend quatre-vingt-cinq diocèses, dont dix-sept archevêchés et soixante-neuf évêchés. Voici le tableau des archevêchés, avec les évêchés suffragants :

ARCHEVÊCHÉS.	ÉVÊCHÉS SUFFRAGANTS.
AIX	Gap, Digne, Marseille, Fréjus, Ajaccio.
ALBI	Mende, Rodez, Cahors, Perpignan.
AUCH	Tarbes, Aire, Bayonne.
AVIGNON	Valence, Viviers, Nîmes, Montpellier.
BESANÇON	Verdun, Metz, Nancy, Strasbourg, Saint-Dié, Belley
BORDEAUX	Luçon, Poitiers, La Rochelle, Angoulême, Périgueux, Agen.
BOURGES	Limoges, Clermont-Ferrand, Tulle, Saint-Flour, Le Puy.
CAMBRAI	Arras.
CHAMBÉRY	Annecy, Moutiers de Tarantaise, St-Jean de Maurienne.
LYON	Langres, Dijon, Autun, Saint-Claude, Grenoble.
PARIS	Meaux, Versailles, Chartres, Orléans, Blois
REIMS	Amiens, Beauvais, Soissons, Châlons-sur-Marne.
RENNES	Vannes, Saint-Brieuc, Quimper.
ROUEN	Évreux, Bayeux, Coutances, Sees.
SENS	Troyes, Nevers, Moulins.
TOULOUSE	Montauban, Carcassonne, Pamiers.
TOURS	Le Mans, Laval, Nantes, Angers.
	Nice est un évêché suffragant de Gênes.

Les luthériens, assez nombreux surtout à l'est, dans les départements formés de l'Alsace et de la Franche-Comté, ont un consistoire général à Strasbourg.

Les calvinistes sont principalement répandus dans le midi et dans quelques parties de l'ouest et de l'est : le Gard, l'Ardèche, la Drôme, la Lozère, Tarn-et-Garonne et les Deux-Sèvres en renferment un assez grand nombre.

Les luthériens et les calvinistes forment ensemble les protestants, dont le nombre total est de 1 560 000.

Les israélites, au nombre d'environ 156 000, ont un consistoire central à Paris.

Possessions extérieures de la France. — (Voir, pour les détails, la *Description particulière de l'Asie, de l'Afrique, de l'Amérique et de l'Océanie* (classe de seconde). — La France possède hors de l'Europe :

1° Le gouvernement général d'*Algérie*, situé dans le

nord de l'Afrique, est divisé en trois départements : ceux d'*Alger*, de *Constantine* et d'*Oran*. Il a une étendue à peu près comparable à celle du territoire français, et une population de 3 000 000 d'habitants. On comprend sans peine l'importance militaire et commerciale d'une contrée si considérable, qui est aux portes de la France, et qui commande une grande partie de la Méditerranée et du continent africain.

2° Les colonies africaines : le *Sénégal et dépendances*, dans l'O. de l'Afrique ; les établissements de *Guinée*, aussi dans l'O. de l'Afrique ; l'île de la *Réunion*, celle de *Sainte-Marie*, celle de *Mayotte* et quelques autres, au S. E. de l'Afrique.

3° Les colonies asiatiques : les établissements de l'*Hindoustan*, dont le chef-lieu est *Pondichéry* ; — la *Basse-Cochinchine*, dont le chef-lieu est *Saï-gon* : c'est une importante possession de plus d'un million d'habitants, qui, située dans l'Indo-Chine, à l'extrémité S. E. de l'Asie, sur la route de l'Europe et de l'Hindoustan à la Chine et au Japon, et près des plus riches parties de l'Océanie, permet à la France de surveiller ses intérêts dans l'extrême Orient, à côté des progrès considérables qu'y font l'Angleterre et la Russie.

4° Les colonies américaines : plusieurs des îles Antilles, particulièrement la *Guadeloupe* et la *Martinique* ; — la *Guyane française*, dans le N. E. de l'Amérique méridionale ; — les îles *Saint-Pierre* et *Miquelon*, près de la côte de Terre-Neuve.

5° Les colonies océaniennes : la *Nouvelle-Calédonie*, les îles *Marquises* ou *Mendaña*, le protectorat des îles *Taïti*, des îles *Touamotou* et de quelques autres îles voisines.

La population totale des possessions de la France hors de l'Europe est d'environ 5 000 000 d'habitants, ce qui porte la population de tout l'empire à 42 millions et demi.

GRANDE-BRETAGNE.

PRINCIPALES DIVISIONS ADMINISTRATIVES; GRANDE VILLES D'INDUSTRIE ET DE COMMERCE; POPULATION, LANGUE, RELIGION, GOUVERNEMENT; IMPORTANCE MILITAIRE ET COMMERCIALE DES POSSESSIONS DE LA GRANDE-BRETAGNE EN EUROPE ET HORS D'EUROPE, ETC.

Introduction sur la géographie physique des îles Britanniques.— Le nom de *Grande-Bretagne* (en anglais *Great-Britain*) désigne proprement la plus grande des îles Britanniques, mais on l'emploie aussi pour embrasser toute l'étendue des possessions de la monarchie Anglaise. Le cœur de cette monarchie, ce sont les *îles Britanniques* (en anglais *British Islands*), placées au N. O. de la France, dont le Pas de Calais et la Manche les séparent; la mer du Nord les baigne à l'E., et l'océan Atlantique proprement dit les environne au N. O., à l'O. et au S. O.

Elles forment le principal archipel de l'Europe, et s'étendent depuis le 50e jusqu'au 61e degré de latitude N.; vers l'E., elles touchent presque au méridien de Paris, et, vers l'O., elle vont jusqu'au 13e degré de longitude. Elles occupent ainsi plus de degrés en latitude et autant de degrés en longitude que la France; mais, dans tout cet espace, il y a beaucoup d'eau, et le territoire des îles Britanniques, évalué à 300 000 kilomètres carrés, n'est réellement qu'un peu plus de la moitié du territoire français; cependant il y a 29 millions et demi d'habitants, c'est-à-dire plus des $\frac{3}{4}$ de la population de la France. — Cet archipel a deux îles principales : la *Grande-Bretagne* et l'*Irlande*, séparées l'une de l'autre par le canal du *Nord*, la mer d'*Irlande* et le canal *Saint-George*.

La Grande-Bretagne, la plus considérable de ces deux îles, se compose de l'*Angleterre*, du *pays de Galles* et de l'*Écosse;* elle a une forme à peu près triangulaire, et s'allonge du N. au S. l'espace de 900 kilomètres; elle va en s'élargissant vers le midi, où elle présente une étendue de 500 kilomètres de l'E. à l'O. A l'extrémité septentrionale du triangle britannique, on voit le cap *Duncansby;* — à l'extrémité S. O., les trois caps *Land's End* ou *Finisterre*, *Cornouaille* et *Lizard;* — à l'extrémité S. E., les caps *South-Foreland* et *North-Foreland.*

Les côtes sont très-sinueuses : celles de l'O., principalement, sont découpées par des golfes profonds, et offrent beaucoup de promontoires escarpés et de presqu'îles montagneuses : on voit d'abord s'allonger au S. O. la péninsule de *Cornouaille,* terminée par le cap *Land's End* ou *Finisterre;* au N. de cette presqu'île, s'ouvre le grand golfe qu'on appelle *canal de Bristol;* puis, entre ce canal et la mer d'Irlande, est la presqu'île du *pays de Galles,* échancrée à l'O. par la baie *Cardigan.* La mer d'Irlande fait pénétrer dans la Grande-Bretagne le golfe de *Solway,* et, plus au N., le golfe de *Clyde,* qui est fermé à l'O. par la longue et mince presqu'île de *antyre.*

Les côtes orientales de la Grande-Bretagne sont généralement assez basses, particulièrement en Angleterre; les enfoncements principaux y sont l'estuaire de la *Tamise,* le golfe de *Wash,* l'estuaire de l'*Humber,* le golfe de *Forth,* le golfe de *Tay* et le golfe de *Murray.*

L'Irlande, en anglais *Ireland,* en irlandais *Erin,* a une figure à peu près ovale, et s'allonge du N. N. E. au S. S. O. Son étendue, dans ce sens, est de 450 kilomètres. Le cap *Malin* en forme la pointe septentrionale, et le cap *Clear,* la pointe méridionale; au N. E., le cap *Bengore* s'élève majestueusement à plus de 100 mètres au-dessus du niveau de la mer; c'est là que se trouve la *Chaussée* ou *Pavé des Géants,* assemblage étrange et grandiose de plusieurs milliers de colonnes basaltiques, rangées avec une symétrie admirable.

La côte occidentale de cette île est déchirée et escarpée, comme celle de la Grande-Bretagne : on y distingue les grandes baies de *Galway* et de *Donegal*.

Les autres îles de l'archipel Britannique sont : les îles *Shetland* et les *Orcades*, au N. de la Grande-Bretagne; — les *Hébrides*, au N. O.; — l'île de *Man* et celle d'*Anglesey*, dans la mer d'Irlande; — l'île de *Wight*, sur la côte S. de l'Angleterre; les îles *Sorlingues* ou *Scilly*, au S. O. — Les îles *Anglo-Normandes*, dans la Manche, près des côtes de France, dépendent aussi de l'Angleterre.

La Grande-Bretagne est divisée en trois versants : le versant de l'E., le versant S. et le versant de l'O. Le premier est incliné vers la mer du Nord; le second, vers la Manche; le troisième, vers l'Atlantique et la mer d'Irlande, et vers les détroits qui les unissent.

Le versant de la mer du Nord est séparé des deux autres par une arête qui se prolonge à travers toute l'île depuis le Pas de Calais jusqu'au cap Duncansby. Elle n'offre d'abord, dans le S. de l'Angleterre, que des collines insignifiantes; mais elle s'élève ensuite avec les montagnes du *Pic*, célèbres par leurs curiosités naturelles; puis elle porte le nom de monts *Cumbriens* ou *Moorlands*, et, plus loin, celui des monts *Cheviot*, sur la frontière de l'Angleterre et de l'Écosse; vers le centre de celle-ci, elle rencontre la chaîne imposante des monts *Grampiens*.

Deux rameaux principaux se détachent, vers l'O., de cette arête : l'un s'avance au S. O., sous le nom de montagnes de *Cornouaille*; l'autre va former les montagnes du *pays de Galles* ou les monts *Cambriens*.

Le point culminant de toute la Grande-Bretagne est le *Ben-Nevis*, dans les monts Grampiens : il n'a cependant que 1450 mètres au-dessus de la mer.

Il y a dans la Grande-Bretagne une remarquable abondance de cours d'eau, et leurs embouchures forment généralement de larges estuaires. Sur le versant oriental, on trouve : la *Tamise* (en anglais *Thames*), qui baigne

Londres et qui est formée par la réunion de la *Thame* et de l'*Isis;* — la *Grande-Ouse*, qui tombe dans le golfe de Wash ; — l'*Humber*, qui est formé par la jonction du *Trent* et de la *Petite-Ouse ;* — le *Tweed*, vers la frontière de l'Angleterre et de l'Ecosse ; — le *Forth* et le *Tay*, qui coulent en Ecosse et sont tributaires des golfes auxquels ils donnent leur nom.

Sur le versant occidental, on trouve, en allant du N. au S. : la *Clyde*, qui débouche au fond du golfe de ce nom ; — la *Mersey*, la *Dee*, qui arrivent à la mer d'Irlande ; — la *Saverne*, en anglais *Severn*, qui coule dans le pays de Galles et en Angleterre, et débouche au fond du canal de Bristol, en même temps que la *Wye*, au N., et l'*Avon*[1], au S.

Le principal cours d'eau du versant du S. est une autre rivière *Avon*, qui tombe dans la Manche, à l'O. de l'île de Wight.

Les lacs sont peu nombreux en Angleterre ; les seuls qu'on y remarque sont dans le nord, entre les monts Moorlands et la mer d'Irlande ; le principal est le *Winandermere*, qui verse ses eaux dans cette mer.

Le pays de Galles est parsemé d'une infinité de petits lacs très-pittoresques, parmi lesquels on distingue celui de *Bala*, au N.

Il y a en Écosse un grand nombre de beaux lacs : on les désigne par le nom commun de *loch*. Le principal est le *loch Lomond*, long de 35 kilomètres, et situé un peu au N. de l'embouchure de la Clyde, dans laquelle il s'écoule.

On remarque aussi le *loch Tay*, formé par le fleuve du même nom, et le *loch Ness*, qui s'écoule dans le golfe de Murray.

On a réuni par d'innombrables canaux les cours d'eau de la Grande-Bretagne, surtout en Angleterre. On remarque particulièrement les deux lignes qui unissent la

1. Il y a beaucoup de cours d'eau nommés *Avon* en Angleterre ; on surnomme celui-ci *Bas-Avon* (*Lower-Avon*).

Tamise au Trent, et dont la partie principale s'appelle *Grand-Junction*. On peut encore signaler le *Grand-Trunk*, qui joint le Trent à la Mersey; le canal de *Tamise-et-Saverne*, entre ces deux fleuves; le canal de *Forth-et-Clyde*, qui réunit les deux principaux fleuves d'Écosse ; le canal *Calédonien*, qui passe par le loch Ness et va du golfe de Murray à la côte occidentale de l'Ecosse.

L'Irlande n'a pas de grande chaîne de montagnes, mais beaucoup de petits groupes; les parties les plus montueuses du pays sont vers le S. O.

L'île se divise en deux versants : le versant de l'Atlantique, qui occupe le N., l'O. et le S. de l'île, et le versant de l'E., qui est incliné vers la mer d'Irlande et vers le canal du Nord et le canal Saint-George.

Sur le premier de ces versants, on voit le *Shannon*, qui a un cours de 350 kilomètres, à travers le centre et l'O. de l'Irlande : c'est le plus long fleuve des îles Britanniques; il forme beaucoup de lacs et a une fort large embouchure. On remarque, vers le S., le *Barrow* et la *Suir*, qui tombent dans le grand havre de Waterford.

Sur le versant de la mer d'Irlande, on peut citer la *Boyne*, célèbre par une bataille livrée sur ses bords en 1690, et la *Liffey* ou *Anna*, qui passe à Dublin.

La seule importante ligne de canaux est celle qui unit la mer d'Irlande à l'Atlantique, en joignant la Liffey au Barrow, et le Barrow au Shannon. Elle est formée principalement par le *Grand canal*.

L'Irlande est pleine de lacs, presque tous tributaires de l'Atlantique. Le *lough*[1] *Neagh*, au N., est le plus grand lac de toutes les îles Britanniques; il a 35 kilomètres de longueur, et s'écoule dans l'océan par la rivière *Bann*.

Le *lough Foyle* est entre les caps Malin et Bengore.

Au N. O., est le joli *lough Erne*, divisé en deux masses

1. *Lough*, en irlandais, signifie lac.

distinctes, et qui verse ses eaux dans la baie de Donegal.

Le *lough Ree* et le *lough Derg* sont les plus grands lacs que forme le Shannon. Le *lough Corrib* est près et au N. de la baie de Galway, dans laquelle il s'écoule.

Enfin, au milieu des montagnes du S. O. de l'Irlande, on visite avec intérêt le *lough Lean*, ou plutôt les lacs de *Killarney*, car il est composé réellement de trois lacs, extrêmement pittoresques, et dont les eaux s'écoulent dans l'océan par la rivière Lean.

Outre ces lacs, l'Irlande a malheureusement un grand nombre de fondrières ou *bogs*.

Principales divisions administratives, etc. — L'ANGLETERRE (*England*) occupe la partie méridionale de la Grande-Bretagne. C'est la contrée la plus importante, la plus riche et la plus peuplée des îles Britanniques; elle contient 20 000 000 d'habitants, sur une étendue de 130 000 kilomètres carrés.

Les parties les plus montueuses de ce pays sont au N. et au S. O. On trouve, à l'E., quelques espaces marécageux. Mais, en général, l'Angleterre est agréablement coupée de vallées et de collines; une fraîche verdure y charme presque partout les regards; de jolis parcs, des champs bien cultivés, de gras pâturages, le tableau animé d'une industrie active, y offrent une intéressante variété d'aspects.

Il y a peu de pays aussi riches en mines : le charbon de terre, le fer, le cuivre, le plomb et l'étain donnent surtout d'énormes produits.

L'Angleterre ne récolte pas assez de grains pour sa consommation. On y élève beaucoup de beaux bestiaux; les chevaux anglais sont superbes, et les moutons de cette contrée fournissent une laine très-fine.

Le climat est très-humide, l'air est épais et souvent chargé de brouillards; mais les hivers sont assez doux.

L'Angleterre est divisée en quarante *comtés*, appelés en anglais *counties* ou *shires*. On ajoute ordinairement ce dernier mot au nom du comté : ainsi, l'on dit l'*Yorkshire*, pour le *comté d'York;* le *Devonshire*, pour le *comté de Devon*, etc.

Il y a vingt comtés maritimes et vingt comtés intérieurs.

Cette *région maritime* et cette *région intérieure* ont des subdivisions naturelles, établies au moyen des bras de mer et des rivières.

Région maritime. — En commençant par les côtes de la mer du Nord, on voit d'abord trois comtés entre le Tweed et l'embouchure de l'Humber; ce sont ceux de *Northumberland*, de *Durham* et d'*York*. — Le premier est célèbre par ses mines de houille, les plus abondantes que l'on connaisse; il possède aussi de riches mines de fer, et il a pour chef-lieu *Newcastle*, sur la Tyne, ville très-commerçante, de plus de 100 000 âmes. *Tynemouth*, unie à *North-Shields*, forme une ville florissante de 30 000 habitants, avec un port à l'embouchure de la Tyne. — Le comté du Durham a un chef-lieu du même nom; mais la plus grande ville y est *Sunderland*, avec un bon port et 80 000 habitants. On remarque aussi *Gateshead* et *South-Shields*, villes de 35 000 âmes, sur la Tyne. — Le comté d'York est le plus grand et l'un des plus industrieux du royaume. *York*, sur la Petite-Ouse, en est le chef-lieu; cette antique cité, de 45 000 habitants, est le siége d'un archevêché, et possède une belle cathédrale gothique. *Hull* ou *Kingston-upon-Hull*, sur la rive gauche de l'Humber, est le port principal du comté, et fait un commerce immense : on y compte 100 000 habitants. C'est dans la partie occidentale du pays que sont les villes les plus manufacturières : on y remarque *Sheffield*, peuplée de près de 200 000 âmes, et célèbre par ses aciers et sa coutellerie; *Leeds*, qui a plus de 200 000 habitants et de nombreuses manufactures d'étoffes de laine; *Bradford*, ville de plus de 100 000 âmes, célèbre par ses ardoises, ses forges, ses fonderies; *Scarborough*, avec un bon port et des eaux minérales; *Halifax*, *Wakefield*, *Huddersfield*, etc.

Entre l'Humber et le Wash, il n'y a qu'un comté : celui de *Lincoln*, qui était en grande partie occupé par des bruyères et des marais, mais qui s'améliore tous les jours ; il possède d'excellents pâturages. Le chef-lieu est *Lincoln*, où se trouve une magnifique cathédrale. Près de *Grantham*, est le château de *Woolstrope*, où est né l'illustre Newton. *Boston*, ville de 15 000 âmes, appartient à ce comté.

Trois comtés, ceux de *Norfolk*, de *Suffolk* et d'*Essex*, sont renfermés entre le Wash et l'estuaire de la Tamise. — Le premier est célèbre par sa belle culture, ses moutons et son orge, dont on fait de la drèche pour la bière. Le chef-lieu est *Norwich*, ville de 75 000 habitants, fameuse par ses manufactures de crêpes, de bombasins, de stoffs. On remarque aussi le port florissant d'*Yarmouth*, à l'embouchure de l'Yare. — Le comté de Suffolk a pour chef-lieu *Ipswich*, ville de 40 000 habitants. — Le comté d'Essex est voisin de la capitale, et parsemé d'une foule d'élégantes maisons de campagne. On y distingue *Chelmsford*, chef-lieu, et *Colchester*, ville très-ancienne.

Un comté est compris entre l'estuaire de la Tamise et la Manche, et s'étend sur la côte du Pas de Calais ; c'est celui de *Kent*, situé à l'angle S. E. du royaume. Il est très-fertile, et abonde en beaux paysages. Les îles de *Thanet* et de *Sheppey*, dans l'estuaire de la Tamise, en font partie. Ce comté a deux chefs-lieux : *Maidstone* (20 000 habitants) et *Cantorbéry* ou *Canterbury* (20 000 habitants), ville très-ancienne, qui a une belle cathédrale, et dont l'archevêque a le titre de primat d'Angleterre. On y remarque encore : *Greenwich* (140 000 hab.), sur la Tamise, célèbre par son magnifique hôpital de la marine et par son observatoire, où les astronomes anglais font passer le premier méridien ; *Woolwich*, sur le même fleuve, avec un important arsenal de la marine royale ; *Rochester* et *Chatham*, ports célèbres, sur la Medway ; *Douvres* en anglais *Dover* (25 000 hab.), autre port fameux, situé en face de Calais, et intéressant par le grand mouvement des passagers; *Folkestone*, port également très-fréquenté, en face de Boulogne; *Sydenham*, où s'élève le fameux palais de Cristal; *Deptfort* (30 000 hab.), sur la Tamise (*Gravesend*, 20 000 hab.) sur le même fleuve.

Trois comtés, ceux de *Sussex*, de *Southampton* et de *Dorset*, sont baignés seulement par la Manche.— Le comté de *Sussex* a pour chef-lieu *Chichester;* les autres villes remarquables sont *Hastings*, célèbre par la victoire de Guillaume le Conquérant, en 1066, et *Brighton*, belle ville maritime de 80 000 âmes, près de laquelle est le port de *Newhaven*. — Le comté de Southampton, qu'on appelle encore *Hants* ou *Hampshire*, est un des plus beaux et des plus commerçants du royaume. L'île de *Wight*, surnommée le *Jardin de l'Angleterre*, et le groupe des intéressantes îles Anglo-Normandes, composées surtout de *Jersey*, de *Guernesey* et d'*Aurigny*, en font partie. L'ancienne cité de *Winchester* en est le chef-lieu. On y trouve aussi *Southampton*, port florissant, de 50 000 âmes, au fond d'une baie, et *Portsmouth*, fameuse place maritime, qui se compose de *Portsmouth proprement dite* et de *Portsea*, peuplées ensemble de 100 000 âmes; on y voit le plus bel arsenal de la marine anglaise. Près et à l'O., est le port de *Gosport*. — Le comté de *Dorset*, très-fertile, a pour chef-lieu *Dorchester*, jolie ville. Il renferme au sud la petite île de *Portland*, où l'on remarque d'énormes masses de superbes pierres de taille.

A l'extrémité S. O. de l'Angleterre, sont les comtés de *Devon* et de *Cornouaille*, baignés d'un côté par la Manche et de l'autre par le canal de Bristol. — Le Devonshire offre le contraste de cantons fertiles et de cantons stériles et misérables. Le chef-lieu est *Exeter*, ville de 45 000 hab., vers l'embouchure de l'Exe dans la Manche; la ville la plus importante est *Plymouth*, port militaire célèbre, qui, joint à *Devonport*, a plus de 100 000 âmes.— Le comté de *Cornouaille*, en anglais *Cornwall*, est un pays aride, mais riche en mines d'étain et de cuivre. Le chef-lieu est la petite ville de *Launceston*. On remarque au S.

le port très-commerçant de *Falmouth*. De ce comté dépendent les petites îles Sorlingues ou Scilly, les anciennes *Cassitérides*, d'où les Phéniciens tirèrent longtemps une grande quantité d'étain.

Trois comtés environnent le fond du canal de Bristol : ce sont ceux de *Somerset*, de *Glocester* et de *Monmouth*.— Le premier est renommé par son cidre et son excellente bière; le chef-lieu, *Bristol*, ne se trouve qu'en partie dans ce comté : c'est une grande et ancienne cité, peuplée de plus de 160 000 habitants, et située sur l'Avon, qui est navigable pour les plus gros navires, *Bath* (55 000 habitants), sur la même rivière, est une belle ville, renommée par ses eaux minérales. — Le comté de Glocester ou Gloucester renferme une partie de *Bristol*, et a pour chef-lieu *Glocester* située sur la Saverne; on y trouve aussi *Cheltenham*, ville de 40 000 âmes, avec des eaux minérales célèbres, et *Stroud*, peuplée aussi de 40 000 habitants. — Le comté de Monmouth a pour chef-lieu la ville du même nom.

Le long de la mer d'Irlande, il y a quatre comtés : ceux de *Chester*, de *Lancastre*, de *Westmoreland* et de *Cumberland*. — Le comté de Chester, appelé aussi *Cheshire*, est renommé par ses salines et ses fromages; il a pour chef-lieu la vieille cité de *Chester*, de 30 000 âmes, sur la Dee; on y remarque aussi *Macclesfield*, ville manufacturière, de 40 000 âmes, et *Stockport*, de 55 000 habitants, sur la Mersey.—Le comté de Lancastre, ou le *Lancashire*, abonde en mines de houille, et l'industrie y est admirable. Le chef-lieu est le port de *Lancastre*, en anglais *Lancaster*; les villes les plus importantes sont *Manchester* et *Liverpool*. Manchester, peuplée de 460 000 habitants (en y comprenant *Salford*), est le centre d'une immense fabrication de mousselines, de basins, de percales, de velours, de soieries, etc. Liverpool, qui s'étend magnifiquement sur la rive droite de la Mersey, reçoit chaque année dans son port plus de 30 000 navires; elle a 450 000 habitants. Le comté de Lancastre renferme encore *Bolton*, ville de 70 000 âmes; *Preston*, de 85 000 habitants; *Blackburn*, de 50 000 âmes; *Oldham*, de 75 000; *Rochdade*, de 35 000; *Ashton-sur-Tyne*, aussi de 35 000; toutes connues par leurs nombreuses fabriques. — Le Westmoreland est un pays de montagnes, de marais et de lacs; il ne touche à la mer que par le fond de la baie de Morecambe. Le chef-lieu est la petite ville d'*Appleby*. — Le Cumberland, autre contrée montueuse, a plusieurs jolis lacs; on y a exploité d'abondantes mines de graphite ou plombagine, aujourd'hui à peu près épuisées. Le chef-lieu est *Carlisle*, ville de 30 000 âmes, sur l'Eden, non loin du golfe de Solway. On y remarque le port commerçant de *Whitehaven*.—A l'O. de ce comté, se trouve, au milieu de la mer d'Irlande, l'île montagneuse de Man, qui a pour chef-lieu *Castletown*, et qui forme une petite division administrative séparée.

Région intérieure. — Parmi les comtés qui ne touchent pas à la mer, quatre se trouvent dans le bassin de la Saverne : ce sont ceux de *Salop*, de *Hereford*, de *Worcester* et de *Warwick*. — Le comté de Salop, qu'on nomme aussi *Shrosphire*, est riche en fer, en houille et en manufactures; il a pour chef-lieu *Shrewsbury*, sur la Saverne. — Le comté de Hereford, renommé pour ses fruits de vergers, n'a de remarquable que la ville du même nom, son chef-lieu. — Le comté de Worcester présente une charmante variété de superbes prairies et de champs bien cultivés; il a pour chef-lieu *Worcester*, célèbre par la victoire que Cromwell y remporta sur Charles II et les Ecossais. On y voit encore *Dudley*, ville manufacturière, de 45 000 hab. — Le comté de Warwick, placé au centre même de l'Angleterre, est remarquable par sa grande industrie et ses nombreux canaux : le chef-lieu est la ville du même nom; mais les lieux les plus importants sont *Birmingham*, ville de 300 000 âmes, fameuse par ses manufactures d'armes; *Coventry*, ville de 40 000 âmes, célèbre par ses rubans et son horlogerie; *Stratford-sur-Avon*, patrie de Shakspeare.

Dans le bassin du Trent, il y a quatre comtés : *Stafford*,

Derby, *Nottingham* et *Leicester*. Le comté de Stafford, un des plus beaux, un des plus industrieux du royaume, a pour villes principales : *Stafford*, son chef-lieu ; *Wolverhampton*, ville de 60 000 hab., connue par ses ouvrages de serrurerie ; *Stoke-sur-Trent*, autre ville de 60 000 âmes, centre d'une grande fabrication de porcelaine et de poteries. — Le comté de Derby est couvert par les montagnes du Pic (en anglais *Peak*), que leurs sites pittoresques, leurs cavernes, leurs jolies cascades, font regarder comme la région la plus curieuse de l'Angleterre. Le chef-lieu est *Derby*, ville de 45 000 âmes. — Le comté de Nottingham a pour chef-lieu la belle ville du même nom, peuplée de 75 000 âmes, et centre d'une grande fabrication de bas de soie et de coton. — Le comté de Leicester nourrit des moutons renommés ; son chef-lieu est *Leicester*, ville de 68 000 hab., importante par ses manufactures de bas de laine.

Cinq comtés se présentent dans les bassins tributaires du Wash, c'est-à-dire dans les bassins du Nen et de la Grande-Ouse : ce sont ceux de *Rutland*, de *Northampton*, de *Huntingdon*, de *Cambridge* et de *Bedford*. — Le Rutland est le plus petit des comtés d'Angleterre ; mais c'est un des plus riants et des plus fertiles. Il a pour chef-lieu *Oakham* ou *Okeham*. — Le comté de Huntingdon, beaucoup moins agréable, a pour chef-lieu la petite ville de ce nom. — Le comté de Northampton est une des parties les plus saines et les plus belles du royaume ; le chef-lieu porte le même nom ; on y voit aussi *Peterborough*, avec une belle cathédrale. — Le comté de Cambridge offre de vastes marais ; le chef-lieu, *Cambridge*, est une ville de 30 000 âmes, importante par son université, composée de treize colléges. — Le comté de Bedford est un pays varié et agréable ; le chef-lieu porte le même nom.

Les bassins des deux Avons (l'Avon tributaire du canal de Bristol, et l'Avon tributaire de la Manche) comprennent à peu près le comté de *Wilts*, dont le chef-lieu est *Salisbury*, sur l'Avon méridional.

Enfin le riche bassin de la Tamise renferme les comtés de *Hertford*, de *Buckingham*, d'*Oxford*, de *Berks*, de *Surrey* et de *Middlesex*.—Le comté de Hertford a pour chef-lieu la petite ville du même nom, et renferme celle de *Saint-Alban's*, dans les environs de laquelle les partisans de la maison d'York et ceux de la maison de Lancastre se livrèrent deux batailles fameuses, en 1455 et 1461. — Le comté de Buckingham, ou, par abréviation, le *Bucks*, est renommé pour sa fertilité, surtout dans la vallée d'*Aylesbury*, arrosée par la Thame; le chef-lieu est *Buckingham*. — Le beau comté d'Oxford a pour chef-lieu la ville de ce nom, peuplée de 30 000 hab., située sur l'Isis, et remarquable par sa célèbre université, composée de vingt colléges. — Le chef-lieu du Berkshire est *Reading*, sur la Tamise; non loin de là, se trouve *Windsor*, où s'élève, dans une situation délicieuse, une des principales résidences royales d'Angleterre. — Le comté de Surrey, qui s'étend au sud de Londres, est parsemé de maisons de plaisance; *Guildford*, le chef-lieu, n'est qu'une petite ville, on y distingue, sur la Tamise, *Kew*, remarquable par son château royal et son beau jardin botanique, et *Richmond*, célèbre par son parc royal. Le Middlesex, qui tire son nom de ce qu'il était le pays des *Saxons du milieu*, est un des plus petits comtés d'Angleterre; mais c'est le plus riche, le plus populeux et le plus commerçant; il renferme, en effet (du moins en grande partie), la capitale du royaume, LONDRES.

Londres, en anglais *London*, capitale de l'Angleterre et de toute la monarchie Britannique, est la ville la plus grande, la plus riche et la plus peuplée de l'Europe. On y compte 3 millions d'hab. Elle est baignée par la Tamise, qui la divise en deux parties : celle qui est au N., ou à la gauche du fleuve, est la plus considérable, et comprend elle-même plusieurs divisions, entre autres, la *cité de Londres*, ou simplement la *Cité*, à l'E., la *cité de Westminster* et *Mary-le-Bone*, à l'O., et *Finsbury*, au N. La Cité est le quartier des négociants; Westminster et Mary-le-Bone sont les quartiers de la cour et de la noblesse.

La partie située sur la rive droite de la Tamise est dans le comté de Surrey, et comprend le *bourg de Southwark*, ou simplement le *Bourg* (Borough) et *Lambeth;* ce sont surtout les quartiers des manufactures.

Le plus beau pont est celui de Waterloo. Il existe un chemin souterrain ou *tunnel*, au moyen duquel on passe sous le fleuve, dans la partie orientale de la ville. Ce qui forme le *port* de Londres occupe dans la Tamise une longueur d'environ 7 kilomètres, et tout cet espace est constamment occupé par d'innombrables navires; il y a, en outre, à droite et à gauche du fleuve, plusieurs grands *docks* ou bassins, qui servent à recevoir une quantité immense de bâtiments. Les rues de cette vaste cité sont belles et larges, à l'O., dans Westminster principalement : il faut surtout remarquer celles qu'on appelle Piccadilly, Regent-street, Oxford-street, Strand. A l'extrémité orientale, il y a des quartiers d'un aspect misérable.

Presque toutes les places ou *squares* ont, au milieu, une pelouse de gazon ou une plantation d'arbres. Les plus vastes sont celles de Russell, de Lincoln's Inn, de Trafalgar, dans l'O.

Les maisons sont beaucoup moins élevées que celles de Paris, et les édifices publics sont généralement moins magnifiques. Un des principaux est l'église de Saint-Paul, dans la Cité. On remarque, dans la même partie, la Tour de Londres, assemblage confus de tours et de bâtiments divers, et le Monument de Londres, colonne très-élevée, qui rappelle un grand incendie arrivé en 1666.

Dans la cité de Westminster, on distingue la magnifique église gothique de l'ancienne abbaye de Westminster; le palais de Saint-James, réunion de plusieurs bâtiments anciens, autrefois séjour des souverains; le palais de White-Hall, qui fut aussi leur résidence; le palais de Buckingham, leur résidence ordinaire actuelle; le palais de Westminster ou du Parlement.

C'est autour de Westminster et de Mary-le-Bone que se

trouvent les principaux jardins publics servant de promenades : tels sont le parc de Saint-James, le jardin du Palais, le Green-Park ou parc Vert, le Hyde-Park, les jardins de Kensington, le parc du Régent.

Les environs de la métropole britannique sont fort agréables; d'élégantes maisons de campagne, des jardins charmants, de jolis villages, des collines verdoyantes, de belles routes, y flattent partout les regards. On remarque, dans le comté de Middlesex, à l'O. de Londres, sur la Tamise, la résidence royale de *Hampton-court*.

La PRINCIPAUTÉ DE GALLES, en anglais *Wales*, est située à l'O. de l'Angleterre, et s'avance entre la mer d'Irlande, au N., le canal Saint-George, à l'O., et le canal de Bristol, au S. La grande quantité de montagnes qui hérissent la surface de ce pays, et les aspects très-pittoresques qu'il offre à chaque pas, l'ont fait surnommer la *Petite Suisse*. Le sol y est peu fertile; l'agriculture n'y est pas très-florissante, mais l'industrie manufacturière y est fort active, et il y a de riches mines de fer, de plomb, de cuivre et de houille. On y compte un million d'habitants.

Le pays de Galles se divise en deux parties : *Galles septentrionale* (*North Wales*) et *Galles méridionale* (*South Wales*). Chacune comprend six comtés.

Dans la division du N., qui est la moins fertile et la moins peuplée, on trouve les comtés de *Flint*, de *Denbigh*, de *Carnarvon*, de *Merioneth* et de *Montgomery;* ils ont des chefs-lieux de même nom, excepté l'avant-dernier, dont les chefs-lieux sont *Dolgelly* et *Bala*.

Le sixième comté est formé de l'île d'*Anglesey*, riche en mines de cuivre, et séparé de l'île de la Grande-Bretagne par le détroit de Menai, qu'on passe sur un pont de fer d'une longueur et d'une hardiesse remarquables. Le chef-lieu est *Beaumaris*, sur la côte orientale. A l'O. de cette île, est celle de *Holy-head*, beaucoup plus petite, et où se trouve une ville du même nom, placée en face de Dublin.

La division méridionale du pays de Galles a quatre

comtés maritimes : *Cardigan*, *Pembroke*, *Carmarthen*, *Glamorgan;* — et deux comtés intérieurs : *Brecknock* et *Radnor*.

Quatre chefs-lieux portent le même nom que les comtés. *Presteign* est le chef-lieu du Radnor, et *Cardiff*, ville de 75 000 hab., est celui du Glamorgan. On remarque encore, dans ce dernier comté, la ville maritime de *Swansea*, peuplée de 50 000 âmes; et *Merthyr-Tydvil*, ville manufacturière, de plus de 100 000 hab., la plus importante de tout le pays de Galles, et qu'ont enrichie ses mines de fer et de houille.

L'Écosse, en anglais *Scotland*, est une contrée longue et irrégulière, qui occupe toute la partie de la Grande-Bretagne située au N. du golfe de Solway, des monts Cheviot et de l'embouchure du Tweed. Elle est moins grande et beaucoup moins peuplée que l'Angleterre : on n'y compte que 3 millions d'hab.

Elle présente deux grandes régions physiques : l'une, au N., nommée les *Terres hautes* ou *Highlands*, est montagneuse et aride, mais intéressante par ses curiosités naturelles; l'autre, au S., appelée les *Terres basses* ou *Lowlands*, a des plaines riantes, des vallées larges et fertiles, et partout s'y présente le tableau d'une brillante industrie.

Les habitants de ces deux régions ne diffèrent pas moins entre eux que la nature de leur sol. Les Ecossais des *Lowlands* sont aussi avancés dans l'industrie et la civilisation que les Anglais, tandis que les *Highlanders* ont conservé des mœurs plus originales, plus simples, et, en quelques endroits, assez rapprochées de l'état sauvage; leur costume national ne manque pas d'élégance; il consiste en une espèce de jupe courte, en un long et large manteau, nommé *plaid*, qu'ils rejettent sur l'épaule. Leur cuisse est nue, mais leur jambe est couverte d'un bas qui est fait, ainsi que les autres parties de l'habillement, d'une étoffe de laine à carreaux de diverses couleurs, nommée *tartan*. Du reste, ces traits distinctifs de mœurs et de costume s'effacent de jour en jour : la civilisation du midi s'introduit dans le nord.

L'Écosse est partagée en trente-trois comtés, qu'on classe de la manière suivante : les *comtés du S.*, les *comtés du milieu* et les *comtés du N.*

Les comtés du S., placés au midi du golfe de Forth, du canal de Forth-et-Clyde et de l'embouchure de la Clyde, sont au nombre de treize. Quatre, ceux de *Linlithgow*, d'*Edinbourg* ou *Mid-Lothian*, d'*Haddington* et de *Berwick*, sont baignés par le golfe de Forth et la mer du Nord. — Cinq s'étendent au bord de la mer d'Irlande, ou des golfes de Solway et de Clyde : ce sont ceux de *Dumfries*, de *Kirkcudbright*, de *Wigton*, d'*Ayr* et de *Renfrew*. — Il y en a quatre dans l'intérieur : *Lanark*, *Peebles*, *Selkirk* et *Roxburgh*.

Le comté de Linlithgow a pour chef-lieu une ville du même nom, où l'on voit les ruines du château dans lequel naquit Marie Stuart. — Le comté d'Édinbourg renferme la capitale de l'Ecosse, *Edinbourg*, en anglais *Edinburgh*, belle ville, peuplée de 170 000 hab. La position en est superbe : elle s'étend sur trois collines, à quelque distance de la côte méridionale du golfe de Forth, et elle est environnée de tous côtés, excepté au N., par des rochers pittoresques. L'une des plus belles rues est le *High-street*, qui a une longueur d'une demi-lieue. A l'E., on voit le vieux palais de Holy-rood, qui fut pendant plusieurs siècles le séjour des rois d'Ecosse. Diverses parties de la ville sont réunies entre elles par des ponts jetés avec hardiesse d'une colline à l'autre. Edinbourg a une célèbre université, et beaucoup de sociétés savantes et d'institutions littéraires. Près et au N. de cette capitale, est *Leith*, ville de 35 000 âmes, située sur le Forth : c'est le port d'Edinbourg. — Le comté d'Haddington a pour chef-lieu la ville du même nom. — Le comté de Berwick, dont le chef-lieu est *Greenlaw*, doit son nom à une ville qui est située entre l'Angleterre et l'Ecosse, à l'embouchure du Tweed.

Les comtés de Dumfries, de Kirkcudbright et de Wigton ont pour chefs-lieux des villes maritimes de même nom.

Le long comté d'Ayr et le petit comté de Renfrew, situés sur la côte orientale du golfe de Clyde, ont aussi des chefs-lieux de même nom. On trouve dans le dernier trois villes importantes : *Greenock*, port très-fréquenté, de 42 000 âmes, à l'embouchure de la Clyde, *Paisley*, célèbre par ses fabriques de soie et de coton, et peuplée de 50 000 âmes; enfin *Port-Glasgow*, sur la Clyde.

Le comté de Lanark n'a qu'un chef-lieu peu considérable, nommé aussi *Lanark;* mais il renferme la riche ville de *Glasgow*, située sur la Clyde, et peuplée de 400 000 habitants : cette grande cité est remplie de manufactures, et a un port très-animé; il y a une importante université. — Les comtés de Peebles et de Selkirk ont des chefs-lieux de même nom. — Le comté de Roxburgh, couvert par les monts Cheviot, a pour chef-lieu *Jedburgh*.

Les comtés du milieu, au nombre de quinze, forment une région qui s'étend depuis le golfe de Forth et l'embouchure de la Clyde, au S., jusqu'au golfe de Murray, au N. Neuf se trouvent sur la côte orientale de l'Ecosse : ce sont ceux de *Stirling*, *Clackmannan*, *Fife*, *Angus*, *Kincardine*, *Aberdeen*, *Banff*, *Elgin* et *Nairn*. — Sur la côte occidentale, il y en a trois : ceux de *Dumbarton*, d'*Argyle* et de *Bute*. — On en voit deux dans l'intérieur : ceux de *Kinross* et de *Perth*. — Enfin le plus grand de tous, celui d'*Inverness*, touche d'un côté à l'Atlantique et de l'autre au golfe du Murray.

Le comté de Stirling, dont le chef-lieu porte le même nom, renferme au S. le populeux village de *Carron*, qui possède les forges les plus considérables de la Grande-Bretagne. — Le comté de Clackmannan, le plus petit de l'Écosse, a un chef-lieu du même nom. — Celui de Fife, situé entre les golfes de Forth et de Tay, a pour chef-lieu *Cupar*, et renferme à l'E. *Saint-André* ou *Saint-Andrew's*, qui fut autrefois la ville la plus somptueuse de l'Ecosse, et qui a une université célèbre, mais bien déchue. — Le comté d'Angus se nomme aussi *Forfar*, à cause de son chef-lieu ; il a pour villes principales *Dundee*, port florissant, avec 90 000 âmes, à l'embouchure du Tay, et *Montrose*, autre port, de 15 000 hab. — Le comté de Kincardine a pour chef-lieu *Bervie*. — Celui d'Aberdeen a un chef-lieu du même nom, ville très-importante par son port, son université, son industrie et sa population de 75 000 âmes. — Les comtés de Banff, d'Elgin et de Nairn portent le nom de leur chef-lieu.

Le comté du Dumbarton, qui renferme le charmant lac Lomond, a pour chef-lieu la ville de *Dumbarton*, à l'embouchure de la Clyde. — Le comté d'Argyle, dont le chef-lieu est *Inverary*, est de toutes parts découpé par des golfes profonds : il renferme au S. O. la longue presqu'île de Cantyre, et comprend à l'O. plusieurs des îles Hébrides, entre autres, *Ila* ou *Islay*, *Jura*, *Mull*, *Staffa*, fort petite, mais célèbre par la grotte de Fingal, caverne remarquable formée par des colonnes de basalte, et *Iona*, ou *I-colmkill*, où saint Colomban, venu de l'Irlande au sixième siècle, fonda un monastère fameux : c'est de là que le christianisme se répandit en Ecosse. — Le comté de Bute est formé des îles d'*Arran* et de *Bute*, situées dans le golfe de Clyde. Le chef-lieu est *Rothesay*, dans l'île de Bute.

Le petit comté de Kinross a pour chef-lieu la ville du même nom. — Le comté de Perth, en grande partie couvert par les monts Grampiens, offre à chaque pas des sites délicieux, des cataractes, et de beaux lacs, dont les plus remarquables sont le lac Tay et le lac Ketterin. Le chef-lieu est *Perth*, fort jolie ville de 25 000 âmes, sur le Tay.

Le comté d'Inverness renferme les plus hautes sommités des monts Grampiens, et c'est là que s'offrent les aspects les plus sauvages et les plus grandioses des *Highlands*. Le chef-lieu est *Inverness*, au fond du golfe de Murray. Plusieurs des Hébrides, *Skye*, *North-Uist*, *South-Uist*, dépendent de ce comté. La partie méridionale de l'île *Lewis*, la plus grande île de tout l'archipel, lui appartient aussi, de même que *Saint-Kilda*, la plus occidentale des Hébrides.

(Les *Hébrides* ou îles *Occidentales*, en anglais *Western Islands*, anciennement *Ebudes*, forment deux archipels distincts : l'un comprend les *Hébrides proprement dites* ou *extérieures*, qui se dirigent du N. N. E. au S. S. O., sur une ligne assez régulière, et dont les principales sont Lewis, North-Uist, South-Uist, etc.; ces Hébrides sont séparées du reste de l'Écosse par le détroit de Minch. — L'autre archipel se compose des *Hébrides intérieures*, qu'on appelle aussi *Hébrides sporades*, parce qu'elles sont *éparses* sans ordre le long de la côte de la Grande-Bretagne; on y remarque *Skye*, *Mull*, *Staffa*, *Iona*, etc.)

Les comtés du N. sont ceux de *Ross*, de *Cromarty*, de *Sutherland*, de *Caithness* et des *Orcades*.

Le chef-lieu du comté de Ross est *Tain*. — Celui du petit comté de Cromarty porte le même nom. — Le Sutherland a pour chef-lieu *Dornoch*. — *Wick* est le chef-lieu du Caithness. — Le comté des Orcades ou Orkney se compose du groupe des Orcades et de celui des îles Shetland. Les îles Orcades sont en grande partie couvertes de bruyères et de marais; la principale est *Mainland* ou *Pomona;* on y trouve *Kirkwall*, chef-lieu du comté. Les îles Shetland, âpres et stériles, mais habitées par une population vigoureuse, hardie et hospitalière, ont pour île principale une autre *Mainland*.

L'IRLANDE renferme un peu moins de 6 millions d'âmes. Elle en avait 8 millions il y a vingt-cinq ans; c'est un des rares pays d'Europe où la population va en décroissant : l'émigration enlève, chaque année, à cette île de nombreux habitants. — Le sol est très-fertile, et cependant offre presque partout l'aspect de la misère, parce que l'agriculture n'y est pas aussi encouragée que dans le reste du Royaume-Uni ; les pommes de terre forment à peu près la seule nourriture des paysans. Le lin et le chanvre sont abondants, et l'on fabrique beaucoup de toile.

Le ciel de l'Irlande est brumeux, la température y est humide, mais douce. Les beaux pâturages de ce pays nourrissent d'excellents bestiaux. Il y a des marbres magnifiques, et des mines de houille, de plomb et même d'or.

L'île est divisée en quatre provinces : l'*Ulster*, au N.; le *Leinster*, à l'E.; le *Connaught*, à l'O., et le *Munster*, au S. Elle se subdivise en trente-deux comtés.

La province d'**Ulster** en comprend neuf. Quatre sont maritimes : ce sont ceux de *Donegal*, de *Londonderry*, d'*Antrim* et de *Down*.—Tous portent le nom de leur chef-lieu, dont le plus important est *Londonderry*, ville de 20 000 habitants, située sur la Foyle, et célèbre par le siége qu'elle soutint en 1688 contre Jacques II et les Français. — Il faut encore remarquer l'importante place maritime de *Belfast*, peuplée de 120 000 âmes, dans le comté d'Antrim. C'est dans le même comté qu'on trouve, au N., la Chaussée des Géants, et, au S. O., le grand lac Neagh.

Les cinq comtés intérieurs de l'Ulster sont : *Tyrone*, *Armagh*, *Monaghan*, *Fermanagh* et *Cavan*. — Trois des chefs-lieux portent le même nom. *Omagh* est le chef-lieu du Tyrone, et *Enniskillen*, le chef-lieu du Fermanagh, sur la belle rivière qui unit les deux parties du lac Erne.

La province de **Leinster** renferme douze comtés. Il y en a six maritimes : ceux de *Louth*, de *Meath*, de *Dublin*, de *Wicklow*, de *Wexford* et de *Kilkenny*. — *Dundalk* est le chef-lieu du comté de Louth; *Trim* est celui du comté de Meath. — *Dublin*, chef-lieu du comté du même nom, est la capitale de l'Irlande. Cette grande et belle ville s'élève sur les deux rives de la Liffey, au fond d'une baie magnifique, bordée d'un amphithéâtre de collines que tapissent de nombreux villages, des jardins charmants et d'élégantes maisons de campagne. On y compte 260 000 habitants. — *Wicklow*, *Wexford* et *Kilkenny* sont les chefs-lieux des comtés de même nom. Cette dernière ville est une des plus jolies de l'Irlande.

Les six comtés intérieurs sont : *Longford*, *West-Meath*, *King's-county* ou le *comté du Roi*, *Queen's-county* ou le *comté de la Reine*, *Kildare* et *Carlow*. — Le premier de ces comtés a pour chef-lieu la ville du même nom. — *Mullingar* est le chef-lieu du West-Meath. — Le comté du Roi a pour chef-lieu *Tullamore*; — et le comté de la Reine, *Maryborough*. — *Naas* est le chef-lieu du comté de Kildare; — et le comté de Carlow a un chef-lieu du même nom.

La province de **Connaught**, comprise entre les baies de Donegal et de Galway, offre des côtes très-découpées et un sol parsemé de lacs, de marais et de montagnes.

Elle a cinq comtés : quatre baignés par l'Atlantique: ceux de *Leitrim*, *Sligo*, *Mayo* et *Galway*, et un seul intérieur : celui de *Roscommon*. — *Carrick-sur-Shannon* est le chef-lieu du Leitrim ; —*Sligo*, du comté du même nom. — *Castlebar*, du Mayo. — *Galway*, chef-lieu du comté du même nom, est la ville la plus importante de la province ; on n'y compte cependant que 17 000 habitants. — *Roscommon* est le chef-lieu du comté du même nom.

La province de **Munster**, dont la côte est aussi déchirée par d'innombrables baies, contient six comtés, dont quatre se trouvent sur l'océan et deux dans l'intérieur : les premiers sont *Clare*, *Kerry*, *Cork* et *Waterford*; les deux autres sont *Limerick* et *Tipperary*. — Le comté de Clare, renfermé entre la baie de Galway et l'embouchure du Shannon, a pour chef-lieu *Ennis*. — *Tralee* est le chef-lieu du comté de Kerry, où se trouvent les lacs pittoresques de Killarney. — Le comté de Cork, le plus populeux de l'Irlande, a pour chef-lieu la commerçante ville de *Cork*, située à l'extrémité d'une profonde baie, et peuplée de plus de 80 000 habitants. — Le comté de Waterford a un chef-lieu du même nom, qui est un port florissant, à l'embouchure de la Suir; on y remarque un quai superbe. — Le comté de Limerick a pour chef-lieu *Limerick*, ville de 45 000 habitants, remarquable par l'activité de son commerce, et située sur le Shannon, que les navires remontent jusque-là. — *Clonmell* est le chef-lieu du Tipperary.

L'Angleterre est le pays d'Europe qui a le plus de chemins de fer. Londres est le centre des principaux; il en part huit lignes très-importantes, sans compter celles qui conduisent à des lieux voisins. Ces huit lignes sont :

1° Le *grand chemin du Nord*, sur *Peterborough*, *York*, *Newcastle* et *Édinbourg*, avec des embranchements très-nombreux.

2° Le *chemin du Nord-Ouest*, sur *Birmingham*, avec des embranchements très-considérables, dont les principaux sont ceux qui conduisent à *Liverpool*, par *Manchester*, d'une part, et par *Chester*, de l'autre, et celui qui, parcourant le nord du pays de Galles, va passer dans un tube sur le détroit de *Menai*, franchit l'île d'*Anglesey*, et se termine à *Holy-head*, en face de Dublin.

3° Le *grand chemin de l'Ouest*, sur *Bath* et *Bristol*, et, de là, sur *Exeter* et *Plymouth*.

4° Le *chemin du Sud-Ouest*, sur *Winchester*, *Southampton* et *Portsmouth*, avec embranchement sur *Dorchester*, etc.

5° Au S., le *chemin de Brighton*, avec l'embranchement du *Sud-Est*, sur *Folkestone* et *Douvres*.

6° A l'E., le *chemin de Rochester*, *Chatham*, *Cantorbéry* et *Margate*.

7° Le *chemin des comtés de l'Est*, sur *Ipswich* et *Norwich*.

8° Le *chemin de Cambridge*, au N. E., avec prolongement sur *Norwich*.

En Écosse, on remarque surtout les chemins qui, d'*Édinbourg*, conduisent à *Glasgow*, à *Aberdeen* et en Angleterre.

En Irlande, il s'en trouve aussi un assez grand nombre : *Dublin* est unie à *Cork* par un chemin qui envoie des embranchements à *Waterford*, à *Limerick*, aux *lacs de*

Killarney. Cette capitale communique par un autre chemin de fer avec *Mullingar* et *Galway*, et par un troisième avec *Belfast;* des chemins conduisent de cette dernière à *Down*, à *Armagh*, à *Antrim;* un autre va de *Londonderry* à *Enniskillen*.

Des télégraphes électriques sous-marins mettent en communication l'*Angleterre* avec la *France*, *Holy-head* avec *Dublin*, les îles *Anglo-Normandes* avec le comté de *Dorset*, l'*Irlande* avec l'*Amérique*.

Population, langue, religion et gouvernement. — Les 30 millions d'habitants qui composent la population des îles Britanniques se partagent en quatre peuples principaux : les *Anglais*, les *Gallois*, les *Écossais* et les *Irlandais*.

La langue anglaise, dont le fond est le saxon, mais qui a beaucoup emprunté au français, domine parmi tous ces peuples; cependant des restes remarquables de l'ancienne langue celtique se retrouvent encore dans le pays de Galles, dans la Haute-Écosse et en Irlande. On appelle *erse* l'ancien idiome celtique conservé dans cette dernière île; tel qu'il est modifié aujourd'hui, il s'appelle *irish* ou irlandais; le *gaëlique* est l'ancien langage celtique conservé dans le pays de Galles et l'Écosse; le *kymrique* est un ancien idiome, qui s'est mélangé avec le celtique et qui se montre également dans ces deux pays.

Les Anglais sont grands et robustes, généralement bien faits : une nourriture abondante et animale fait acquérir à beaucoup d'entre eux une corpulence remarquable. Leur teint est blanc; ils ont plus ordinairement les cheveux blonds ou roux que châtains ou noirs. Leur caractère est réfléchi; il règne dans leur société un ton de réserve et un air de roideur. Toutes les classes d'individus cherchent, en Angleterre, à se procurer les douceurs et les commodités de la vie; l'habitant des campagnes lui-même a des meubles propres et commodes; il est presque aussi bien vêtu que l'habitant des villes. On reproche de l'orgueil à ce peuple; mais il est brave, et, malgré sa froideur, il est obligeant : il a l'esprit élevé et le jugement fort droit.

L'Ecossais est hospitalier, religieux et fier. Son caractère est moins grave que celui de l'Anglais; il se passionne aisément.

Il y a peu de peuples aussi beaux que les Irlandais : sous les haillons mêmes de la misère, on trouve dans les campagnes une population grande, vigoureuse, aux traits réguliers et nobles. Cette nation est vive, spirituelle et entreprenante; mais on ne peut s'empêcher de reconnaître en elle beaucoup de vanité et une extrême mobilité d'esprit.

Les îles Britanniques forment un royaume, dont le titre est *Royaume-Uni de Grande-Bretagne et d'Irlande.*

Le gouvernement est une monarchie constitutionnelle; les femmes peuvent régner; le Roi ou la Reine partage le pouvoir avec deux chambres : la *Chambre* des *lords* ou des *pairs*, composée de membres choisis par le souverain; et la *Chambre des communes*, composée de membres élus par la nation. Les deux chambres forment ce qu'on appelle le *Parlement.*

L'Eglise *anglicane* ou *protestante épiscopale* est l'Eglise *établie* en Angleterre; elle reconnaît pour chef suprême le souverain même de la Grande-Bretagne; elle a, en Angleterre, deux archevêques, ceux de Cantorbéry et d'York, et vingt-six évêques. On appelle *dissidents* ceux qui ne professent pas cette religion.

L'Eglise *établie* en Écosse est le *presbytérianisme*, qui tient de près au calvinisme; il ne reconnaît pas d'évêques ni d'archevêques, et a des synodes provinciaux, avec une assemblée générale annuelle à Edinbourg.

Les Irlandais professent, la plupart, le *catholicisme;* cependant la religion *établie* en Irlande est, comme en Angleterre, la religion anglicane.

Il y a en Angleterre quatre universités : celles de Cambridge, d'Oxford, de Londres et de Durham; il y en a quatre aussi en Écosse : celles d'Edinbourg, de Glasgow, de Saint-André et d'Aberdeen; l'Irlande en a deux à Dublin.

Importance militaire et commerciale des possessions de la Grande-Bretagne en Europe et hors d'Europe, etc. — Outre les îles Britanniques proprement dites, la Grande-Bretagne a de nombreuses possessions répandues sur tout le globe : ce sont tantôt de vastes et riches territoires, dans le sud de l'Asie, l'Océanie, le nord de l'Amérique; tantôt des stations excellentes pour le commerce, et dont l'heureuse position permet de communiquer aisément avec les contrées les plus favorables aux grandes transactions; tantôt des stations militaires admirablement choisies pour commander l'entrée des mers, les principaux détroits, enfin toute les importantes communications. Elle possède, en Europe, *Gibraltar*, et les îles de *Malte*, et de *Helgoland*. — En Asie, elle a la plus grande partie de l'*Hindoustan*, *Ceylan*, une partie de l'*Indo Chine*, avec les îles de *Poulo-Pinang* et de *Singapour*; l'île de *Hong-kong*, en Chine; *Aden*, dans l'Arabie; près de là, l'île de *Périm*, à l'entrée de la mer Rouge, et quelques autres petites îles sur les côtes S. E. et S. O. de l'Arabie; — en Afrique, la colonie du *Cap*, celle de *Natal*, l'île *Maurice*, *Rodrigue*, les *Séchelles*, *Sainte-Hélene*, l'*Ascension*, les îles *Tristan da Cunha*; la côte de *Sierra-Leone*, *Cap-Corse* et d'autres points de la côte d'*Or*; la colonie de la *Gambie*;—en Amérique, le *Canada*, la *Nouvelle-Écosse*, le *Nouveau-Brunswick*, *Terre-Neuve*, l'île *Royale* ou de *Cap-Breton*, l'île du *Prince-Édouard* ou *Saint-Jean*, l'île de *Vancouver*, la *Colombie anglaise* et d'autres parties de la région la plus boréale de l'Amérique; les *Bermudes*, la *Guyane anglaise*, le *Yucatan* ou *Honduras anglais*, la *Jamaïque*, la *Trinité*, la *Barbade*, les *Lucayes* et beaucoup d'autres îles de l'archipel des *Antilles*; des établissements aux îles *Malouines* ou *Falkland*; — dans l'Océanie, la *Nouvelle-Galles méridionale*, la province de *Victoria*, le *Queensland* et d'autres parties de l'*Australie*; la *Tasmanie*, la *Nouvelle-Zélande*, les îles *Chatham*, *Auckland*, *Macquarie* et quelques autres îles dans le sud de la *Polynésie* et de la *Mélanésie*; *Labouan*, près de Bornéo; les îles des *Cocos*, au S. de Sumatra.

L'empire Britannique s'étend ainsi sur un espace immense, qu'on peut évaluer à 14 millions de kilomètres carrés, et les populations qui lui sont soumises, soit immédiatement, soit indirectement, s'élèvent à plus de 200 millions d'âmes. Sa brillante et active marine sert de lien à tant de territoires épars dont il se compose.

La force armée britannique est formée : 1° de l'*armée* proprement dite, comptant environ 215 000 hommes, et dont la plus grande partie est occupée à garder ou à agrandir les colonies ; 2° de la *milice* ou garde civique ; 3° de la *yeomanry* ou corps de cavaliers volontaires établis pour le maintien de l'ordre. Mais le principal élément de la force de l'Angleterre, c'est sa marine. La marine militaire britannique est la plus puissante du monde. La flotte se compose (situation de 1863) de 669 bâtiments, dont 566 à vapeur, 103 à voiles. Le nombre des marins et des hommes de troupes de la marine est d'à peu près 76 000.

Le revenu du Royaume-Uni s'élève à environ 1 milliard 800 millions de francs. Le capital de la dette publique se monte à 20 milliards.

L'Angleterre est le pays du monde où l'industrie et le commerce ont été portés au plus haut point : la moitié de la population vit du travail des fabriques. Le grand nombre des machines, l'abondance de la houille, la facilité des communications, l'extrême division du travail, les vastes possessions des Anglais dans toutes les parties du monde, leur esprit entreprenant et persévérant, ont imprimé à leur patrie une activité industrielle et commerciale inconnue ailleurs.

Cette nation excelle dans la fabrication des tissus de coton, de laine, de lin; dans la quincaillerie, la coutellerie et tous les ouvrages en fer, en acier et en cuivre; dans la confection des machines, l'imprimerie, la gravure, la préparation des peaux, les cristaux, la papeterie, le tissage de la soie, la bière.

L'Angleterre est le pays le plus commerçant de la Terre, et sa capitale, Londres, est le port le plus animé, le plus fréquenté qu'il y ait. Liverpool, Bristol, Hull, Southampton, Newcastle, sont ensuite les grands ports de commerce d'Angleterre; en Ecosse, les principaux ports sont Leith (port d'Edinbourg), Glasgow, Dundee, Aberdeen; en Irlande, Dublin, Cork, Limerick, Belfast.

Les principales villes industrielles et commerçantes de l'intérieur sont Manchester, Birmingham, Leeds, Bolton, Preston, Sheffield, Bradford, Nottingham, Leicester, en Angleterre.

Les exportations du Royaume-Uni s'élèvent à environ 5 milliards de francs. Ce sont surtout des articles de fabrique anglaise, tissus de coton, lainages, soieries, fer en fonte ou en barres, autres métaux, houille, machines, coutellerie, quincaillerie, poterie, verrerie, savonnerie, objets de librairie, armes et munitions, cuirs, bestiaux, chevaux, etc.

Les importations s'élèvent à plus de 6 milliards de francs. Elles comprennent des matières nécessaires à l'industrie (telles que coton, laine, soie, lin), les denrées coloniales alimentaires (thé, sucre, café, etc.), le blé, les vins, les articles de l'industrie parisienne, les œufs et les fruits de France, etc.

Le mouvement annuel de la marine marchande anglaise présente environ 80 000 navires entrant et sortant, et chargés de 18 millions de tonneaux.

BELGIQUE.

PRINCIPALES DIVISIONS ADMINISTRATIVES; VILLES IMPORTANTES D'INDUSTRIE ET COMMERCE; POPULATION, LANGUE, RELIGION, GOUVERNEMENT, ETC.

Introduction sur la géographie physique de la Belgique. — La Belgique est un petit royaume, qui fut formé, en 1831, de la partie méridionale de l'ancien royaume des Pays-Bas. Elle est bornée au S. et au S. O. par la France, au N. O. par la mer du Nord, au N. par le royaume actuel des Pays-Bas, à l'E. par quelques parties de ce royaume et par les Etats Prussiens. Sa latitude moyenne est à 50 degrés et demi.

Ce pays a environ 300 kilomètres de l'E. à l'O., 220 kilomètres du N. au S., et 29 500 kilomètres carrés. On y compte 4 900 000 habitants.

Le sol est généralement plat; cependant on remarque, dans le S. E., les montagnes des *Ardennes*, qui sont presque partout revêtues de forêts, et qui présentent, en beaucoup d'endroits, des rochers et des escarpements assez pittoresques.

En général, le terrain est très-fertile, agréablement varié par des prairies, des bois et de belles cultures de céréales, de lin, de houblon, de tabac, de garance. Les jardins sont nombreux et admirablement tenus, et les fleurs forment même un objet important de commerce. — Il y a de riches mines de charbon de terre.

Au N. E., sont quelques vastes landes, dans le territoire de la *Campine*, qui s'améliore cependant de jour en jour.

Ce royaume appartient tout entier au bassin de la mer du Nord. Les principaux fleuves sont la *Meuse* et l'*Escaut*. La première coule du S. O. au N. E., dans la partie orientale, en recevant à droite l'*Ourthe*, et à gauche la *Sambre*. — L'*Escaut* coule aussi du S. O. au N. E., et il parcout la partie occidentale. Il y reçoit, à gauche, la *Lys;* à droite, la *Dender* et le *Rupel*, formé par la réunion de la *Nèthe* et de la *Dyle*. La Nèthe est elle-même produite par la jonction de la *Grande* et de la *Petite Nèthe;* la Dyle a pour affluent principal la *Senne*.

Il y a beaucoup de canaux dans cet industrieux et commerçant pays : c'est surtout au milieu et à l'O. qu'on les rencontre. Il faut distinguer le canal de *Gand* à *Bruges* et à *Ostende;* ceux de *Bruxelles* et de *Louvain*, qui s'étendent depuis Bruxelles et depuis Louvain jusqu'au Rupel; celui de *Mons* à *Condé*, qui unit Mons à l'Escaut, en France; le canal de la *Campine*, de la Nèthe à la Meuse, et le canal du *Nord*, qui se rattache au canal de la Campine et va rejoindre le Rhin.

Principales divisions administratives ; villes importantes d'industrie et de commerce, etc. — La Belgique se divise en neuf provinces : quatre se trouvent dans le bassin de l'Escaut : ce sont la *Flandre occidentale*, la *Flandre orientale*, la province d'*Anvers*, le *Brabant méridional;* — une à la fois dans les bassins de l'Escaut et de la Meuse : c'est le *Hainaut;* quatre dans le bassin de la Meuse : ce sont les provinces de *Namur*, du *Luxembourg belge*, de *Liége* et du *Limbourg belge*.

La FLANDRE OCCIDENTALE, la seule des provinces belges qui soit baignée par la mer, est une riche et populeuse contrée : elle a pour chef-lieu *Bruges* (en flamand *Brugge*), ville de plus de 50 000 âmes, où la peinture à l'huile fut inventée par Jean Van Eyck, dans le quinzième siècle, et où Philippe le Bon institua l'ordre de la Toison d'or, en 1430.

On y remarque encore *Ostende*, port célèbre ; — *Ypres* et *Courtrai*, villes industrielles, de 20 à 25 000 âmes.

La FLANDRE ORIENTALE, traversée par l'Escaut, est

aussi une des provinces les plus peuplées et les plus industrieuses de la Belgique.

Le chef-lieu est *Gand* (en flamand *Gent*), très-grande et belle ville, fort commerçante, et avantageusement située au confluent de l'Escaut et de la Lys. On y compte 125 000 habitants.

Les autres villes considérables de la province sont: *Alost*, sur la Dender; — *Lokeren* et *Saint-Nicolas*, renommées par leur active industrie — *Audenarde*, sur l'Escaut; — *Termonde* ou *Derdermonde*, au confluent de la Dender et de l'Escaut.

La province d'ANVERS, la plus septentrionale du royaume, est limitée à l'O. par l'Escaut, et arrosée au S. O. par le Rupel, qui y reçoit la Nèthe et la Dyle; elle offre un aspect riche vers les bords de ces divers cours d'eau; mais, à l'E., elle renferme une partie de la triste contrée de Campine.

Cette province a pour chef-lieu *Anvers*, en flamand *Antwerpen;* c'est une place très-forte, très-belle, et l'une des villes les plus commerçantes de l'Europe. On y compte 120 000 habitants. L'Escaut y est large et profond, et il forme un port magnifique. On y admire l'église Notre-Dame, surmontée d'une flèche très-élevée.

On trouve, dans le S. de la province, *Malines* (en flamand *Mechelen*), jolie ville de 35 000 âmes, sur la Dyle, avec de nombreuses fabriques de belles dentelles et une magnifique cathédrale.

Le BRABANT MÉRIDIONAL, le cœur du royaume, est la seule province qui ne touche à aucun des états qui environnent la Belgique; il est arrosé du S. au N. par la Dyle et la Senne. Le sol est un peu montueux au S.; ailleurs, il est plat, très-fécond et admirablement cultivé.

Le chef-lieu est BRUXELLES, en flamand *Brussel*, capitale du royaume, belle et grande ville, située sur la Senne, et peuplée de 200 000 habitants. On y remarque surtout la belle promenade du Parc, les palais du Roi et de la

Nation, le palais Ducal, la cathédrale de Sainte-Gudule, l'Hôtel de ville, l'Observatoire, le jardin Botanique.

Près[1] et au N. de cette capitale, est *Laeken*, village remarquable par un magnifique château royal.

Louvain, en flamand *Leuven*, est une jolie ville de 30 000 habitants, célèbre par son université, sa bière et son admirable hôtel de ville.

Dans le S. de la province, on distingue la petite ville de *Nivelles*, dont un des anciens princes fut Jean de Nivelles, qui embrassa le parti de Charles le Téméraire contre Louis XI, malgré les ordres de son père.

Entre Bruxelles et Nivelles, est le village de *Waterloo*, trop fameux par la grande bataille que s'y livrèrent les Français et les alliés le 18 juin 1815.

Le HAINAUT, placé au sud de la Flandre orientale, s'étend le long de la frontière de France; il est traversé par l'Escaut, à l'O., et par la Sambre, à l'E. Il est arrosé de l'E. à l'O. par la Haine, à laquelle il doit son nom, et qui va se jeter dans l'Escaut sur le territoire français.

Il y a dans ce pays d'abondantes mines de charbon de terre.

Le chef-lieu est *Mons*, en flamand *Bergen*, avec 27 000 habitants.

La plus grande ville de la province est *Tournai* (en flamand *Doornik*), peuplée de 30 000 âmes et située sur l'Escaut. On remarque aussi *Charleroi*, à l'E., sur la Sambre.

Il s'est livré dans le Hainaut un grand nombre de batailles mémorables : près et à l'O. de Mons, est le village de *Jemmapes*, où les Français défirent complétement les Autrichiens en 1792 ; — vers la limite orientale de la province, se trouve le bourg de *Fleurus*, célèbre par une bataille entre les Espagnols et l'Union protestante, en 1622, et par trois victoires que les Français remportèrent sur les alliés : la première en 1690, la seconde en 1794, et la troisième en 1815. — Non loin de là, vers le N. O., on voit le bourg de *Seneffe*, où les Français vainquirent les

Hollandais en 1674; — le village de *Steinkerque*, fameux par la victoire de Luxembourg sur les alliés, en 1692. — Enfin, près et à l'E. de Tournai, on rencontre le village de *Fontenoy*, où les armées françaises conduites par le maréchal de Saxe furent victorieuses des Anglais et des Hollandais en 1745.

La province de NAMUR, renfermée entre le Luxembourg et le Hainaut, est traversée du S. au N. par la Meuse, qui y reçoit la Sambre. On y voit un mélange de montagnes, de plaines et de vallées : les sites y sont variés et agréables.

Namur, en allemand, *Namen*, en est le chef-lieu. C'est une ville très-forte, de 26 000 âmes, située au confluent de la Meuse et de la Sambre, et qui a des fabriques d'armes et de coutellerie fine.

Il faut aussi remarquer *Dinant*, sur la Meuse, et *Philippeville*, place forte, que la France a longtemps possédée.

Le LUXEMBOURG BELGE, placé à l'angle S. E. du royaume, est couvert de montagnes et de forêts.

Le chef-lieu est la petite ville d'*Arlon*. On y remarque aussi celle de *Bouillon*, qui a été la capitale d'un célèbre duché du même nom.

La province de LIÉGE, qui touche aux États Prussiens, est traversée par la Meuse, qui y reçoit l'Ourthe. Il s'y trouve quelques montagnes arides au S.; mais, en général, le pays offre de belles vallées et des pâturages magnifiques. Il y a d'inépuisables mines de houille.

Le chef-lieu est *Liége* (en allemand *Luik*), ville de 100 000 habitants, située au confluent de la Meuse et de l'Ourthe, et intéressante par son grand commerce, son active industrie, surtout par ses fabriques d'armes, ses manufactures de glaces, de cristaux et de draps, ses exploitations de houille.

On remarque dans l'E. de la province: *Verviers*, ville

de 30 000 âmes, avec de florissantes fabriques de draps ; — les importantes mines de zinc de la *Vieille-Montagne ;* — *Spa*, petite ville, qui a des eaux minérales très-fréquentées, et des fabriques de toutes sortes de jolis ouvrages en bois et en fer-blanc ; — *Seraing*, qui a des forges importantes.

Le LIMBOURG BELGE, à l'E. de la province d'Anvers, a pour chef-lieu *Hasselt ;* mais la plus grande ville est *Saint-Trond*. On voit, dans le N. O. de la province, une portion des landes de la Campine.

La Belgique a beaucoup de chemins de fer : *Malines* et *Bruxelles* en sont les deux principaux centres. Quatre grandes lignes partent de Malines : la première, au N., se dirige sur *Anvers ;* — la deuxième, à l'E., sur *Louvain*, *Liége*, *Verviers*, *Aix-la-Chapelle* et *Cologne ;* — la troisième, au S., sur *Bruxelles ;* — la quatrième, à l'O., sur *Gand*, *Courtrai* et *Lille*, avec des embranchements sur *Bruges* et *Ostende*, d'un côté, et, de l'autre, sur *Tournai*. — Une ligne va directement d'*Anvers* à *Gand*, et une autre de *Bruges* à *Courtrai*. — De *Bruxelles*, partent aussi quatre lignes : sur *Gand ;* sur *Namur ;* sur *Mons*, et, par suite, sur *Valenciennes* et *Paris ;* enfin, comme on vient de le voir, sur *Malines*. — Un chemin de *Liége* à *Namur* et de *Namur* à *Charleroi*, de là à *Saint-Quentin*, fait partie de la plus courte ligne qui conduit de *Liége* à *Paris*. Une branche qui s'en détache va de *Namur* à *Luxembourg*. Une autre unit *Charleroi* au chemin de Bruxelles à Mons.

Population, langue, religion, gouvernement, etc. Le peuple belge compte environ 5 000 000 d'âmes ; il est gai, spirituel, et a le sentiment des beaux-arts. La peinture et la musique sont cultivées par lui avec passion. L'industrie manufacturière et agricole est très-avancée. Le français est la langue de la partie éclairée de la population. Le flamand (qui a du rapport avec l'allemand) et le wallon (qui est une sorte de patois français) se parlent dans les campagnes: le premier, au N. O.; le second, au S. E. L'allemand est assez répandu dans le Luxembourg.

La religion catholique est la plus générale; mais tous les autres cultes jouissent d'une entière liberté. Il y a un archevêché à Malines. Les universités de Gand et de Liége sont des institutions de l'Etat; celles de Bruxelles et de Louvain sont des institutions libres. — Le gouvernement est une monarchie constitutionnelle; il y a deux chambres élues par la nation: le *Sénat* et la *Chambre des représentants*.

L'armée a des cadres et un armement disposés pour 75 000 hommes: mais l'effectif sous les armes n'est que de 30 000 hommes. Sur le pied de guerre, l'effectif serait de 100 000 hommes.

Le revenu de l'État est d'environ 160 000 000 de francs. La dette publique est de 700 000 000.

La Belgique est, avec l'Angleterre, la France et la Prusse, la plus industrieuse région de l'Europe; elle fabrique des toiles renommées, de belles dentelles, des étoffes de laine, de coton et de soie, des ouvrages en fer, en acier et en laiton, des armes, de la coutellerie, des voitures.

Ce petit royaume a un commerce très-étendu. Les exportations (commerce spécial[1]) sont de 5 à 600 millions, et ses importations, de 6 à 700 millions. Il possède deux ports principaux: Anvers et Ostende. Les exportations consistent en toiles de lin et de chanvre, draps, dentelles, tulles, lin, graines oléagineuses, charbon de terre, houblon, sucre raffiné, marbres, chevaux, bétail, armes et munitions de guerre, ouvrages en fer, zinc, verrerie, peaux. La Belgique importe des étoffes de laine et de soie, des cotons imprimés, du café, du sucre, du coton, des graines, des métaux, des machines, des bois, des houilles, des fruits, des vins, des eaux-de-vie. Elle envoie à

1. Voir, page 86, ce qu'on entend par *commerce spécial* et par *commerce général*.

la France beaucoup plus de marchandises qu'elle n'en reçoit.

PAYS-BAS.

PRINCIPALES DIVISIONS ADMINISTRATIVES; VILLES IMPORTANTES D'INDUSTRIE ET DE COMMERCE; POPULATION, LANGUE, RELIGION, GOUVERNEMENT. — POSSESSIONS HORS DE L'EUROPE, ETC.

Introduction sur la géographie physique des Pays-Bas. — Le royaume des Pays-Bas, de Néderlande ou Néerlande (en hollandais *Nederlanden* ou *Neerlanden*), appelé souvent aussi *Hollande* d'après sa province la plus importante et la langue qu'on y parle, a pour bornes, au N. et à l'O., la mer du Nord; au S., la Belgique; à l'E., l'Allemagne. Il a pour latitude moyenne le 52e degré. Sa longueur, du N. E. au S. O., est d'environ 355 kilomètres; sa moyenne largeur n'est que de 180 kilomètres. Sa superficie est de 34 200 kilomètres carrés. On y compte environ 3 millions et demi d'habitants.

Le golfe principal qu'on rencontre sur les côtes des Pays-Bas est le *Zuider-zee* (c'est-à-dire *mer du Sud*, par opposition à la mer du Nord). La plus grande partie de ce golfe était autrefois le lac *Flévo*, qu'une immense inondation confondit avec la mer en 1282; l'entrée et les rivages en sont parsemés de dangereux bancs de sable.

Sur la limite de l'Allemagne, s'enfonce un autre golfe, le *Dollart*, qui fut aussi produit par une inondation de la mer, en 1277.

Souvent encore, sur d'autres points, l'océan s'est avancé avec fureur dans ce pays extrêmement bas, qui se trouve même en beaucoup d'endroits au-dessous du niveau de la mer, et il a couvert des cantons populeux.

Pour se garantir contre ces débordements et ceux des fleuves, les Hollandais ont été obligés d'élever un grand nombre de digues, et de creuser de larges et profonds fossés.

Malgré cette incommode situation, qui a donné lieu aux noms de Pays-Bas et de Hollande[1], l'aspect de la contrée est riche et beau; une infinité de villes, de bourgs et de villages opulents s'y offrent de toutes parts; d'excellents pâturages y nourrissent de nombreux et superbes troupeaux; l'industrie et la patience des habitants ont couvert un sol assez ingrat de riches cultures de blé, de lin, de tabac, de garance; et les jardins sont parés de mille plantes d'agrément. Mais c'est principalement par la navigation et la pêche que le peuple hollandais a atteint une brillante prospérité.

Le pays est partout plat, excepté dans le Luxembourg, séparé du reste du royaume par la Belgique, et couvert par les montagnes des *Ardennes*.

Les cours d'eau sont fort nombreux; les principaux sont le *Rhin*, la *Meuse*, qui parcourent le royaume de l'E. à l'O., et l'*Escaut*, qui coule dans le S. O.

Le Rhin, nommé en hollandais *Rhyn* ou *Ryn*, se disperse en plusieurs branches, dont l'une, qu'on désigne sous le nom de *Vieux-Rhin*, tombe directement dans la mer du Nord, près de Leyde; à gauche, le *Whaal*, le *Leck*, le *Neder-Yssel*, se rendent à la Meuse; à droite, l'*Yssel* ou *Over-Yssel*, et le *Vecht*, qui se joint à l'*Amstel*, débouchent dans le Zuider-zee.

La Meuse (en hollandais *Maas*) va, un peu au S. du Vieux-Rhin, se jeter dans la mer du Nord par trois larges embouchures. Elle reçoit à droite la *Roer*, qui vient de l'Allemagne.

L'Escaut, à peine entré dans le royaume, se divise en deux branches très-considérables, qu'on nomme *Escaut oriental* et *Escaut occidental*, et qui sont séparées l'une de l'autre par les îles de la Zélande. Ce sont, en réalité, plutôt

1. Holland signifie *pays creux*.

des golfes de la mer du Nord que des branches d'un fleuve. Le nom hollandais de l'Escaut est *Schelde*.

Le lac le plus important était naguère encore celui de *Harlem*, formé par une inondation de la mer au seizième siècle, près et au S. O. du Zuider-zee. Il communiquait vers le S. au Vieux-Rhin, et vers le N. à l'Y, bras du Zuider-zee. Par de grands et ingénieux travaux, on vient de le dessécher. — Le lac de *Biesboch* a été produit, en 1421, par une effroyable inondation de la Meuse, qui rompit ses digues et engloutit 72 villages, avec 100 000 habitants.

Le sol est presque partout humide, tourbeux, et quoiqu'on ait fait d'immenses travaux pour dessécher le terrain, de grands marécages s'étendent encore dans diverses parties des Pays-Bas.

Les canaux de navigation sont fort nombreux. Le canal de la *Nord-Hollande*, qui s'étend d'Amsterdam à Nieuwe-Diep, dans le territoire placé à l'O. du Zuider-zee, est peut-être le plus beau canal du globe : il porte jusqu'à de lourds vaisseaux de guerre. Un autre canal très-important, qui n'est pas encore achevé, ira du golfe de l'Y à la mer du Nord.

Principales divisions administratives; villes importantes, etc. — Ce royaume est divisé en douze provinces. Cinq se trouvent autour du Zuider-zee : ce sont celles de *Frise*, d'*Over-Yssel*, de *Gueldre*, d'*Utrecht*, de *Hollande septentrionale*. — Quatre autres sont maritimes, sans être baignées par le Zuider-zee : ce sont la *Hollande méridionale*, la *Zélande*, le *Brabant septentrional* et la province de *Groningue*. — Il y en a trois qui ne sont pas maritimes : ce sont celles de *Drenthe*, du *Limbourg hollandais* et du *Luxembourg hollandais*.

La FRISE, qui tire son nom de l'ancien peuple des Frisons, est située à l'E. de l'entrée du Zuider-zee. — Le chef-lieu est *Leeuwarden*, qui compte 25 000 âmes. L'île d'*Ameland*, au N., dépend de la province.

L'Over-Yssel s'étend au S. de la Frise, sur la côte orientale du Zuider-zee. La rivière à laquelle cette province doit son nom l'arrose à l'O. — *Zwolle*, le chef-lieu, renferme 18 000 habitants. On y remarque encore la place très-forte de *Deventer*, sur l'Over-Yssel.

La Gueldre, au S. O. de l'Over-Yssel, est baignée au N. O. par le Zuider-zee, limitée au S. par la Meuse, et traversée par le Rhin; c'est là que ce dernier fleuve commence à se partager en diverses branches.

Arnhem ou *Arnheim*, le chef-lieu, est une ville de 17 000 âmes, sur le Rhin. — *Nimègue* (en hollandais *Nymegen*), sur la Meuse, est une place forte, peuplée de 25 000 habitants, et célèbre par le traité de paix de 1678 et 1679, entre les principales puissances de l'Europe.

La province d'Utrecht, à l'O. de la Gueldre et au S. du Zuider-zee, est la plus petite du royaume, mais une des plus populeuses et des plus riches. Le Vieux-Rhin la traverse. — Le chef-lieu, *Utrecht*, est situé sur ce fleuve; c'est une ville de 57 000 habitants, importante par son grand commerce, ses fabriques de draps et de velours, et célèbre par les traités de 1579 et de 1713.

La Hollande propre s'allonge du S. au N., le long de la mer, depuis l'embouchure la plus méridionale de la Meuse, jusqu'à l'entrée du Zuider-zee, où elle se termine en pointe. C'est la contrée la plus importante du royaume, on y remarque une population très-agglomérée, un nombre infini de digues et de canaux, et partout la nature vaincue par un art patient et habile.

La Hollande propre est divisée en deux provinces distinctes : la *Hollande septentrionale* et la *Hollande méridionale*.

La Hollande septentrionale renferme *Amsterdam*, la principale ville du royaume, peuplée de plus de 260 000 habitants, et située sur le bord méridional de l'Y, près de l'extrémité S. O. du Zuider-zee. La rivière Amstel la traverse, et va s'y jeter dans l'Y; une foule de canaux la coupent et y forment quatre-vingt-dix îles, qui communiquent entre elles par deux cent quatre-vingt-dix ponts. C'est une des plus belles cités de l'Europe; il y règne beaucoup de mouvement et d'activité. Parmi les monuments, il faut distinguer surtout le palais Royal (ancien Hôtel de ville), la Bourse, les églises Saint-Nicolas et Sainte-Catherine, et le magnifique pont de l'Amstel.

Le chef-lieu de la Hollande septentrionale est *Harlem* ou *Haarlem*, près et au N. O. de l'emplacement de l'ancien lac du même nom : cette ville est fort grande, mais peuplée seulement de 30 000 âmes. Elle a de célèbres blanchisseries, un superbe hôtel de ville, une belle cathédrale où se trouve un orgue fameux; elle dispute à Mayence et à Strasbourg la gloire de la découverte de l'imprimerie.

Un peu au N. E. d'Amsterdam, on remarque le village de *Broek*, où règnent une excessive propreté et une élégance recherchée; au N. O., est *Saardam* ou *Zaandam*, également très-propre et célèbre par ses papeteries, ses nombreux moulins à vent, son commerce, et la résidence de Pierre le Grand, qui y apprit la construction des vaisseaux.

Alkmaar et *Hoorn*, dans le N. de la province, sont importantes par le commerce du fromage de Hollande.

A l'extrémité N. de la Hollande, est la petite place forte du *Helder*, avec un port militaire.

Plusieurs îles dépendent de la Hollande septentrionale : devant l'entrée du Zuider-zee, on distingue *Ter-Schelling*, *Vlieland*, *Texel*, célèbre par divers combats navals, et parce qu'un régiment de cavalerie française y prit, en 1794, une flotte que la glace bloquait dans les eaux de cette île.

La HOLLANDE MÉRIDIONALE a pour chef-lieu LA HAYE, résidence du roi et capitale du royaume. Cette belle ville s'appelle en hollandais *'S Gravenhage* ou *Haag*, et s'élève non loin de la mer du Nord, dans un territoire frais et riant. On y compte 85 000 habitants. — A peu de distance, est le château de *Ryswyk*, où fut conclue la paix de 1697.

On trouve, un peu au N. E. de La Haye, sur le Vieux-Rhin, l'importante ville de *Leyde* (en hollandais *Leyden*), peuplée de 38 000 âmes, et fameuse par ses draps, par son université et par ses anciennes imprimeries des Elzévirs; c'est la patrie du peintre Rembrandt.

Au S. E. de La Haye, on distingue : *Delft*, avec 22 000 habitants; — *Rotterdam*, ville maritime très-commerçante, peuplée de 115 000 âmes, située sur la branche septentrionale de la Meuse, et patrie du savant Erasme. — *Dordrecht*, avec 24 000 habit., sur une île qui fut formée par la terrible inondation de la Meuse en 1421.

Au S., entre les embouchures de la Meuse, la Hollande méridionale possède les îles d'*Ysselmonde*, de *Voorne*, de *Beyerland*, d'*Over-Flakkee*, et de *Goeree*.

La province de ZÉLANDE, dont le nom exact est *Zeeland* (pays de la mer), est située au S. O. de la Hollande propre, et presque entièrement composée d'îles que baignent les bouches de l'Escaut. Les principales sont : les îles de *Schouwen*, de *Duiveland* et de *Tholen*, entre l'Escaut oriental et la branche la plus méridionale de la Meuse; — ensuite les îles de *Walcheren*, de *Nord-Beveland* et de *Sud-Beveland*, entre les deux Escauts.

Middelbourg, chef-lieu de la province, est dans l'île de *Walcheren*, et renferme 17 000 habitants. — Sur la côte méridionale de la même île, se trouve *Flessingue*, en hollandais *Vlissingen*, importante par son beau port et ses vastes chantiers.

A la pointe occidentale de l'île de Walcheren, on remarque les digues de *West-Kapelle*, les plus magnifiques travaux de ce genre.

Le BRABANT SEPTENTRIONAL est une grande province qui s'étend de l'O. à l'E., au S. de la Hollande et de la

Gueldre, et à l'E. de la Zélande. La Meuse le borde au N. Le chef-lieu est *Bois-le-Duc*, en hollandais *'S Hertogenbosch*, ville de 25 000 âmes. — On distingue, dans l'O. de la même province, les places fortes de *Breda* et de *Berg-op-Zoom*.

La province de GRONINGUE, qui est à la fois la plus septentrionale et la plus orientale du royaume, a pour chef-lieu *Groningue*, peuplée de 37 000 habitants.

La DRENTHE, à l'E. de la Frise, est la moins importante, la moins peuplée des provinces hollandaises. Elle a pour chef-lieu la petite ville d'*Assen*.

Le LIMBOURG HOLLANDAIS, qui porte le titre de *duché de Limbourg*, est une province étroite, qui s'étend du S. au N., le long de la Meuse, au S. E. du Brabant septentrional. Il a pour chef-lieu *Maestricht* ou *Maastricht*, place très-forte, de 29 000 âmes, sur la Meuse, et près de la montagne de Saint-Pierre, remarquable par ses immenses carrières.

Le LUXEMBOURG HOLLANDAIS, séparé du reste de la monarchie par la province belge de Liége, est un pays de montagnes et de forêts, et a pour chef-lieu l'importante forteresse de *Luxembourg*. Cette province a le titre de grand-duché de Luxembourg, et fait aussi partie de la confédération Germanique.

Les principaux chemins de fer des Pays-Bas vont d'*Amsterdam* à *La Haye*, par *Harlem*; de *La Haye* à *Rotterdam*; de *Rotterdam* à *Amsterdam*; d'*Amsterdam* à *Utrecht*; d'*Utrecht* à *Arnhem*; d'*Arnhem* en *Prusse*. Le chemin de *Guillaume-Luxembourg* va de *Luxembourg* à *Namur* et à *Metz*. *Luxembourg* est aussi unie à *Trèves*.

Population, langue, religion, gouvernement, etc.

— La population des Pays-Bas n'est que d'environ 3 500 000 habitants; mais les colonies importantes que ce royaume possède en Amérique, en Afrique et surtout dans l'Océanie, en renferment plus de 17 millions et demi. — On parle, dans les Pays-Bas, le *hollandais*, une des langues tudesques ou germaniques ; l'allemand est assez répandu dans le Luxembourg et le Limbourg. — L'humidité du climat rend les Hollandais en apparence lourds et flegmatiques. Mais on peut louer leur persévérance, leur patience, leur sage esprit de calcul, leur extrême propreté. Leurs mœurs sont douces et régulières. — La religion de la majorité est le calvinisme. Il y a aussi un assez grand nombre de luthériens et de catholiques. — Le gouvernement est une monarchie constitutionelle; il y a deux chambres : la *première*, composée de membres nommés par le souverain; et la *seconde*, dont les membres sont élus par les provinces; ces deux chambres forment les *États généraux*. — L'instruction publique est florissante : il y a trois académies ou universités : celles de Leyde, d'Utrecht et de Groningue, et une académie militaire à Breda.

L'armée est de 60 000 hommes. La marine compte 137 bâtiments. Les revenus de l'État sont de 200 000 000 de francs, et la dette publique s'élève à 2 300 000 000.

La Néderlande fabrique des toiles très-estimées, des cuirs, du papier, des produits chimiques; elle a des distilleries importantes, et fournit une grande abondance de fromages renommés.

Cette contrée a un commerce maritime très-animé : ses principaux ports sont Amsterdam, Rotterdam, Dordrecht, Flessingue. Les exportations s'élèvent à 800 000 000 de francs; les importations, à 900 000 000. On exporte du beurre, du fromage, des poissons conservés, de la garance, du pastel, des graines oléagineuses, des filasses de lin et de chanvre, de la toile, du genièvre; on importe du sucre et d'autres denrées coloniales, du coton, des vins, de l'eau-de-vie, de la laine, des graines, du bois, des résines, etc. La Néderlande revend une grande partie de ces marchandises, et le commerce de *commission* y est très-étendu.

Possessions hors de l'Europe. — Les principales colonies néderlandaises sont : en Afrique, quelques points de la *Guinée;* — en Amérique, la *Guyane hollandaise, Saint-Eustache, Curaçao* et quelques autres *Antilles;* — dans l'Océanie, *Java, Madura, Banca, Billiton,* une partie de *Sumatra,* presque toute l'île de *Timor,* et plusieurs autres îles de la *Sonde;* une grande partie de *Bornéo,* de *Célèbes,* des *Moluques;* l'archipel de *Rio;* une partie de la *Nouvelle-Guinée.* Les possessions océaniennes sont de beaucoup les plus importantes. Elles forment ce qu'on appelle ordinairement les *Indes orientales néderlandaises.*

ÉTATS SCANDINAVES.

PRINCIPALES DIVISIONS ADMINISTRATIVES; VILLES IMPORTANTES D'INDUSTRIE ET DE COMMERCE; POPULATION; LANGUE, RELIGION, GOUVERNEMENT. — POSSESSIONS HORS DE L'EUROPE, ETC.

On distingue l'ensemble de la Suède, de la Norvége et du Danemark par le nom d'*États Scandinaves;* mais par *Scandinavie,* on entend plus particulièrement la Suède et la Norvége.

1° SUÈDE ET NORVÉGE.

Introduction sur la géographie physique de la Suède et de la Norvége. — La Suède et la Norvége, quoique deux royaumes différents, ne composent qu'une monarchie, la monarchie Scandinave, formée de la grande péninsule de Scandinavie, qui est située dans la partie la plus septentrionale de l'Europe, entre 55° 25′ et 71° 10′ de latitude N.

Cette péninsule tient au continent, au N. E., par l'isthme de Laponie, et touche de ce côté à la Russie, vers laquelle elle est en partie limitée par le Torneå et la Tana. Dans toutes les autres directions, elle est entourée par la mer : au N., se trouve l'océan Glacial ; à l'O., l'Atlantique, avec la mer du Nord ; au S. O., le Skager-Rack, le Cattégat et le Sund séparent cette contrée du Danemark ; au S. et à l'E., s'étend la mer Baltique, qui forme au N. le grand golfe de Botnie.

La monarchie Scandinave a 1900 kilomètres de longueur, 800 de largeur et environ 738 000 kilomètres carrés : elle est bien plus grande que la France, mais elle compte beaucoup moins d'habitants : sa population ne s'élève qu'à environ 5 600 000 âmes, dont 4 000 000 pour la Suède et 1 600 000 pour la Norvége.

Les côtes de la Scandinavie sont découpées par d'innombrables golfes ou *fiords*, surtout au N. et à l'O., où ils s'enfoncent profondément dans les terres et ressemblent à de larges fleuves. On remarque principalement le golfe *Varanger*, sur la frontière de la Russie ; le golfe *Occidental*, sur la côte N. O. de la presqu'île, entre le continent et le groupe des îles *Lofoden ;* le golfe de *Drontheim* et celui de *Bukke*, sur la côte occidentale ; le golfe de *Christiania*, au S.

Quatre caps principaux se présentent sur les côtes de la Scandinavie : le cap *Nord*, à l'extrémité septentrionale de la monarchie, dans une des îles Lofoden ; le cap *Nordkyn*, à l'extrémité N. de la partie continentale de la Norvége ; le cap *Lindesnæs*, à l'extrémité S. O. du même pays, et le promontoire de *Falsterbo*, à l'extrémité méridionale de la Suède.

Un grand nombre d'îles sont répandues sur les côtes de la Scandinavie. Outre l'archipel *Lofoden*, on remarque, au S. E., les deux îles importantes d'*Œland* et de *Gottland ;* à l'E., les nombreuses petites îles qu'on nomme les *Scherens de Stockholm*.

Les deux grands pays qui composent la péninsule Scandinave sont fort différents l'un de l'autre pour l'aspect physique qu'ils présentent. La Suède offre une surface généralement plate ; la Norvége est presque partout hérissée de montagnes; mais l'une et l'autre sont remarquables par l'abondance de leurs rivières et de leurs lacs, par leurs points de vue pittoresques, leurs grandes et sombres forêts, leurs hivers longs et rigoureux. Cependant la Suède est moins froide que la Norvége. Généralement on respire, dans ces contrées, un air pur et sain.

Les étés y sont fort courts, mais très-chauds, à cause de la grande longueur des jours ; et la végétation y croît avec une rapidité surprenante. Dans les parties septentrionales, qui s'avancent dans la zone glaciale, le Soleil reste en été sur l'horizon pendant plusieurs semaines de suite, et en hiver il est invisible pendant le même intervalle; mais la tristesse de cette longue nuit est diminuée par un crépuscule de plusieurs jours, par des aurores boréales très-brillantes et par la clarté de la Lune, qui donnent un degré suffisant de lumière pour les occupations ordinaires.

Le sol est assez fertile dans les parties méridionales : on y récolte surtout du blé, du seigle, de l'orge, de l'avoine, des pommes de terre et du lin. Les forêts sont formées de pins, de frênes, de bouleaux et de sapins d'une hauteur remarquable.

Les parties septentrionales sont presque dépourvues de plantes, et les chétives récoltes qu'espère le cultivateur sont même souvent détruites par les gelées : aussi les malheureux habitants se trouvent-ils très-fréquemment réduits à se nourrir d'une pâte faite avec l'écorce amère du pin. On trouve cependant, sur les rochers les plus arides et les plus sauvages de ces cantons reculés, des mousses et des lichens propres à la nourriture de l'homme, à la teinture et à divers autres usages. On y remarque un animal bien précieux, le renne, espèce de cerf, dont le lait et la chair servent d'aliments, et qu'on attelle aux traîneaux. On y trouve aussi des castors et beaucoup d'autres animaux à fourrures. C'est la patrie principale des lemmings, ou rats de Norvége, qui causent de grands dégâts par la quantité de grains qu'ils enfouissent dans leurs profonds souterrains.

Les *Alpes Scandinaves* ou *monts Dofrines* sont la chaîne principale de la monarchie : cette chaîne entre dans la péninsule par l'isthme de Laponie, et forme sur une grande étendue la limite entre la Suède et la Norvége ; parvenue à peu près vers le milieu de la Scandinavie, elle se divise en deux grandes branches, dont l'une va au S. O., à travers la Norvége, et se termine au cap Lindesnæs ; l'autre se prolonge au S., à travers la Suède, jusqu'au promontoire de Falsterbo.

La partie des Dofrines qui sépare la Suède de la Norvége porte le nom de *Kiœlen*. La branche S. O., qui couvre l'intérieur de la Norvége, s'appelle d'abord *Dovre-field*, puis *Lang-field*, *Sogne-field*, etc. Cette branche est la partie la plus haute des Alpes Scandinaves, et presque partout elle est couverte de neige et de glaciers ; elle forme un assemblage de groupes irréguliers, plutôt qu'une chaîne proprement dite. On y remarque surtout le mont *Hor-Ungerne*, dans le Lang-field, le *Skagastœlsting*, dans le Sogne-field, et le mont *Sne-kættan* (c'est-à-dire *Bonnet de neige*), dans le Dovre-field ; ces sommets atteignent 2500 à 2600 mètres au-dessus de la mer.

La Scandinavie est divisée en trois versants maritimes : celui du N. et de l'O., incliné vers l'océan Glacial, l'Atlantique et la mer du Nord ; celui du S., incliné vers le Skager-Rack, le golfe de Christiania et le Cattégat ; enfin le versant du S. E. et de l'E., penché vers la Baltique et le golfe de Botnie.

Sur le premier de ces versants, on voit, dans le N. de la Norvége, la *Tana*, qui se rend dans un golfe du même nom, formé par l'océan Glacial.

Sur le second, est un fleuve plus important, le *Glommen*, qui va se jeter dans le golfe de Christiania ; il se grossit du *Vormen*, qui sert d'écoulement au lac *Miœs*, le plus grand de la Norvége. Un autre lac *Miœs*, plus à l'O., reçoit le *Maan-elv*, qui forme la célèbre cataracte de *Riukan-foss*, une des plus belles de l'Europe. On distingue encore, sur le versant du S., la *Gotha* (en suédois *Gœtha-elf*), qui est tributaire du Cattégat, et qui forme la cataracte de *Troll-hætta;* ce fleuve sert d'écoulement au lac *Vener*, le plus considérable de la péninsule Scandinave. Le même lac reçoit, au N., une grande rivière nommée *Clara* ou *Klar-elf*.

Sur le versant de la Baltique et du golfe de Botnie, on trouve, au S. E., la *Motala*, par laquelle s'écoule le long lac *Vetter*. En s'avançant vers le N., on rencontre le lac *Hielmar;* et, très-près de là, le lac *Mælar*, qui communique avec la mer par un détroit ; ensuite, le *Dal-elf*, qui est le plus grand fleuve de la presqu'île Scandinave; le *Luleå*, qui sert d'écoulement à un lac du même nom, et qui produit la superbe cataracte de *Niaumelsaskas*, c'est-à-dire le *saut du lièvre;* le *Kalix*, et enfin le *Torneå*, qui sort du lac du même nom et qui se grossit du *Muonio*.

Un grand canal naturel, nommé *Tarendo-elf*, unit le Torneå au Kalix.

Le principal canal artificiel de la monarchie est celui de *Gœtha*, qui unit le Cattégat à la Baltique, en réunissant les lacs *Vener* et *Vetter*.

Principales divisions administratives, villes importantes, etc. — La **Suède**, en suédois *Sverige*, se divise en trois parties : le *Nordland* ou *Nordland;* le *Svealand*, ou la *Suède moyenne;* le *Gœtland*, c'est-à-dire la *Gothie*, ou la *Suède méridionale*. Ces grandes divisions se partagent en vingt-quatre préfectures ou *læn*, qui, généralement portent le nom de leur chef-lieu.

Le NORDLAND comprend quatre préfectures : celles de *Botnie septentrionale* et de *Botnie occidentale*, qui renferment la *Laponie suédoise* et qui ont pour chefs-lieux, la première, *Piteå*, la seconde, *Umeå ;* — celle de *Vester-Norrland*, qui est fertile et agréable, malgré sa position septentrionale, et qui a pour chef-lieu *Hernœsand* ; — celle d'*Iemtland*, la seule des quatre qui ne touche pas à la mer : chef-lieu, *Œstersund*.

La SUÈDE MOYENNE contient huit préfectures : il y en a deux au N. : celle de *Gefleborg*, et celle de *Stora-Kopparberg*, qui a porté autrefois le nom de *Dalécarlie*, et qui est célèbre par ses mines de cuivre et de fer ; — trois à l'E. : celles d'*Upsal*, de *Stockholm* et de *Nykœping*, formées des anciennes provinces d'*Upland* et de *Sudermanie* ; — deux au milieu : *Vesterås* et *Œrebro* ; — une à l'O. : *Carlstad*.

Les villes principales de la Suède moyenne sont : *Gefle*, port commerçant ; — *Fahlun*, chef-lieu de Stora-Kapparberg ; *Upsal* ou *Upsala*, une des villes les plus agréables du nord de l'Europe, et connue par sa magnifique cathédrale, sa savante université, son observatoire ; — STOCKHOLM, capitale de la Suède, peuplée de 130 000 âmes, et admirablement située sur deux presqu'îles et plusieurs petites îles du détroit qui unit le lac Mælar à la Baltique.

La GOTHIE a un sol fertile et un climat assez doux ; elle renferme les deux tiers de la population de la Suède. Il s'y trouve douze préfectures, dont huit maritimes : à l'E., celles de l'*Œstergœtland*, de *Calmar* ; — au S., celle de *Blekinge*, et celles de *Christianstad* et de *Malmœhus*, qui répondent à l'ancienne *Scanie* ; — à l'O. celles de *Halland* et de *Gœtheborg* ; — enfin la préfecture de *Gottland*, qui est une île.

Les quatre préfectures intérieures sont celles de *Skaraborg*, d'*Elfsborg*, d'*Iœnkœping* et de *Kronoberg*.

Les villes les plus importantes de la Gothie sont : *Linkœping*, chef-lieu de l'Œstergœtland ; — *Norrkœping*, sur la Motala, avec 22 000 habitants ; — *Calmar*, célèbre par l'acte d'union des trois couronnes de Suède, de Norvége et de Danemark, en 1397 ; — *Carlscrone*, forteresse fameuse et port de mer, chef-lieu du Blekinge ; — *Gœtheborg* ou *Gothembourg*, à l'embouchure de la Gotha, la seconde ville du royaume par sa population (45 000 habitants) ; — *Malmœ*, chef-lieu du Malmœhus, vers l'extrémité S. O. de la Gothie, avec 22 000 habitants ; — *Lund* célèbre par son université et par une bataille entre les Suédois et les Danois, en 1675. — *Visby*, chef-lieu de l'île de Gottland, sur la côte occidentale de laquelle elle est placée, a été, au moyen âge, une très-grande ville, et elle offre des ruines curieuses de ses beaux monuments.

La **Norvége**, nommée en norvégien *Norge* et en suédois *Norrige*, se divise en deux parties : 1° la NORVÉGE MÉRIDIONALE, qui comprend les diocèses ou *stifts* d'*Akershuus* ou *Christiania*, de *Christiansand*, de *Bergen* et de *Trondhiem* ; 2° la NORVÉGE SEPTENTRIONALE, qui forme le diocèse de *Tromsœ*. Ces divers diocèses comprennent 17 bailliages.

CHRISTIANIA, située au fond du golfe du même nom, est la capitale de la Norvége et le chef-lieu du diocèse d'Akershuus ; elle renferme 55 000 habitants ; l'aspect en est beau est pittoresque. — *Drammen*, au S. O. de Christiania, est une ville de 10 000 âmes. — *Kongsberg*, près de là, a de célèbres mines d'argent. — *Frederikshald*, au S. E. de la même capitale, est célèbre par la mort de Charles XII, qui y fut tué en 1718. — La petite ville très-commerçante de *Christiansand* est vers l'extrémité méridionale de la Norvége, sur le Skager-Rack. — *Arendal*, au N. E. de Christiansand, est un port commerçant aussi. — *Stavanger*, ville de 12 000 âmes, dans le diocèse de Christiansand, est le port norvégien le plus important pour la pêche. — *Bergen*, place maritime, de 26 000 âmes, a été longtemps la ville la plus considérable de la Norvége. — *Trondhiem* (qu'on appelle ordinairement en français *Drontheim*) est dans une situation riante, sur un long golfe du même nom, avec 16 000 habitants. — *Rœraas*, au S. E. de Trondheim, est fameuse par ses mines de cuivre.

Le diocèse de Tromsœ, composé de la Laponie norvégienne, comprend le *Finmark*, c'est-à-dire le pays des *Finnois*, et le *Nordland* norvégien. On y voit la ville la plus septentrionale de l'Europe, *Hammerfest*, bâtie dans l'île Qvalœ, une des Lofoden. Ce lieu si reculé a un port fréquenté en été par de nombreux navires pêcheurs et marchands.

C'est vers les côtes du Nordland, dans la partie S. O. de l'archipel Lofoden, que se trouve le fameux gouffre de *Malstrœm*.

Les chemins de fer de Suède, la plupart encore en construction, sont :

1° Le chemin de l'O., de *Stockholm* à *Gothembourg ;*

2° Le chemin du S., se détachant du premier et se rendant à *Malmœ*, par *Norrkœping*, *Linkœping*, et *Lund ;*

3° Le chemin du N. O., de *Stockholm* à *Christiania*, par *Œrebro* et *Carlstad ;*

4° Les chemins du N., conduisant de *Stockholm* dans la *Dalécarlie* et à *Gefle*. Il s'y rattache le chemin de *Gefle* à *Fahlun ;*

5° Les chemins du Nordland (quelques tronçons faits).

En Norvége, on remarque :

1° Le chemin de *Christiania* à *Trondhiem* (en construction). Embranchement d'*Eidsvold* à *Kloften*, dans la direction de *Stockholm*.

2° Le chemin de *Christiania* à *Kongsberg* et à *Skien*, par *Drammen*.

Population, langue, religion, gouvernement, etc. — Les 5 600 000 habitants de la péninsule Scandinave appartiennent à quatre peuples différents : les *Suédois*, les *Norvégiens*, les *Lapons* et les *Finnois*.

Les Suédois sont généralement grands, robustes, accoutumés à une vie frugale et simple, et remarquables, surtout dans les campagnes, par des mœurs honnêtes et hospitalières. C'est un peuple essentiellement guerrier et patient, calme et persévérant.

Les Norvégiens offrent à peu près le même aspect physique : ils ont l'air sérieux, mais affable, et sont fort hospitaliers. Ils se distinguent par leur caractère d'indépendance et de franchise.

Les langues suédoise et norvégienne appartiennent à la même origine que le danois et l'allemand ; elles sont mâles et énergiques. Les sciences sont cultivées avec succès dans la Scandinavie, et le peuple y est généralement éclairé.

Les *Lapons* ou *Sam* forment, dans le N. de la Suède et de la Norvége, un peuple à part, remarquable par sa très-petite taille, son visage large, sa peau brune et huileuse, sa voix aigre et désagréable. Ils sont très-doux, gais, assez intelligents, et très-agiles, mais fort portés à la paresse. La civilisation a peu pénétré chez eux. La plupart sont nomades. Ils se nourissent du produit de leur chasse, de celui de leur pêche, et du lait et de la chair de leurs rennes. Leur langue se rapproche du finnois.

Il n'y a qu'un petit nombre de Finnois dans la Norvége septentrionale. Nous retrouverons ce peuple en plus grand nombre dans la Russie.

Le luthéranisme est la religion dominante. Il y a pour toute la péninsule un archevêché, celui d'Upsal. Le gouvernement de la Suède et de la Norvége est une monarchie constitutionnelle. Quoique réunies sous un même sceptre, ces deux contrées ont leurs lois spéciales, leurs assemblées législatives indépendantes, leurs douanes distinctes.

L'armée suédoise se compose de trois éléments : l'*indelta*, sorte de colonisation militaire, comptant environ 34 000 hommes ; la *værfvade*, formée d'enrôlements volontaires (8000 hommes); la *beværing* ou *landvehr*, levée par le moyen de la conscription, et pouvant réunir 100 000 hommes, mais non permanente. L'île de Gottland a sa milice particulière, composée de 8000 hommes. — L'armée norvégienne possède une organisation à part ; elle offre, en troupes permanentes, environ 24 000 hommes, et, en landvehr, 19 000 hommes. — La marine militaire de la Suède compte 122 bâtiments ; celle de la Norvége, 104.

Le revenu de la Suède est d'environ 45 000 000 de francs, et celui de la Norvége, de 27 000 000. La dette de la Suède est de 70 000 000 de francs ; celle de la Norvége, de 50 000 000.

La Scandinavie est fort riche en mines : il y a surtout d'excellent fer, du cuivre et de l'argent. Les forêts sont considérables, et donnent des sapins et des pins renommés. Cette péninsule n'est pas un pays manufacturier : les paysans fabriquent eux-mêmes presque tous les objets dont ils ont besoin. Il y a cependant des distilleries de grains, des brasseries, des tanneries, des fabriques de toile. La construction des navires pour le compte des autres peuples est une industrie particulière aux Suédois et aux Norvégiens.

Les exportations de la Suède sont de 130 000 000 de francs ; les importations sont un peu supérieures. Les exportations de la Norvége s'élèvent de 60 à 70 000 000 de francs, et les importations, à 100 000 000.

La Scandinavie exporte du fer, du cuivre, des bois de construction, du goudron, du poisson. Elle importe du coton, des cotonnades, de la laine, des lainages, des denrées coloniales, des vins, etc. Stockholm et Gothembourg, en Suède ; Christiania, Bergen, Arendal, Trondhiem, en Norvége, sont les principaux ports commerçants de la monarchie.

La Norvége est remarquable par une marine marchande extrêmement active. La Grande-Bretagne, les Etats-Unis et la France sont les seules puissances qui possèdent d'une manière absolue, un matériel de navigation supérieur à celui de ce pays, et le sien est *relativement* supérieur à tous les autres : ce matériel compte 600 000 tonneaux ; or, la population est de 1 500 000 habitants ; ce qui donne plus d'un tonneau pour 3 habitants, tandis que la France n'a qu'un tonneau pour 40 habitants.

Possessions hors de l'Europe. — La Suède ne possède hors de l'Europe qu'une colonie : c'est l'île de *Saint-Barthélemy*, une des Petites Antilles.

2° DANEMARK.

Introduction sur la géographie physique du Danemark. — Le Danemark, en danois *Danmark*, en allemand *Dænemark*, est situé dans le N. de l'Europe, entre la Baltique, à l'E., et la mer du Nord, à l'O., au S. de la péninsule Scandinave, dont il est séparé par le *Skager-Rack*, le *Cattégat* et le *Sund*. Sa latitude moyenne est au 55° degré et demi.

Il est composé de deux parties : à l'E., l'*archipel Danois*, et, à l'O., la partie N. de la *presqu'île Cimbrique*. Le premier comprend les îles de *Seeland* (en danois *Siællland*), *Mœen*, *Fionie* (en danois *Fyen*, en allemand *Fuhnen*), *Langeland*, *Laaland*, *Falster*, *Bornholm*, etc. Parmi les bras de mer qui baignent ces îles, on remarque surtout les trois passages qui font communiquer le Cattégat à la Baltique : c'est-à-dire le *Sund*, entre Seeland et la Suède ; le *Grand-Belt*, entre Seeland et Fionie, et le *Petit-Belt*, entre Fionie et la presqu'île Cimbrique. La partie danoise de la presqu'île Cimbrique comprend le *Jutland* et le *Slesvig septentrional*. Elle s'allonge du S. au N., et se termine par le cap *Skagen*; elle est coupée au milieu par le long bras de mer du *Liimfiord*.

L'archipel et la presqu'île réunis offrent une étendue d'environ 38 000 kilomètres carrés; la population est de 1 800 000 habitants.

Naguère, la monarchie Danoise s'étendait au S. jusqu'à l'Elbe, et renfermait environ 2 800 000 âmes, sur une étendue de 56 000 kilomètres carrés. Mais une guerre récente qu'il a eu à soutenir contre les Austro-Prussiens lui a fait perdre le Slesvig, le Holstein et le Lauenbourg, situés au S. du Jutland et formant, avec celui-ci, ce que les anciens appelaient la *Chersonèse Cimbrique.*

Le Danemark a un climat généralement assez doux pour la latitude; le sol y est assez fertile, surtout dans les îles. Il y a de bons pâturages, de bonnes récoltes de blé, de chanvre, de lin, de tabac, de houblon, de colza.

Il n'y a ni montagnes ni fleuves considérables.

Principales divisions administratives; villes importantes, etc. — L'île de Seeland a sur sa côte orientale la capitale du royaume, COPENHAGUE (en danois *Kiœbenhavn*), à l'endroit le plus large du Sund; c'est une des plus belles villes de l'Europe, et sa population s'élève à 155 000 âmes. — *Elseneur* (en danois *Helsingœr*), dans le N. E. de la même île, est un port très-commerçant, à l'endroit le plus resserré du Sund.

L'île de Fionie a pour chef-lieu *Odense*.

Le Jutland est un pays très-froid, peu fertile, rempli de petits lacs, de sables et de bruyères. Les villes principales y sont : *Viborg*, au centre; — *Aalborg*, au N. E., près de l'entrée et sur la côte méridionale du Liimfiord; — *Aarhuus*, à l'E.; — *Fredericia*, place forte, au S. E.

Le Danemark possède, dans le N. de l'océan Atlantique, les îles *Færœer*, situées au N. O. des îles Britanniques; elles sont assez riches en troupeaux et ont une population laborieuse. On trouve sur leurs côtes beaucoup de nids de ces précieux canards nommés eiders, dont la plume est un objet important de commerce.

Les principaux chemins de fer danois sont : dans les îles de *Copenhague* à *Elseneur*, et à *Korsœer*, par *Rœskilde*; *Odense*, à *Nyborg* et à *Middelfart*; — sur le continent, d'*Aarhuus* à *Randers* et à *Viborg*.

Population, langue, religion, gouvernement, etc. — Les 2 000 000 d'habitants du Danemark parlent danois, une des langues d'origine tudesque.

Ce peuple se distingue par des mœurs honnêtes, par de précieuses vertus privées et par l'amour de l'ordre et du travail. L'instruction est très-répandue en Danemark.

Le luthéranisme est la religion dominante.

Le gouvernement est une monarchie, limitée par une assemblée nommée *Rigsdad*.

L'armée est de 30 000 hommes, sur le pied de guerre.

La marine militaire compte 120 bâtiments.

Le revenu de l'Etat s'élève à 100 000 000 de francs. Un des principaux éléments du revenu du royaume, le droit payé par tous les navires de commerce qui passaient par le *Sund*, a été aboli en 1857, par le rachat qu'en ont fait les principales puissances maritimes. — La dette publique est de 745 000 000 de francs.

Le Danemark est un pays essentiellement agricole; les productions territoriales en constituent la principale richesse. Il y a peu de fabriques d'étoffes ou autres. Ce royaume tire donc de l'étranger ses articles de luxe et la plupart de ceux qui sont d'un usage plus général.

Les exportations danoises s'élèvent à environ 100 millions de francs; les importations, à 200 millions.

Le Danemark exporte ses produits agricoles, de la bière, des esprits, des bœufs, des chevaux, des peaux, du poisson, des plumes d'eider, etc. Il importe des produits manufacturés, des vins, du fer, de l'huile, des fruits, des bois. Copenhague et Elseneur en sont les principaux ports.

Une heureuse situation maritime a élevé ce petit royaume à un rang très-brillant parmi les nations commerçantes.

Possessions hors de l'Europe. — L'Islande (en danois *Island*, en anglais *Iceland*, c'est-à-dire terre de glace), qu'on doit rattacher à l'Amérique plutôt qu'à l'Europe, se trouve sur la limite de l'océan Atlantique et de l'océan Glacial arctique. C'est un des pays les plus froids et les plus stériles, mais un des plus intéressants par ses curiosités naturelles. Il est hérissé de montagnes volcaniques, qui font souvent des éruptions, et dont la plus célèbre est le mont Hekla, au S. Les côtes sont déchirées par d'innombrables golfes; l'intérieur est parsemé de beaucoup de lacs, et l'on y trouve de nombreuses sources chaudes, telles que les *Geisers*, qui s'élancent, en jets magnifiques, à une grande hauteur.

L'île ne produit ni blé ni arbres : les pommes de terre y sont le principal objet de culture, et l'on n'y voit que quelques maigres arbrisseaux. Il y a de bons pâturages et d'assez nombreux troupeaux. Le chef-lieu, *Reikiavik*, sur la côte S. O., mérite à peine le nom de ville. Les autres endroits remarquables sont : *Skalholt*, vers le mont Hekla, et *Holar*, sur la côte septentrionale. — L'Islande, quoique plus grande que l'archipel Danois et la presqu'île Cimbrique réunis, ne renferme que 65 000 âmes. Ses habitants descendent généralement des Norvégiens qui la colonisèrent dans le IXe siècle. La langue islandaise est un dialecte du norvégien.

Le Groenland, autre dépendance du Danemark, est une grande terre très-froide et peu connue, qui fait partie de l'Amérique, mais sans tenir au continent américain : on y a formé, sur la côte occidentale, plusieurs établissements pour la pêche; les principaux sont *Julianeshaab*, *Godthaab* et *Godhavn*.

Le Danemark possède aussi les îles de *Saint-Thomas*, de *Sainte-Croix* et de *Saint-Jean*, dans les Petites Antilles.

Les colonies danoises ont une population de 120 000 âmes.

ALLEMAGNE EN GÉNÉRAL.

DESCRIPTION PHYSIQUE. — POPULATION, LANGUE, RELIGION, GOUVERNEMENT.

Description physique. — L'Allemagne, appelée en allemand *Deutschland*, c'est-à-dire pays des *Deutsch* (*Teutons*), est une vaste contrée qui s'étend dans le milieu de l'Europe, entre 45° et 55° de latitude N., à l'E. des Pays-Bas, de la Belgique et de la France, au N. de la Suisse et de l'Italie.

Elle est baignée au N. par la mer Baltique et la mer du Nord ou d'Allemagne. Ailleurs, ses frontières naturelles sont, à l'O., le Rhin, du côté de la France; au S., le Rhin encore, du côté de la Suisse, et les Alpes, du côté de l'Italie et du littoral illyrien. — Quand elle formait, il y a peu de temps, la *confédération Germanique*, on la considérait comme s'avançant dans cette dernière direction jusqu'à la mer Adriatique; mais, comme région physique, elle ne paraît pouvoir être étendue jusque-là. — A l'E., ses limites sont très-vagues, vers les pays slaves et hongrois, avec lesquels elle se confond presque partout.

Cette région a 1100 kilomètres de longueur, du N. au S., 1000 kilomètres de largeur, de l'E. à l'O., et plus de 600 000 kilomètres carrés. Elle est plus étendue que la France, et a aussi plus d'habitants : environ 45 000 000 (en y comprenant la Bohème, et la Moravie, qui sont cependant plutôt slaves qu'allemandes).

Le midi de l'Allemagne est très-montagneux : les Alpes y présentent leurs sommets couverts de neige et de glace; mais, à leur pied, s'ouvrent des vallées riantes et chaudes. Le milieu offre un mélange agréable de collines, de vallons fertiles et de belles forêts. Le nord a des plaines sablonneuses, des marécages, et il y règne un climat froid et humide.

La température de l'Allemagne est, en général, à latitude égale, un peu plus basse qu'en France.

L'Allemagne est traversée par la grande arête qui sépare l'Europe en versants du N. et du S.

Cette arête y entre à l'E. avec les monts *Sudètes*, et continue avec les monts *Moraves*, ceux de la *Forêt de Bohème* (*Bœhmer-wald*) les montagnes des *Pins* (*Fichtelgebirge* [1]), les *Alpes de Souabe* ou *Jura de Souabe*, ou *Alpes Rudes*, les montagnes de la *Forêt-Noire* (*Schwarz-wald*) et le mont *Arlberg;* de là, elle va rejoindre les Alpes, en Suisse.

La plus remarquable des branches qui se rattachent à cette arête est celle qui se compose des *Alpes Rhétiques*, des *Alpes Carniques* et des *Alpes Juliennes* [2]. Cette branche se sépare de l'arête en Suisse, et court de l'O. à l'E. dans le S. de l'Allemagne, entre le versant de la mer Noire et celui de l'Adriatique. Elle contient les plus hauts sommets allemands : les principaux sont le mont *Ortles* et le groupe de *Bernina*, d'une altitude de 3900 à 4000 mètres.

De grands rameaux se séparent des Alpes Rhétiques et Carniques sous les noms d'*Alpes Bavaroises*, *Salzbourgeoises*, *Noriques* et *Styriennes*.

Plusieurs branches se détachent, du côté du N. de l'arête principale, et se répandent dans les parties moyennes et septentrionales de l'Allemagne. La première qui se présente, si l'on va de l'E. à l'O., est formée du *Riesengebirge* (*montagnes des Géants*), qui se prolonge entre le bassin de la Baltique et celui de la mer du Nord.

La seconde comprend l'*Erz-gebirge* (*montagnes des Mines*), où l'on trouve beaucoup de métaux.

La troisième est la chaîne de la *Forêt de Thuringe* (*Thüringer-wald*), à laquelle se joignent, assez loin vers

1. *Gebirge* signifie *montagnes*, et *wald*, *forêt*.
2. Ces Alpes tirent ce nom d'une route que Jules César y fit établir.

le N., les montagnes du *Harz*, célèbres par leurs mines de fer, de plomb, d'argent, de cuivre, de zinc et d'or, et par leurs curiosités naturelles.

L'Allemagne est divisée en deux grands versants : celui du N., incliné vers les mers que forme l'Atlantique, et celui du S., incliné vers la mer Noire.

Le versant du N. est partagé en deux autres : le versant de la mer Baltique et le versant de la mer du Nord.

Sur le versant de la Baltique, on voit couler l'*Oder*, qui reçoit la *Warthe* par sa rive droite, et qui se jette dans la mer par l'espèce de golfe ou de lac qu'on nomme *Grand Haff* ou *Pommersche-Haff*, c'est-à-dire *golfe de Poméranie*.

On remarque encore, sur le même versant, la *Trave*, qui vient déboucher à l'extrémité S. O. de la Baltique.

Sur le versant de la mer du Nord, on trouve d'abord l'*Eider*, puis l'*Elbe*, grand et beau fleuve, qui descend des montagnes des Géants, franchit un col étroit, resserré entre ces montagnes et l'Erz-gebirge, et arrive à la mer par une large embouchure : il reçoit, à droite, le *Havel*, dont le cours est plein de lacs, et qui se grossit lui-même de la *Sprée;* à gauche, il a pour affluents la *Moldau*, la *Mulde* et la *Saale*, qui arrosent quelques-unes des plus belles contrées de l'Allemagne.

Un peu à l'O. de l'Elbe, on rencontre le *Weser*, qui se forme par la réunion de la *Fulde* et de la *Werra*, reçoit à droite l'*Aller*, et se jette aussi dans la mer par une large embouchure.

L'*Iahde*, près et à l'O. du Weser, tombe dans une baie à laquelle elle donne son nom, et qui fut produite en 1218 par une inondation de la mer.

L'*Ems* est un petit fleuve qui a son embouchure sur la frontière des Pays-Bas, où il mêle ses eaux à celles de la baie de *Dollart*, formé par une autre inondation dans le treizième siècle.

Le plus occidental et le plus grand fleuve de ce versant est le *Rhin* (en allemand *Rhein*); il vient de la Suisse, sépare longtemps l'Allemagne de cette république, ensuite de la France, et traverse l'O. de l'Allemagne, où il offre un courant large et magnifique; il y reçoit, à gauche, la *Moselle* (en allemand *Mosel*), grossie de la *Sarre*, et, à droite, le *Neckar* ou *Necker*, le *Main*, la *Lahn* et la *Lippe*.

Le versant de la mer Noire se trouve encaissé, en Allemagne, entre l'arête principale, au N. et à l'O., et les Alpes, au S. Au fond de ce grand bassin naturel, coule le *Danube* (en allemand *Donau*), qui descend de la Forêt-Noire, se dirige à l'E., et va, loin de l'Allemagne, tomber dans la mer Noire. Il reçoit, à gauche, l'*Altmuhl* et la *March* ou *Morava;* à droite, le *Lech*, l'*Isar*, l'*Inn*, très-grande rivière, qui, en se mêlant au Danube, est aussi large et aussi volumineuse que ce fleuve même.

Si l'on considérait le Tyrol tout entier comme un pays allemand, on ajouterait encore aux cours d'eau allemands l'*Adige* (*Etsch*), qui coule dans ce pays et se dirige vers la mer Adriatique; mais la partie du Tyrol qu'il arrose est physiquement italienne, et il ne paraît pas qu'on puisse attribuer ce fleuve à l'Allemagne.

Le canal *Louis* ou *Charlemagne*, unissant l'Altmuhl et la Regnitz, affluent du Main, joint par ce moyen le Danube au Rhin, et par conséquent la mer Noire et la mer du Nord.

Le canal de *Frédéric-Guillaume* s'étend de la Sprée à l'Oder, et unit ainsi ce dernier à l'Elbe.

Le canal de *Steckenitz* joint l'Elbe à la Trave, et par suite la mer du Nord à la mer Baltique. — Le canal de *Kiel* ou de *Slesvig-Holstein* unit aussi ces deux mers, en s'étendant de la Baltique à l'Eider.

On a projeté un canal plus considérable, propre à la grande navigation, pour joindre les deux mers, à la hauteur de l'embouchure de l'Elbe.

L'Allemagne n'a pas un grand nombre de lacs; les parties septentrionales, voisines de la mer Baltique, sont celles où l'on en trouve le plus : on y remarque surtout le lac de *Muritz*, qui s'écoule dans l'Elbe.

Dans le S., on distingue celui de *Chiem*, qui verse ses eaux dans l'Inn, et ceux de *Wurm* et d'*Ammer*, qui s'écoulent dans l'Isar.

Le lac de *Constance*, que les Allemands appellent *Bo-*

den-see, étend sa magnifique masse d'eau sur la frontière de l'Allemagne et de la Suisse.

Population, langue, religion, industrie et commerce. — La population de l'Allemagne, évaluée, comme on l'a vu, à 45 millions d'habitants, appartient à deux familles principales : les *Allemands proprement dits* (*Deutsch* ou *Teutsch*, d'où le mot français *Tudesques*), au nombre d'environ 36 millions; et les *Slaves*, au nombre de 7 à 8 millions, divisés en *Wendes*, *Slovènes*, *Slovaques*, *Moraves*, *Tchèkhes* ou *Bohèmes*, etc. Il y a un assez grand nombre de *Juifs*, répandus à peu près partout; des *Wallons* (d'origine française), vers le cours inférieur du Rhin, et des *Italiens*, vers le S.

Les Allemands sont en général grands et robustes : la plupart ont les cheveux blonds et les yeux bleus. C'est un peuple grave, réfléchi, laborieux, franc et simple. Doué d'un esprit observateur et d'un génie inventif, il a fait faire de grands progrès aux sciences et aux arts. Cependant il faut reprocher à l'Allemand sa facile exaltation et les écarts fréquents de son imagination.

La langue allemande est belle et poétique. Elle est parlée universellement en Allemagne; néanmoins chaque peuple slave a sa langue particulière; la langue romane et la langue italienne sont répandues dans une partie du Tyrol et de l'Illyrie.

Toutes les religions sont tolérées en Allemagne, et c'est sans doute le pays d'Europe où l'on trouve la plus grande diversité de cultes. Au S., la religion catholique domine; au N., règne généralement la religion protestante, comprenant des luthériens et des calvinistes.

L'instruction est fort répandue en Allemagne; il y a vingt universités et une infinité de gymnases, de musées, de sociétés littéraires, de bibliothèques publiques, etc.; beaucoup d'hommes de génie et de talent ont enrichi la littérature allemande.

L'Allemagne est riche en mines : il y a de l'or, de

l'argent, du cuivre, du fer, du plomb, de l'étain, du mercure, du manganèse, du cobalt, de l'arsenic, du sel gemme, de l'alun, de la houille, des pierres précieuses.

Le sol est généralement fertile et bien cultivé. Les céréales, les pommes de terre, le chanvre, le lin, les plantes oléagineuses, le houblon, la garance, le pastel, le tabac, la vigne (qui est cultivée jusqu'au 51e parallèle), sont les principaux produits végétaux.

Les bœufs, les moutons, les chevaux, les porcs, sont nombreux et estimés.

L'industrie de l'Allemagne offre un grand développement : elle consiste en tissus de lin et de coton, draps, blondes, dentelles, soieries, ouvrages en fer et en acier de la Saxe, de la Prusse et de la Styrie, ouvrages en or et en argent de la Bavière et de la Hesse, pendules en bois de la Forêt-Noire, ouvrages en bois et autres articles de Nuremberg, orfévrerie, quincaillerie, verres de Bohème, glaces, cuirs, porcelaines de Saxe, etc.

Le commerce a été longtemps entravé par la multiplicité des petits états, qui avaient, chacun, leurs douanes particulières ; mais, depuis 1833, il s'est formé, sous l'influence de la Prusse, une association commerciale appelée *Zollverein* (union des douanes), qui possède une frontière générale de douanes, de sorte que tous les états de l'association sont enfermés dans l'uniformité d'un même tarif; cependant quelques gouvernements n'y ont pas accédé. Cette union a affranchi le commerce intérieur de la plus grande partie de ses charges; elle a rendu la circulation et les échanges plus faciles.

C'est surtout par les ports de Hambourg, de Brème, de Lübeck, au N., et par celui de Trieste, au S., que se fait le commerce maritime de l'Allemagne; mais la plus grande partie du commerce s'opère par la voie de terre. Ce pays exporte des laines, des bois, des fils de chanvre et de lin, des toiles, des peaux, de la houille, des métaux, des ouvrages en fer, en acier, en cuivre, des graines oléagineuses, des céréales, des vins du Rhin, des bestiaux, de l'horlogerie en bois, de la bimbeloterie, de la mercerie, des livres, des instruments aratoires, du houblon, des eaux minérales, des jouets d'enfants, de la potasse. Il importe des denrées coloniales, des cotons bruts et filés; des vins de France, de la soie, des bois de teinture, des fruits du midi, de l'huile, des articles de Paris, etc.

Gouvernement.—De 1815 à 1866, l'Allemagne a formé la *confédération Germanique*, qui se composait en dernier lieu de 34 états: trois d'entre eux, la *Prusse*, l'*Autriche* et les *Pays-Bas*, avaient à la fois des provinces dans la confédération et hors de la confédération. Les 31 autres étaient entièrement allemands. Les affaires générales de l'association étaient réglées par la Diète, composée des députés de tous les états et siégeant à Francfort-sur-le-Main.

A la suite de la guerre de 1866, de grands changements se sont opérés: l'Autriche a cessé de faire partie de cette association. La Prusse a réuni à ses possessions plusieurs des 31 états entièrement allemands, elle s'est instituée protectrice de plusieurs autres, et elle forme avec eux la *confédération de l'Allemagne du Nord*, qui s'arrête vers le sud au cours du Main. (Voir la PRUSSE.)

Les *Etats de l'Allemagne du Sud*, seuls restés en dehors de la suprématie de la Prusse, sont le royaume de *Bavière*, le grand-duché de *Hesse*, le royaume de *Wurtemberg*, le grand-duché de *Bade*, et la principauté de *Liechtenstein*.

ÉTATS DE L'ALLEMAGNE DU SUD.

DIVISIONS PRINCIPALES, VILLES IMPORTANTES.

La BAVIÈRE, en allemand *Baiern*, est l'état le plus considérable de l'Allemagne du Sud: elle renferme 75 000 kilomètres carrés et 4 700 000 habitants; elle se compose de deux parties séparées : la *Bavière orientale* et la *Bavière rhénane*.

La première, qui est beaucoup plus étendue que l'autre, comprend, au S. E., la *Bavière propre;* au N., l'ancienne *Franconie* (dont une partie au N. du Main vient d'être cédée à la Prusse), et le *Haut-Palatinat;* au S. O., une partie de l'ancienne *Souabe*. Elle est traversée au milieu par le Danube, qui coule de l'O. à l'E. et reçoit le Lech, l'Isar, l'Inn, l'Altmuhl. Dans le N., on voit le Main, qui se dirige de l'E. à l'O., et qui a pour affluent principal la Regnitz. Au N. du Main, on remarque les montagnes du Rhœn-gebirge et du Franken-wald; entre cette rivière et le Danube, s'élève le Fichtel-gebirge. Dans le S., le pays est couvert par des ramifications des Alpes Rhétiques, particulièrement les montagnes de l'*Allgau*, et renferme les lacs de Chiem, de Wurm et d'Ammer; il s'avance au S. O. jusqu'au lac de Constance.

Munich, en allemand *Munchen*, capitale du royaume, est une grande et belle ville, située sur l'Isar et peuplée de 150 000 habitants; elle possède de nombreux et importants établissements relatifs aux beaux-arts et aux sciences : tels sont le musée de peinture, la bibliothèque royale (de huit cent mille volumes), l'université, etc. La lithographie y a été inventée.

Les autres villes remarquables du bassin du Danube sont : *Augsbourg*, ancienne et irrégulière, mais riche et très-commerçante, entourée d'une magnifique plaine, et peuplée de 50 000 habitants; — *Ingolstadt*, avec 20 000 habitants, sur le Danube; — *Ratisbonne*, en allemand *Regensburg*, au confluent de la Regen et du Danube : ville ancienne, qui fut longtemps le siége de la diète de l'empire Germanique, et qui compte 30 000 habitants; — *Landshut*, belle ville, sur l'Isar; — *Passau*, place forte, très-agréablement placée au confluent de l'Inn et du Danube; — *Eichstædt*, qui fut l'apanage d'Eugène de Beauharnais; — *Hochstædt*, *Donauwerth*, *Nordlingen*, *Eckmuhl*, célèbres par des batailles.

Dans le bassin du Main, on distingue : *Anspach* ou

Ansbach, située sur la Rezat, affluent de la Regnitz), et ornée de belles promenades; — *Schwabach*, renommée par ses fabriques d'aiguilles, d'épingles, etc.; —*Nuremberg* ou *Nürnberg*, sur la Pegnitz, affluent de la Regnitz: ville de 70000 âmes, intéressante par son grand commerce et ses nombreuses fabriques d'instruments de musique et de mathématiques, de lunettes, de jouets d'enfants, de chapelets, etc., par ses curieuses constructions du moyen âge, par la naissance du célèbre peintre Albert Durer, enfin par plusieurs inventions (celles des montres, des pendules, des filières à tirer le fil de fer, des fusils à vent, des batteries d'armes à feu, de la clarinette, du laiton et de la fameuse sphère terrestre de Martin Behaim, faite en 1492); — *Furth*, autre ville fort industrieuse, et peuplée de 20000 habitants, avec une université juive; — *Erlangen*, qui possède une université protestante; — *Bamberg*, ville de 25000 âmes, sur la Regnitz, avec le magnifique château de Petersberg; — *Bayreuth*, belle ville, sur le Main, au pied du Fichtelgebirge; — *Würzbourg*, ville de 40000 habitants, aussi sur le Main, avec une citadelle célèbre, une université et des vignobles renommés; — *Aschaffenbourg*, où l'on remarque un magnifique château; — *Kissingen*, avec des eaux minérales très-fréquentées.

Au bord du lac de Constance, se trouve *Lindau*.

La division nommée Bavière rhénane ou cercle du Palatinat s'étend sur la gauche du Rhin, au N. de l'Alsace et au S. O. de la Hesse-Darmstadt. C'est une partie de l'ancien Bas-Palatinat ou Palatinat du Rhin. La chaîne des Vosges en couvre une partie, et y présente le mont Tonnerre ou Donnersberg. C'est un pays fertile, très-riant, et où l'agriculture, l'industrie et l'instruction sont fort avancées.

Le chef-lieu de la Bavière rhénane est *Spire*, en allemand *Speyer*, près du Rhin. — *Deux-Ponts* ou *Zweybrucken* est une jolie petite ville, qui fut la capitale d'un important duché du même nom. — *Landau* a d'imposantes fortifications.

L'armée de la Bavière est de 78000 hommes. Son revenu est de 100 millions de francs, et sa dette publique, de 700 millions.

Le GRAND-DUCHÉ DE HESSE ou de HESSE-DARMSTADT est un pays agréable et fertile, surtout sur les bords du Rhin et du Main; on y voit une agréable succession de riches vignobles, de beaux vergers et de champs de céréales.

La capitale est *Darmstadt*, ville de 30 000 âmes.— Mais la plus grande ville est *Mayence*, en allemand *Mainz*, qui s'élève dans un pays superbe, vers le confluent du Rhin et du Main; elle a 40 000 habitants et d'importantes fortifications. Gutenberg, inventeur de l'imprimerie, y naquit en 1400, et cette cité fut, avec Strasbourg, le berceau de l'art typographique.

On trouve encore, dans le grand-duché de Hesse, *Worms*, antique cité, sur le Rhin; — *Offenbach*, florissante par son industrie.

La partie du grand-duché qui est située au N. du Main et qui s'appelle *Hesse supérieure*, a été comprise dans la nouvelle confédération de l'Allemagne du Nord (voir p. 174).

Le royaume de WURTEMBERG est un des états principaux de l'Allemagne, et compte environ 1 700 000 habitants. On y trouve à chaque pas le contraste d'une nature sauvage et pittoresque avec une région fertile et embellie par les soins de l'homme. C'est un des pays les plus peuplés et les plus industrieux de l'Europe. Les Alpes de Souabe, qu'on appelle aussi Jura de Souabe et Rauhe-Alp (Alpes Rudes), traversent ce royaume de l'E. à l'O., et y présentent des sommets âpres et rocailleux. Les montagnes de la Forêt-Noire s'élèvent sur la limite occidentale. Des forêts d'arbres fruitiers s'étendent sur les parties basses de leurs pentes, et l'on y remarque surtout le merisier, dont le fruit distillé donne le kirschwasser. Au N. des Alpes de Souabe, coule le Neckar, affluent du

Rhin ; au S. de cette chaîne, on voit le Danube. Le Wurtemberg s'étend vers le midi jusqu'au lac de Constance.

La capitale, *Stuttgart*, se trouve dans une jolie vallée. près du Neckar; la ville proprement dite est mal bâtie, mais les faubourgs sont beaux. La population est de 56 000 âmes. — *Canstadt*, près de Stuttgart, sur le Neckar, dans une position charmante, a des eaux minérales. — *Louisbourg* ou *Ludwigsburg*, un peu au N. de Stuttgart, sur le Neckar, est une résidence royale, et possède un beau château. — *Heilbronn* se recommande par son industrie. — *Hall* est célèbre par ses sources salées; — *Wildbad*, par ses bains d'eaux minérales. — *Tubingen*, connue par son université, s'élève près du Neckar. — *Esslingen*, sur la même rivière, rappelle le poëte Wieland, qui y fut élevé. — *Marbach* est la patrie de Schiller; — *Weil*, celle de Kepler. — *Reutlingen* est peuplée de 15 000 habitants.

Toutes les villes précécentes sont dans le bassin du Rhin. On ne remarque dans celui du Danube que la ville d'*Ulm*, place forte et assez commerçante, de 25 000 habitants, célèbre par la capitulation de 1805.

Le grand-duché de BADE, en allemand *Baden*, est un pays long et étroit, qui est resserré entre le Würtemberg et le Rhin, et qui se prolonge du N. au S., depuis le Main jusqu'au lac de Constance. La Forêt-Noire forme en grande partie la limite orientale de cet état, et elle en couvre tout le sud. Il y a des vignobles renommés vers les bords du Rhin, et vers ceux du Main et du Neckar, qui arrosent le nord du pays. Le Danube a sa source dans la partie orientale. La population du grand-duché est de 1 400 000 habitants.

La capitale est *Carlsruhe*, ville de 30 000 habitants, fort belle et très-régulièrement bâtie : toutes ses principales rues partent du château ducal, en divergeant comme les branches d'un éventail.

Manheim ou *Mannheim*, dans le nord, au confluent du Neckar et du Rhin, est belle, fort commerçante, et renferme 27000 âmes. — *Heidelberg*, avec 17000 habitants, sur le Neckar, a une fameuse université, et l'on y voit les magnifiques restes du château des électeurs palatins [1]. Dans les caves de ce château, est un foudre qui contient 280000 litres.

Vers le milieu du grand-duché, on remarque: *Rastadt*, célèbre par les conférences de 1714 et de 1798; — *Bade* ou *Baden*, surnommée *Baden-Baden*, pour la distinguer de plusieurs autres lieux du même nom, et ainsi appelée de ses *bains* d'eaux minérales, fréquentés par un grand nombre de riches étrangers; — *Sassbach*, où Turenne fut tué en 1675; — *Kehl*, en face de Strasbourg.

Dans le sud, on distingue: *Fribourg-en-Brisgau*, en allemand *Freiburg*, ville de 17000 âmes, avec une importante université; — *Vieux-Brisach*, autrefois célèbre par ses fortifications, sur le Rhin; — et *Constance*, en allemand *Constanz*, sur la frontière de la Suisse, à l'endroit où le Rhin sort du lac de Constance pour entrer bientôt dans le lac Inférieur; il s'y tint, de 1414 à 1418, un célèbre concile.

La principauté de LIECHTENSTEIN, placée sur la rive droite du Rhin, à 20 kilomètres au S. du lac de Constance, entre le Tyrol et la Suisse, est un des plus petits états allemands: on n'y compte que 7000 habitants. La capitale est le bourg de *Vadutz*, à côté duquel s'élève le château de *Liechtenstein*, agréablement situé près du Rhin.

Les principaux chemins de fer de l'Allemagne du Sud sont ceux qui se dirigent de *Munich*, à l'O., sur *Augsbourg*, et, à l'E., sur *Vienne*, soit par *Salzbourg*, soit par *Landshut* et *Passau*, avec un embranchement sur *Ratisbonne*; —

1. Les comtes palatins n'étaient d'abord que des magistrats temporaires, chargés de rendre la justice dans divers palais (en latin *palatia*) de l'Allemagne. Au onzième siècle, cet emploi devint héréditaire dans une famille qui gouvernait le territoire de Heidelberg. On nomma *Palatinat* le pays qui était soumis à ces princes. On distinguait deux Palatinats : le *Palatinat du Rhin*, et le *Haut-Palatinat*, au nord du Danube.

d'*Augsbourg* sur *Ulm* et *Stuttgart*, d'un côté, sur *Nuremberg* et *Leipzig*, de l'autre, et sur le *lac de Constance*, vers le sud ;— de *Francfort* sur *Bâle*, en longeant la rive droite du Rhin et en passant par *Darmstadt* et *Carlsruhe*, avec un embranchement sur *Stuttgart*; — de *Mayence* à *Strasbourg*, par la Bavière rhénane, et de la même ville à *Metz*.

PRUSSE ET CONFÉDÉRATION DE L'ALLEMAGNE DU NORD.

SITUATION GÉOGRAPHIQUE; DIVISION EN PROVINCES; PRINCIPALES VILLES D'INDUSTRIE ET DE COMMERCE, POPULATION, LANGUE, RELIGION, GOUVERNEMENT, ETC.

PRUSSE.

Situation geographique. — La Prusse, en allemand *Preussen*, qui se composait récemment encore de deux parties séparées par divers états de l'Allemagne, est maintenant un territoire compacte et ininterrompu, qui s'étend de l'E. à l'O., depuis la Russie jusqu'aux Pays-Bas, à la Belgique et à la France (sans avoir vers ces pays des limites bien naturelles), et du N. au S., depuis la mer Baltique et la mer du Nord jusqu'aux monts Sudètes et des Géants, du côté de l'Autriche, et jusqu'au Main, du côté des Etats de l'Allemagne méridionale.

Sa latitude moyenne est au 52e degré et demi. Sa longueur, du N. E au S. O., est de 1200 kilomètres. Sa plus grande largeur, de N. O. au S. E., est de 800 kilomètres. Sa superficie embrasse 355000 kilomètres carrés; elle n'était que de 279000 kilomètres avant les conquêtes de 1866. Sa population, qui n'était que de 19 millions d'habitants, s'élève aujourd'hui à 24 millions.

La partie orientale du royaume présente, surtout dans le voisinage de la Baltique, de vastes plaines, monotones, remplies de petits lacs, de marais et de sable, et couvertes de bois. A mesure qu'on s'avance vers le S., le pays s'élève, et l'on trouve enfin d'assez hautes montagnes vers les frontières méridionales : les monts *Sudètes* et les monts des *Géants* (*Riesen-gebirge*) ont une altitude de 1600 mètres.

Vers le milieu des États Prussiens, s'élève le *Harz* (1140 mètres), riche en productions minérales. — Dans l'O., sont les monts *Eifel*, de nature volcanique, et les hauteurs du *Hunsrück*.

Les fleuves de la monarchie sont distribués en deux versants maritimes : celui de la Baltique et celui de la mer du Nord.

Sur le versant de la Baltique, on remarque : l'*Oder*, qui se grossit de la *Neisse* et de la *Warthe*, et qui va se jeter dans le *Pommersche-Haff* ou *Stettiner-Haff*, espèce de lac, dont l'eau est douce, quoiqu'il communique avec la Baltique ; — la *Vistule*, en polonais *Wisla*, en allemand *Weichsel*, divisée, vers son embouchure, en trois branches, dont deux vont dans le *Frische-Haff*, et la troisième se rend directement dans la mer, par le golfe de Dantzick ; — le *Pregel*, qui tombe dans ce même Frische-Haff ; — le *Niémen* ou *Memel*, qui se jette dans le *Curische-Haff*.

C'est particulièrement vers le Frische-Haff et le Curische-Haff que l'on recueille le *succin* ou *ambre jaune*.

Sur le versant de la mer du Nord, coulent l'*Elbe*, qui reçoit la *Mulde*, la *Saale* et le *Havel*, grossi de la *Sprée* ; — le *Weser*, qui se forme de la réunion de la *Werra* et de la *Fulde* ; — l'*Iahde*, qui a une très-large embouchure ; — l'*Ems* qui se jette dans la baie de *Dollart*, sur la frontière des Pays-Bas ; — le *Rhin*, qui est très-large et très-beau sur le territoire prussien et qui reçoit la *Lahn*, la *Ruhr* et la *Lippe*, à droite, et la *Moselle*, à gauche.

La Prusse est tout entière inclinée au N., et le climat y est généralement un peu froid ; il est très-humide vers la Baltique. La région qui appartient au versant de la mer du Nord est la plus variée dans ses aspects, la plus fertile, la plus industrieuse et la plus peuplée; la vigne y réussit. Il y a beaucoup de mines.

Division en provinces; principales villes d'industrie et de commerce, etc. — On peut diviser la Prusse en deux divisions générales: 1° les *anciennes provinces;* 2° les *provinces nouvellement annexées.*

Anciennes provinces.

Les anciennes provinces sont au nombre de huit:

Deux sont situées hors de l'Allemagne et habitées généralement par des populations slaves et lettonnes: ce sont celles de *Prusse* et de *Posen*. Les six autres, placées en Allemagne, sont la *Poméranie*, le *Brandebourg*, la *Silésie*, la *Saxe*, la *Westphalie* et le *Rhin*.

Provinces slaves et lettonnes. — La province de PRUSSE (divisée en PRUSSE ORIENTALE et PRUSSE OCCIDENTALE), qui porta longtemps seule le nom de Prusse, et qui est l'origine du royaume, est la province la plus orientale : elle s'étend sur la côte de la Baltique, vers le golfe de Dantzick, autour du Curische-Haff et du Frische-Haff, et sur les bords de la Vistule, du Pregel et du Niémen. Le terrain est presque partout plat, et offre un mélange de landes sablonneuses, de lacs, de bois et de dunes; cependant il y a aussi des plaines fertiles en blé. On parle, dans ce pays, le polonais et le letton; mais l'allemand est usité dans les classes élevées.

Le chef-lieu de la province de Prusse, et en particulier de la Prusse orientale, est *Kœnigsberg*, en polonais *Krolewiecz*, sur le Pregel, près de l'extrémité orientale du Frische-Haff. Cette ville a 18 kilomètres de tour, et cependant elle ne compte que 90 000 habitants. Elle a une importante université; c'est la patrie du philosophe Kant.

A l'O. de Kœnigsberg, on voit la forteresse et le port de *Pillau*, à l'extrémité d'une étroite presqu'île qui s'avance entre la Baltique et le Frische-Haff : les environs, couverts de jolis jardins, de bois et de villages riants, ont été appelés le *paradis terrestre* de la Prusse.

Memel est une autre place forte et un port florissant, à l'extrémité septentrionale du Curische-Haff, sur le canal qui unit ce lac à la Baltique.

Tilsit, ville de 15 000 habitants, sur le Niémen, est célèbre par l'entrevue de Napoléon Ier et d'Alexandre de Russie, en 1807. — Les petites villes de *Friedland* et d'*Eylau*, au S. E. de Kœnigsberg, sont fameuses par deux victoires des Français en 1807.

Le chef-lieu de la Prusse occidentale est *Dantzick* (en allemand *Danzig*, en polonais *Gdansk*), la principale place maritime de la Prusse, et peuplée de plus de 70 000 âmes. Le bras occidental de la Vistule la baigne, et se jette près de là dans le golfe de Dantzick. — Près et au N. O. de cette ville, est *Oliva*, célèbre par la paix de 1660, entre la Suède et la Pologne.

Dans la même province, près de la rive méridionale du Frische-Haff, est *Elbing*, ville florissante, peuplée de 25 000 habitants. — Enfin, dans le S. de la province de Prusse occidentale, on trouve *Thorn*, patrie de Copernic, sur la Vistule.

La province de POSEN ou POZNANIE, au S. O. des deux provinces de Prusse, est une grande plaine fertile, traversée par la Warthe et par la Netze, son affluent. La population est d'origine polonaise. Le commerce est entre les mains des Juifs.

Posen, en polonais *Poznan*, capitale de la province, et située sur la Warthe, renferme 45 000 habitants. — *Bromberg* est la seconde ville du pays. — *Gnesns*, ou *Gnesen* n'est qu'une ville fort petite, mais intéressante par son ancienneté, par son importance passée, et surtout par sa foire de deux mois, où se vendent beaucoup de bœufs et de chevaux. — *Bromberg* a 20 000 habitants.

Provinces allemandes de l'est. — La POMÉRANIE, en allemand *Pommern*, s'étend le long de la côte de la Baltique, et comprend la partie inférieure du cours de l'Oder et le Pommersche-Haff. C'est un pays bas, froid et humide. Près de la côte, est l'île de *Rugen*, qui offre des bords très-découpés, des escarpements très-pittoresques et un sol généralement fertile.

Stettin est le chef-lieu de la province : c'est une ville fort commerçante, de 60 000 âmes, avec un bon port sur l'Oder.

Stralsund, port de mer, en face de l'île de Rugen, est aussi une place de commerce. On y compte 22 000 habitants. C'était une des forteresses les plus redoutables de l'Europe sous le gouvernement suédois, qui a longtemps possédé une grande partie de la Poméranie. — *Barth*, à l'O. de Stralsund, est un port très-commerçant.

Greifswalde, une des plus jolies villes de la Poméranie, est importante par son université.

La province de BRANDEBOURG, qui était autrefois la *Marche de Brandebourg*, divisée en *Vieille Marche*, à l'O., *Nouvelle Marche*, à l'E., et *Marche Moyenne*, au milieu, est le cœur de la monarchie. L'Oder l'arrose à l'E.; l'Elbe la limite à l'O.; le Havèl et la Sprée serpentent dans l'intérieur du pays. Le canal de Frédéric-Guillaume unit cette dernière rivière à l'Oder, et le canal de Finow joint le Havel au même fleuve. Le sol est plat, généralement sablonneux, et parsemé de beaucoup de lacs. L'agriculture y est avancée.

Le chef-lieu est *Potsdam*, jolie ville, sur le Havel, avec plus de 35 000 habitants. On a dit de cette ville qu'elle n'est qu'une *très-belle caserne*, à cause de sa nombreuse garnison. Il y a un magnifique château royal. Les environs sont agréables et pittoresques : on y remarque plusieurs châteaux royaux, entre autres celui de *Sans-Souci*, qui était la résidence favorite du grand Frédéric. Dans le voisinage aussi, se trouve *Charlottenhof*, d'une très-belle architecture romaine.

C'est dans cette province que se trouve BERLIN, capitale du royaume. Cette grande et belle ville est située sur la Sprée, dans une plaine sablonneuse et monotone. Elle renferme 700 000 habitants. Parmi ses édifices les plus remarquables, sont le palais du Roi, l'Arsenal, qui passe pour être le plus vaste de l'Europe, le palais de l'Université et la bibliothèque Royale (de plus de 600 000 vol.). — A quelque distance à l'O., sont le parc et les jardins délicieux de *Charlottenbourg.*

Brandebourg, en allemand *Brandenbourg*, sur le Havel, est une ville industrielle, de 17 000 âmes, qui doit sa prospérité aux protestants français réfugiés. C'était autrefois la capitale du Brandebourg.

Francfort-sur-l'Oder, dans l'E. de la province, est une jolie ville de 35 000 âmes ; il s'y tient des foires renommées.

La SILÉSIE, en allemand *Schlesien*, s'allonge au S. E. du Brandebourg. L'Oder la parcourt dans toute sa longueur. La partie orientale est composée de plaines, qui se confondent avec celles de la Pologne ; au S. et à l'O., le pays est couvert de montagnes, qui appartiennent aux Sudètes et au Riesen-gebirge : cette partie est fort riche en minéraux utiles, surtout en houille, en zinc, en plomb, en cobalt et en fer. La Silésie renferme aussi de magnifiques forêts, des terrains bien cultivés et des pâturages excellents, qui nourrissent des moutons superbes. Les laines et les toiles de cette province sont renommées.

Le chef-lieu est *Breslau*, sur l'Oder ; on donne à cette ville le titre de *troisième capitale de la Prusse ;* elle est fort grande, et peuplée de 130 000 habitants.

Les autres villes intéressantes de la province sont : *Glogau*, place forte, sur l'Oder ; — *Neisse*, autre place forte, sur la rivière du même nom ; — *Gœrlitz*, ville de 27 000 habitants, sur la même rivière, avec de célèbres manufactures de draps ; — *Liegnitz*, intéressante par ses draps aussi et par sa garance et son grand commerce de plantes potagères; — *Schweidnitz*, ville belle et manufacturière.

La province de Saxe (*Sachsen*), une des plus riches et des plus peuplées de la monarchie, est au sud-ouest du Brandebourg. L'Elbe, la Mulde et la Saale l'arrosent. Les montagnes du Harz, si importantes par leurs mines, y présentent à l'ouest leur plus haut sommet, le mont Brocken ou Blocksberg.

Le chef-lieu de la province est *Magdebourg*, grande et belle cité, sur l'Elbe, peuplée de 80 000 habitants et l'une des places les plus fortes de l'Allemagne.

Les autres villes remarquables sont : *Halberstadt*, peuplée de 20 000 âmes, pleine de manufactures et très-commerçante ; — *Wittenberg*, sur l'Elbe, célèbre par son ancienne université, par les premières prédications de Luther, par le tombeau de ce réformateur et celui de Mélanchthon ; — *Halle*, ville de 30 000 âmes, sur la Saale, fameuse par son université ; — *Mersebourg*, renommée par sa bière ; — *Erfurt*, dans l'ancienne Thuringe, avec d'imposantes fortifications et 30 000 habitants ; — *Lutzen*, célèbre par la victoire et la mort de Gustave-Adolphe, en 1632, et par une victoire de Napoléon Ier, en 1813 ; — *Eisleben*, patrie de Luther ; — *Naumbourg*, renommée par sa bonneterie et sa parfumerie.

Provinces allemandes de l'ouest. — La Westphalie, en allemand *Westfalen*, est généralement couverte de petites montagnes. Le Weser et l'Ems l'arrosent. On y récolte beaucoup de lin et de chanvre, et l'on y élève de beaux bestiaux.

Munster, chef-lieu de la province, a 23 000 âmes.

Minden, sur le Weser, n'est pas éloignée du défilé de la Porte Westphalienne, dans la forêt Teutoburgienne, où les légions de Varus furent massacrées par les Germains.

Iserlohn est célèbre par son industrie. — *Siegen* a vu naître Rubens. — *Dortmund* a 23 000 habitants.

La province du Rhin, qu'on a aussi appelée la *Prusse rhénane*, se trouve au S. O. de la Westphalie; c'est à la fois la plus occidentale et la plus méridionale des provinces prussiennes. Elle offre de vastes plaines et des marais dans sa partie la plus septentrionale; mais le centre et le sud présentent un mélange agréable de montagnes et de vallons. Le Rhin parcourt du S. au N. ce beau pays, et y reçoit la Ruhr, la Lippe, la Moselle, grossie de la Sarre.

Le chef-lieu est *Coblentz*, ville très-forte et bien bâtie, de 22 000 âmes, au confluent de la Moselle et du Rhin, dans un territoire riche en sites variés et pittoresques. *Ehrenbreitstein* est située vis-à-vis, sur la rive droite du Rhin.

La plus grande ville de la province est *Cologne* (en allemand *Kœln*), peuplée de 115 000 âmes, sur le Rhin; intéressante par ses monuments gothiques, surtout sa cathédrale, et par ses distilleries, où l'on prépare l'eau spiritueuse appelée *eau de Cologne*.

La plus importante ville ensuite est *Aix-la-Chapelle* (en allemand *Aachen*), peuplée de 60 000 âmes, très-ancienne, et qui fut illustrée par le séjour de Charlemagne. Elle a des eaux minérales célèbres.

Cette province renferme un grand nombre d'autres villes remarquables: telles que: *Clèves* ou *Kleve*, agréablement située près du Rhin; — *Wesel*, place forte, sur le Rhin, au confluent de la Lippe; — *Crevelt* ou *Crefeld*, très-jolie ville, remplie de manufactures de soieries, avec 40 000 âmes; — *Dusseldorf*, une des plus belles villes de l'Allemagne, agréablement placée sur le Rhin et peuplée aussi de 40 000 habitants; — *Elberfeld*, avec 60 000 âmes et de nombreuses fabriques de dentelles, de soieries, etc.; — *Barmen*, avec 50 000 habitants et une industrie également très-active; — *Essen*, aussi très-industrieuse; — *Zulpich*, autrefois *Tolbiac*, célèbre par la victoire de Clovis sur les Allemands; — *Bonn*, jolie ville, sur le Rhin, avec une université; — *Juliers* ou *Julich*, recommandable par ses fabriques de draps; — *Eupen*, connue aussi par ses draps; — *Trèves* (en allemand *Trier*, l'*Augusta Treverorum* des

Romains), sur la Moselle, ville très-ancienne, qui occupa longtemps un des premiers rangs parmi les cités de l'Allemagne, et où l'on trouve des monuments antiques très-remarquables; elle n'a plus que 20 000 habitants; — *Andernach* (anc. *Antunnacum*), sur une montagne volcanique, près du Rhin, avec des antiquités curieuses; — *Sarrelouis*, place forte, sur la Sarre; — *Sarrebruck*, ville industrielle, sur la même rivière, avec des mines de houille: — *Creuznach*, qui a des eaux minérales renommées.

Parmi les anciennes possessions de la Prusse, ajoutons:

1° Le petit pays de *Hohenzollern*, berceau de la famille royale qui gouverne la Prusse, et situé dans le sud de l'Allemagne, entre le royaume de Wurtemberg et le grand-duché de Bade; les montagnes de la Forêt-Noire et les Alpes de Souabe le couvrent; le Danube et le Neckar l'arrosent. Il a formé longtemps deux états : la principauté de *Hohenzollern-Hechingen*, capitale *Hechingen*; — et la principauté de *Hohenzollern-Sigmaringen*, capitale *Sigmaringen*.

2° Les deux petits territoires de l'*Iahde*, sur l'estuaire du fleuve de ce nom, dans l'Oldenbourg.

Nouvelles acquisitions.

Six parties composent les nouvelles acquisitions de la Prusse :

Au N., sont les duchés de *Slesvig*, de *Holstein* et de *Lauenbourg*.

Ces trois pays, dont on désigne ordinairement l'ensemble sous le nom de *duchés de l'Elbe*, ont été démembrés, en 1864, de la monarchie Danoise, par suite d'une guerre faite au Danemark par les Austro-Prussiens. Ils sont renfermés entre la mer du Nord, à l'O., la mer Baltique, à l'E., et l'Elbe, au S. L'Eider coule au milieu, en séparant le Slesvig du Holstein.

Une rangée de petites collines et de plateaux, qui forme

la ligne du partage des eaux entre les versants des deux mers, s'étend à travers les duchés, en n'offrant généralement que des bruyères et des landes. Ailleurs le sol est fertile.

Le duché de SLESVIG (nom danois) ou *Schleswig* (nom allemand) occupe le milieu de la presqu'île Cimbrique, et touche au Jutland vers le nord. Il a pour chef-lieu une ville du même nom, située au fond d'un long golfe de la Baltique, nommée la *Slie*, près du *Dannevirke* et du *Kurgrav*, deux grandes murailles que les anciens monarques danois avaient élevées pour protéger leur royaume contre les invasions des peuples méridionaux.

On remarque encore, dans le duché, *Flensbourg* ou *Flensborg*, port florissant, sur un autre golfe de la même mer; — *Eckernfœrde*, dans le S. E. du Slesvig, avec un excellent port; — la belle île d'*Als* ou *Alsen*, sur la côte orientale.

Les habitants du N. du Slesvig sont *Danois*; ceux du S. sont *Allemands*, et, dans les terres basses de l'O., qui ressemblent beaucoup à la Hollande, habitent des *Frisons*, habiles, comme les Hollandais, dans l'art d'élever des digues.

Le HOLSTEIN, dans le S. de la presqu'île, est un pays fertile et riche, surtout en excellents pâturages, qui nourrissent des chevaux renommés. Les côtes orientales, sur la Baltique, offrent de bons ports, une navigation sûre; celles de l'O. sont basses et bordées de bancs de sable.

Les villes principales sont : *Kiel* (18 000 hab.), chef-lieu du duché, avec une université célèbre et un port important, sur un golfe de la Baltique, près de l'extrémité orientale du canal de Kiel; — *Rendsbourg*, place forte et sur le même canal; — *Altona* (46 000 habitants), ville très-commerçante et port sur l'Elbe, très-près et à l'O. de Hambourg; — *Glückstadt*, aussi sur l'Elbe.

L'île de *Fehmarn*, dans la Baltique, se trouve vers l'extrémité orientale du Holstein.

Le petit duché de LAUENBOURG, à l'E. du Holstein, a pour chef-lieu une ville du même nom, sur l'*Elbe*.

Les trois duchés ont une pop. totale de 1 million d'hab.

Le royaume de HANOVRE, peuplé d'environ 1 900 000 habitants, s'étend à la gauche de l'Elbe et sur les deux rives du Weser, et il occupe sur la mer du Nord la plus grande partie de la côte renfermée entre l'embouchure de l'Elbe et celle de l'Ems.

Il se compose de deux parties principales, séparées l'une de l'autre par le duché de Brunswick : la partie septentrionale est la plus grande : on y trouve, sur plusieurs points, des marais, des landes, où ne croissent que des bruyères et des forêts de pins; sur d'autres, des cantons très-fertiles; les terrains bas du bord de la mer sont, comme la Hollande, exposés à de terribles inondations. A mesure qu'on s'avance vers le midi, le pays devient montueux et moins monotone.

La partie méridionale est couverte de montagnes qui appartiennent à la chaîne du Harz : il y a des sites très-variés et beaucoup de richesses minéralogiques.

La capitale est *Hanovre*, en allemand *Hannover*, sur la Leine, affluent de l'Aller. Cette ville, de 70 000 habitants, se trouve au milieu d'une riante plaine. Il y règne du mouvement et de l'instruction : c'est la patrie de l'illustre astronome W. Herschel.

Les autres villes remarquables de la partie du Hanovre placée au N. du duché de Brunswick sont : *Hildesheim*, antique ville; — *Goslar*, connue par sa riche mine de cuivre et sa bière; — *Celle* ou *Zell*, jolie et commerçante cité, sur l'Aller; — *Lunebourg*, avec d'importantes salines, et dans le voisinage de vastes landes auxquelles elle donne son nom; — *Stade*, port très-fréquenté, sur un affluent de l'Elbe; — *Embden* ou *Emden*, ville maritime la plus commerçante du royaume, à l'embouchure de l'Ems; — *Osnabruck*, où fut conclu, en 1648, un traité fameux entre les Suédois et l'empereur d'Allemagne.

Dans la partie méridionale, on remarque : *Gœttingue*, en allemand *Gœttingen*, qui possède une des plus célèbres universités de l'Europe, avec une bibliothèque de 300 000 volumes et un riche jardin botanique; — *Klausthal*, *Andreasberg*, situées au milieu des montagnes du Harz, et environnées de mines.

(A quelque distance de la côte du Hanovre, on trouve, dans la mer du Nord, la petite île de *Helgoland* ou *Heligoland*, qui appartient à la Grande-Bretagne. Son nom signifie *terre sainte;* les anciens l'appelaient *Hertha*, nom de la déesse de la Terre, à laquelle elle était consacrée.)

La HESSE ÉLECTORALE, qu'on appelle aussi l'ÉLECTORAT DE HESSE, est le plus septentrional des trois pays de Hesse. La Fulde et la Werra l'arrosent; elle touche au Main par son extrémité méridionale; le sol est généralement couvert de montagnes, qui appartiennent presque toutes à des branches occidentales du Thüringer-wald : beaucoup de ces hauteurs sont d'origine volcanique : la plus remarquable est le mont Meissner, couronné d'énormes rochers basaltiques.

La capitale de cette principauté est *Cassel*, ville de 40 000 âmes, agréablement située sur la Fulde. On admire, dans les environs, la belle maison de plaisance de *Wilhelmshohe*.

Les autres villes intéressantes de l'Électorat sont : *Smalcalde* ou *Schmalkalden*, célèbre par ses salines, ses fabriques de quincaillerie, les mines de fer de son territoire, et surtout par la ligue qu'y formèrent les princes protestants pour résister à Charles-Quint; — *Fulde*, avec une belle cathédrale, sur la rivière du même nom, au milieu d'un pays industrieux et fertile; — *Marbourg*, sur la Lahn, avec une université; — *Hanau*, ville manufacturière et fort commerçante, de 18 000 habitants, sur le

Main; — *Nauheim*, avec des eaux minérales renommées et une exploitation de sel.

Le duché de NASSAU, renfermé entre le pays de Hesse et les anciennes provinces prussiennes occidentales, est une contrée agréable, mélangée de montagnes et de vallées. Le Rhin le borne à l'O., et le Main, au S. La Lahn le parcourt de l'E. à l'O. — *Wiesbaden*, la capitale, est une jolie petite ville, dont la position est charmante, et qui a des sources thermales renommées. — *Biberich*, à 4 kilomètres de Wiesbaden, a un joli château. — Non loin de ces villes, est le village de *Nieder-Selters*, connu par ses eaux minérales, qu'on appelle vulgairement eaux de Seltz. — On remarque aussi dans le duché de Nassau les sources minérales d'*Ems*, et, le long du Rhin, les vignobles fameux de *Johannisberg* et de *Weinberg*.

FRANCFORT-SUR-LE-MAIN et son territoire sont aussi parmi les annexions nouvelles à la Prusse. — La ville de *Francfort*, en allemand *Frankfurt*, située vers les confins de la Hesse-Darmstadt, de la Hesse-Electorale et du duché de Nassau, était le siége de la diète de la confédération Germanique, et pouvait être considérée comme la capitale de l'Allemagne. On y compte 80 000 habitants. Elle n'est pas belle, mais les environs sont agréables. Deux grandes foires y attirent un nombre immense de négociants; les arts, les sciences et les lettres n'y sont pas moins cultivés que le commerce. C'est la patrie du grand poete Gœthe.

La FRANCONIE PRUSSIENNE est une partie de la Franconie située au N. du Main et qui a été cédée par la Bavière en 1866.

Population, langue, religion, gouvernement, etc. — La population du royaume de Prusse est à peu près de 24 millions d'habitants, qui, pour la langue et l'origine, se divisent en trois peuples principaux : 1° les *Allemands*, en grande majorité; 2° les *Slaves*, qui comprennent particulièrement les *Polonais* et les *Wendes*; 3° les *Lettons*. La langue allemande est la plus répandue; et, même dans les provinces non allemandes, où les langues polonaise et lettonne sont générales, elle est parlée par beaucoup de monde. Le wende est répandu dans une partie des provinces de Brandebourg et de Silésie.

Toutes les religions sont tolérées. Les protestants sont les plus nombreux ; les uns suivent la règle de Luther, les autres celle de Calvin ; généralement les deux cultes se confondent sous le nom de religion *évangélique*.

Le gouvernement est une monarchie constitutionnelle ; il y a une *première* Chambre (celle des seigneurs) et une *seconde* Chambre (celle des députés).

C'est un des états de l'Europe les plus éclairés ; l'instruction populaire y est fort répandue, et les savants prussiens ont fait faire de très-grands progrès aux sciences et aux lettres. En général, la Prusse est à la tête de l'Allemagne par l'intelligence et l'activité de ses habitants. Il y a huit universités : Berlin, Bonn, Kœnigsberg, Halle, Breslau, Greifswalde, Munster et Braunsberg (prov. de Prusse).

L'organisation militaire de la Prusse est très-forte, et c'est par là que cette puissance, qui avait des limites si peu naturelles et qui se composait de parties si mal liées, est devenue l'une des premières de l'Europe. L'armée se forme de l'armée permanente, de la milice nationale (*landwehr*) et de la levée en masse (*landsturm*) ; sur le pied de paix, l'armée permanente, avant l'étendue qu'ont donnée au royaume les nouvelles conquêtes, constituait environ 200 000 hommes ; en temps de guerre, 440 000 hommes, et alors, en ajoutant la landwehr du 1er ban et du 2e ban, on avait un total de 750 000 hommes armés. — La marine militaire de la Prusse est encore naissante. Elle compte 76 bâtiments de guerre.

On s'occupe de créer un grand port militaire dans l'île de Rügen et des stations maritimes importantes sur l'estuaire de l'Iahde et à Kiel. — Les revenus de l'État, avant l'augmentation des possessions, étaient d'à peu près 500 000 000 de francs. La dette publique était de 1 000 000 000 de francs.

Les provinces où le sol est le plus fertile sont la Silésie et la Prusse rhénane; le sol du Brandebourg est le plus maigre; les grains, les légumes, le lin, le chanvre, le safran, le tabac, le houblon, les vins du Rhin, le gros bétail, les moutons, les porcs, sont parmi les principales productions de ce royaume. On trouve de l'ambre jaune sur les côtes de la Baltique, et ailleurs des mines de fer, de houille, de cuivre, de plomb, particulièrement dans la Saxe, la Silésie, la Prusse rhénane, le Hanovre.

L'industrie de la Prusse est extrêmement active, et l'on admire surtout celle de la Prusse rhénane. On peut citer les tissus de lin et de coton, les draps, les soieries, les ouvrages en fer et en acier, la sellerie, la carrosserie, les tanneries, les brasseries, les produits chimiques, les papiers, la typographie.

Le commerce est très-florissant, et favorisé par la navigation de grands et beaux fleuves : le Rhin, le Weser, l'Elbe, l'Oder, la Vistule. On exporte des draps, des toiles, des peaux, des métaux, des graines oléagineuses, de l'ambre jaune. On importe des denrées coloniales, des vins de France, des articles de Paris, de la soie, etc. Les principaux ports sont : *Dantzick*, *Kœnigsberg*, *Stralsund*, *Stettin*, *Barth*, *Memel*, *Kiel*, *Eckernfœrde*, *Flesbourg*, *Altona*, *Stade*, *Emden*. Nous avons déjà dit que la Prusse s'est mise à la tête du mouvement commercial de l'Allemagne, en organisant le *Zollverein*.

CONFÉDÉRATION DE L'ALLEMAGNE DU NORD.

La Prusse forme, avec les états situés au N. du Main, la ***Confédération de l'Allemagne du Nord***. Les états secondaires de cette confédération, au nombre de 21, sont sous la protection de la Prusse.

On y remarque, en commençant par le N., vers la mer Baltique, les deux grands-duchés de *Mecklenbourg*, et la ville libre de *Lubeck*; — vers la mer du Nord, les villes libres de *Hambourg* et de *Brème*, et le grand-duché d'*Oldenbourg*;

Dans l'intérieur, au milieu du bassin de l'Elbe, le royaume de *Saxe*, les duchés de *Saxe*, les principautés de *Schwarzbourg*, les principautés de *Reuss*, le duché d'*Anhalt*;

A la fois dans les bassins de l'Elbe et du Weser, le duché de *Brunswick*;

Dans les bassins du Weser et du Rhin, les principautés de *Lippe* et de *Waldeck*, la *Hesse supérieure*, dépendante du grand-duché de *Hesse-Darmstadt*, et le landgraviat de *Hesse-Hombourg*.

Il y a deux grands-duchés de MECKLENBOURG : le grand-duché de *Mecklenbourg-Schwerin* et le grand-duché de *Mecklenbourg-Strelitz*. — Le premier est le plus considérable, et comprend, sur la Baltique, une assez grande étendue de côtes; c'est un pays plat, sablonneux, rempli de forêts et de lacs, dont le plus remarquable est celui de Müritz. Il nourrit des chevaux renommés. La population est de 550 000 habitants. — La capitale est *Schwerin*, jolie ville de 23 000 âmes, sur le bord occidental d'un lac auquel elle donne son nom : le palais du grand-duc est dans une des charmantes îles de ce lac.

Les autres villes importantes sont : *Rostock*, ville maritime de 26 000 habitants; — *Wismar*, autre port de mer, avec 15 000 habitants; — *Güstrow*, intéressante par son commerce et son industrie.

Le grand-duché de *Mecklenbourg-Strelitz*, formé de deux parties placées à l'E. et à l'O. du grand-duché de Mecklenbourg-Schwerin, a pour capitale la jolie petite ville de *Neu-Strelitz*, dans la partie orientale.

Les trois villes libres de *Lubeck*, de *Hambourg* et de *Brème* portent aussi le titre de villes *Hanséatiques*, c'est-à-dire *alliées pour le commerce*[1].

LUBECK, la plus septentrionale et la moins considérable des trois villes Hanséatiques, est sur la Trave, non loin de la Baltique, dans une situation agréable. Elle a 35 000 habitants. —*Travemünde*, qui en dépend, est un port assez animé, à l'embouchure de la Trave.

HAMBOURG, la plus grande, la plus commerçante des villes libres de l'Allemagne, s'élève sur la rive droite de l'Elbe, entre le Hanovre et le Danemark. L'activité de son port, l'affluence des étrangers, l'habileté commerciale de ses habitants, ses immenses entrepôts de marchandises, surtout de sucre et de café, en font une des villes les plus intéressantes du monde. Elle renferme 180 000 âmes.

Brème, en allemand *Bremen*, est située sur le Weser, entre le Hanovre et l'Oldenbourg. Ce fut la première des villes Hanséatiques, et elle est encore une des places les plus commerçantes de l'Allemagne. Elle compte 70 000 habitants. Ses raffineries de sucre et sa bière sont renommées. C'est la patrie de l'astronome Olbers. —*Bremerhafen*, plus près de l'embouchure du Weser, reçoit les gros bâtiments qui ne peuvent remonter à Brème.

Le grand-duché d'OLDENBOURG ou de HOLSTEIN-OLDENBOURG est composé de trois parties, dont la principale, nommée *duché d'Oldenbourg*, est enclavée dans le royaume de Hanovre, et s'étend sur la rive gauche du Weser et autour de la baie de l'Iahde. C'est un pays plat, généralement sablonneux, et parsemé de petits lacs et de marais. La population est de 280 000 habitants. — La capitale est *Oldenbourg*, petite ville de 8000 habitants, sur la Hunte, affluent du Weser. — La Prusse a deux

1. Les villes Hanséatiques étaient autrefois bien plus nombreuses, et il y en avait hors de l'Allemagne, aussi bien que dans ce pays.

petits territoires situés de chaque côté de l'estuaire de l'Iahde et qui sont très-utiles à sa marine militaire.

Les deux autres parties du grand-duché sont la principauté d'*Eutin* ou de *Lubeck*, enclavée dans l'E. du Holstein, et la principauté de *Birkenfeld*, enclavée dans la principauté prussienne du Rhin.

Le royaume de SAXE, en allemand *Sachsen*, est la partie la plus orientale de l'Allemagne intérieure. Il est renfermé entre la Prusse, au N., les duchés de Saxe, à l'O., et la Bohème, au S. L'Erz-gebirge le limite vers cette dernière. L'Elbe et la Mulde le parcourent du S. au N. C'est un beau pays, riche tout à la fois par ses productions végétales, par ses mines de fer, d'argent, d'étain, etc., et par son active industrie. Il renferme plus de 2 millions d'habitants.

La capitale est *Dresde*, en allemand *Dresden*, belle et grande ville de 130 000 habitants, sur l'Elbe, qu'on y passe sur un pont magnifique. Les environs offrent des sites variés, et l'on y remarque le château de Pillnitz, fameux par le congrès dans lequel, en 1791, les souverains de l'Europe signèrent une convention pour soutenir les Bourbons sur le trône de France.

Meissen, aussi sur l'Elbe, est connue par sa porcelaine.

Leipzig (appelée souvent en français *Leipsick*), sur l'Elster Blanc[1], affluent de la Saale, est, après Dresde, la ville la plus importante du royaume : on y compte environ 80 000 âmes. Elle fait un commerce considérable, surtout en livres, et possède une importante université. Il s'y tient trois grandes foires. Il se livra, dans ses plaines, en 1813, une bataille sanglante entre les Français et les alliés.

Chemnitz est une ville agréable et très-industrieuse, de 45 000 hab. — *Freiberg* est remarquable par son industrie minéralogique et par son école des mines. — *Bautzen*,

1. L'Ester Noir est une autre rivière, qui se jette dans l'Elbe par la rive droite.

à l'E., dans le pays de Lusace, est célèbre par une bataille entre les Français et les alliés, en 1813.

Les duchés de SAXE, les principautés de REUSS et celles de SCHWARZBOURG forment un ensemble d'états entremêlés, qu'on trouve à l'O. du royaume de Saxe, au S. de la province prussienne de Saxe, à l'E. des pays de Hesse, et qui correspond à peu près à l'ancienne *Thuringe*. En général, le sol en est fertile, l'aspect varié et la population industrieuse. L'Elster Blanc, la Saale et la Werra arrosent cette partie de l'Allemagne, et le Thüringer-wald y est la principale chaîne de montagnes.

Le plus important de ces petits états est le grand-duché de *Saxe-Weimar-Eisenach*, qui renferme 280 000 habitants, et qui a pour capitale *Weimar*, à peine peuplée de 14 000 âmes, mais célèbre par la culture des sciences et des lettres. — Les autres villes remarquables du grand-duché sont : *Iéna*, fameuse par son université et par la victoire des Français sur les Prussiens, en 1806; — *Eisenach*, jolie ville, située loin à l'O. de la partie de l'état où se trouve Weimar.

Le duché de *Saxe-Cobourg-Gotha* a deux capitales : *Cobourg*, ville de 12 000 hab., dans une vallée; et *Gotha*, la plus importante et la plus jolie ville des duchés de Saxe, celle qui possède les établissements scientifiques les plus intéressants, entre autres, un observatoire, une bibliothèque de 150 000 volumes et un grand établissement géographique; il y a 18 000 habitants.

Le duché de *Saxe-Meiningen* a pour capitale la jolie petite ville de *Meiningen*, sur la Werra; il renferme *Hildburghausen*, autre petite ville agréable, et *Sonnenberg*, connue par ses fabriques de quincaillerie et de jouets d'enfants.

Le duché de *Saxe-Altenbourg*, le plus oriental des quatre duchés de Saxe, a pour capitale *Altenbourg*, ville de 18 000 âmes.

Les principautés de *Schwarzbourg* sont bizarrement éparpillées dans les duchés de Saxe et dans la province de ce nom. Elles se divisent en deux états : *Schwarzbourg-Rudolstadt* et *Schwarzbourg-Sondershausen* : capitales, *Rudolstadt* et *Sondershausen*.

Les principautés de *Reuss*, enclavées dans les parties orientales des duchés de Saxe, se composent de deux états : la principauté de la *branche aînée*, capitale *Greitz*, et la principauté de la *branche cadette*, qui a pour capitale la ville assez importante de *Gera*, de 11 000 hab.

Le duché d'ANHALT est enclavé dans la province prussienne de Saxe, et s'étend sur les bords de l'Elbe, de la Mulde et de la Saale. Le Harz le couvre vers l'O. La capitale est la jolie ville de *Dessau*, de 15 000 habitants, sur la Mulde; la seconde ville est *Kœthen*.

Le duché de BRUNSWICK est formé de plusieurs territoires détachés, qui sont enclavés dans le S. du Hanovre ou entre ce royaume de la Prusse. Les montagnes du Harz le couvrent en grande partie; le Weser, la Leine et l'Aller le parcourent. Le sol y est généralement fertile; les mines y sont abondantes, et il y règne une industrie active.

La capitale est *Brunswick*, en allemand *Braunschweig*, grande et assez belle ville, peuplée de 45 000 habitants, et située sur l'Oker, affluent de l'Aller. — *Wolfenbüttel*, la seconde ville du duché, est remarquable par sa riche bibliothèque.

Les principautés de LIPPE, situées entre le Hanovre et la province prussienne de Westphalie, sont au nombre de deux : la principauté de *Lippe-Detmold* ou *Lippe* proprement dite, et celle de *Schaumbourg-Lippe*.

La première, qui est la plus méridionale et la plus importante, est arrosée par la Lippe, et a pour capitale *Detmold*.

La principauté de Schaumbourg-Lippe a pour capitale la petite ville de *Buckebourg*.

La principauté de WALDECK, au N. O. de la Hesse-

Electorale, est formée de deux portions, dans la plus considérable desquelles est *Arolsen*, capitale de l'état; dans l'autre, située au nord, on remarque *Pyrmont*, célèbre par ses eaux minérales.

La partie du grand-duché de HESSE-DARMSTADT qui est située au N. du Main et qui forme la province de *Hesse supérieure*, est comprise dans la confédération de l'Allemagne du Nord ; elle a pour ville principale *Giessen*, qui possède une université.

Le landgraviat de HESSE-HOMBOURG est un très-petit état, qui a pour chef-lieu Hombourg, célèbre par ses bains d'eaux minérales.

La confédération de l'Allemagne du Nord renferme, sans la Prusse, une population de 5 500 000 habitants; avec la Prusse, 29 500 000.

Chemins de fer de la Prusse et des autres états de la confédération de l'Allemagne du Nord. — La Prusse est un des pays d'Europe où il y a le plus de chemins de fer. De *Berlin* partent sept lignes : l'une au N., sur *Stettin;* la seconde à l'E., sur *Kœnisberg;* la troisième encore à l'E., sur *Francfort-sur-l'Oder;* la quatrième au S. E., sur *Breslau* et *Cracovie*, ayant communication avec *Varsovie;* la cinquième au S., sur *Dresde;* la sixième au S. O., sur *Potsdam;* la septième au N. O., sur *Hambourg.* — Une grande ligne, qui se rattache à celles de Belgique et du nord de la France, entre dans l'Allemagne occidentale par *Aix-la-Chapelle* et *Cologne*, et se prolonge à travers l'Allemagne centrale jusqu'à *Berlin*, en se divisant en deux branches principales : l'une par *Hanovre*, *Brunswick* et *Magdebourg*, l'autre par *Cassel*, *Gotha* et *Dessau*. A cette double ligne se rattachent des chemins qui vont, vers le nord, à *Emden*, à *Brême*, à *Hambourg*, dans le *Holstein* et dans le *Mecklenbourg;* vers le sud, à *Francfort*, à *Cobourg*, à *Leipzig*, à *Chemnitz*, à *Dresde*, et, de là, à *Vienne*. — Il y a un chemin de *Leipzig* à *Augsbourg*, auquel se rattache un embranchement vers *Francfort-sur-le-Main*.

AUTRICHE.

SITUATION GÉOGRAPHIQUE; DIVERS ÉTATS ET PEUPLES QUI COMPOSENT L'AUTRICHE; GRANDES DIVISIONS ADMINISTRATIVES; PRINCIPALES VILLES; LANGUES, RELIGION, GOUVERNEMENT.

Situation géographique. — L'empire d'Autriche, en allemand *Œsterreich* (empire de l'est), s'allonge de l'E. à l'O., et a pour bornes, au N., le royaume de Prusse et celui de Pologne; à l'E., la Russie; au S., la Turquie d'Europe et la mer Adriatique, qui s'y enfonce en formant deux golfes considérables : les golfes de *Trieste* et de *Quarnero*, entre lesquels s'avance la presqu'île d'*Istrie*.

L'Autriche est limitée au N. O. par le royaume de Saxe, à l'O. par la Bavière et la Suisse; au S. O., par le royaume d'Italie.

Le Riesen-gebirge et la Vistule forment une partie de sa limite septentrionale; son extrémité la plus orientale est marquée par le confluent du Dniester et de la Podhorce; au S., les monts Carpathes, le Danube et la Save la limitent sur une assez grande étendue; elle est bornée au S. O., en partie, par les Alpes; à l'O., encore par les Alpes, et par le Rhin, le lac de Constance, l'Inn, le Bœhmer-wald et l'Erzgebirge.

La latitude moyenne de l'empire est au 48e degré.

Cette monarchie a plus de 1300 kilomètres de l'E. à l'O., mais elle n'a que 500 kilomètres dans sa moyenne largeur, du N. au S. Sa superficie est de 623 000 kilomètres carrés, et sa population, de 34 millions et demi d'habitants.

L'Autriche est couverte par deux grands systèmes de montagnes : l'un s'étend à l'E. et au N., et comprend les *Carpathes*, les monts *Sudètes* et les montagnes qui enveloppent le plateau de la Bohème, c'est-à-dire les monts *Moraves*, les montagnes de la *Forêt de Bohème* (*Bœhmerwald*), l'*Erz-gebirge* et les montagnes des *Géants* (*Riesengebirge*). — L'autre, au S. O., est formé par les *Alpes*, qui y prennent les noms d'*Alpes Rhétiques*, *Carniques*, *Noriques*, *Bavaroises*, *Salzbourgeoises*, *Styriennes*, *Juliennes* et *Dinariques*.

La partie la plus élevée du premier de ces systèmes est le *Tatra*, dans les Carpathes : c'est un groupe couvert de neiges continuelles, et dont les points culminants sont les monts *Gerlsdorf* et *Lomnitz*, hauts de 2700 mètres.

Les points culminants des Alpes autrichiennes sont le mont *Ortles* et le groupe de *Bernina*, dans les Alpes Rhétiques, et le *Gross-Glockner*, dans les Alpes Salzbourgeoises : ils atteignent environ 4000 mètres.

L'Autriche est partagée entre quatre versants de mer : tout ce qui est au nord de la grande arête principale européenne (passant par les Carpathes centrales, les Sudètes, les monts Moraves et la Forêt de Bohème) est réparti entre les bassins de la mer du Nord et de la Baltique. Tout ce qui est au S. appartient aux bassins de la mer Noire et de l'Adriatique.

Sur le versant de la mer du Nord, coulent deux fleuves : l'*Elbe*, qui reçoit la *Moldau*; et le *Rhin*, qui borne un peu l'empire vers l'O.

Sur le versant de la Baltique, on remarque l'*Oder* et la *Vistule*, à laquelle se joint le *San*.

Le versant de la mer Noire est le plus étendu : on y voit le *Danube*, qui, coulant d'abord à l'E., puis au S., parcourt le cœur de l'empire, et occupe le fond de cette immense vallée renfermée entre la grande arête et les Alpes. Il reçoit à droite l'*Inn*, grossi de la *Salza*; l'*Ens*, la *Raab*, la *Drave*, augmentée de la *Mur*; la *Save*, à laquelle s'unit la *Kulpa*. A gauche, ce grand fleuve a pour affluents la *Morava* ou *March*, le *Vag* ou *Waag*, le *Gran*, la

Theiss, très-grande rivière, qui se grossit elle-même du *Szamos*, du *Kærœs* et du *Maros*. La Theiss et le Danube coulent longtemps parallèlement, et ils sont unis par un canal important : le canal *François*.

Le *Dniester* (en allemand) ou *Dniestr* (en russe), dans la partie orientale de l'empire, est encore un des cours d'eau principaux du bassin de la mer Noire.

Enfin, dans le bassin de la mer Adriatique, on trouve la *Sdobba* (qui reçoit l'*Isonzo*), et l'*Adige*.

Il y a plusieurs grands lacs en Autriche : le plus considérable est le *Balaton* ou *Platten-see*, au centre de l'empire, à la droite du Danube, dans lequel il s'écoule par un filet d'eau. — Le lac marécageux de *Neusiedl*, au N. O. du Balaton, verse ses eaux dans la Raab.

L'extrémité N. du lac de *Garde* touche l'empire au S. O. — Sur la frontière occidentale, est le lac de *Constance*, formé par le Rhin.

Au centre de l'Autriche, entre les deux grands systèmes de montagnes, il y a de vastes plaines, dont plusieurs sont marécageuses et malsaines. Au N. E., on rencontre encore de grandes plaines, celles de la Galicie, d'un aspect un peu monotone. Les cantons voisins de l'Adriatique jouissent d'un climat fort chaud, et les oliviers, le riz, le cotonnier, y donnent de bons produits. On récolte des vins renommés dans plusieurs parties de l'empire. Enfin ce pays est fort riche en métaux : il y a de l'or, de l'argent, du cuivre, du fer, du mercure, de l'étain, etc.

Divers états et peuples qui composent l'Autriche; grandes divisions administratives, principales villes, etc. — L'empire d'Autriche est partagé en 19 provinces, qui sont désignées par le nom de *pays de la couronne* (*kronlænder*). Sept, à l'O., sont presque entièrement allemandes : ce sont le *pays au-dessous de l'Ens* et le *pays au-dessus de l'Ens*, qui composent l'*archiduché d'Autriche*; le duché de *Salzbourg*; la *Styrie*; le *Tyrol*; la *Carinthie*; la *Carniole*.— Une, au S. O., contient un mélange d'Italiens, de Slaves, et d'Allemands : c'est le *Littoral Illyrien* (comprenant le comté de *Gorice* et *Gradisca*, *Trieste* et l'*Istrie*. — Quatre, au N., sont plus particulièrement slaves ; ce sont : la *Bohème*, la *Moravie*, le *duché de Silésie*, où il y a aussi un assez grand nombre d'Allemands, et qui faisaient même partie de la confédération Germanique ; la *Galicie*, qui est plus complétement slave que les trois pays précédents.

A l'E. et au S., sont six divisions à la fois slaves, hongroises et roumaines, composant la *Hongrie;* la *Voivodie de Serbie* et le *Banat* de *Temès;* le royaume de *Croatie et d'Esclavonie;* la *Transylvanie;* la *Bukovine;* les *Confins militaires*.

Au S. encore, se trouve, le long de l'Adriatique, une région principalement slave, la *Dalmatie*.

(L'Autriche possédait, en outre, il y a peu de temps, la *Vénétie*, qui vient d'être réunie au royaume d'Italie).

L'archiduché d'AUTRICHE est une belle et industrieuse contrée, qui s'allonge de l'O. à l'E., sur les deux rives du Danube, depuis l'Inn jusqu'à la March. Il forme deux provinces distinctes : le *pays au-dessous de l'Ens* ou la *Basse-Autriche*, et le *pays au-dessus de l'Ens* ou la *Haute-Autriche*.

La chaîne des Alpes Styriennes et Salzbourgeoises borde l'archiduché au S., et elle projette dans l'intérieur le rameau du Wiener-wald, terminé par le mont Kahlenberg. Au N., s'élèvent le Bœhmer-wald et les monts Moraves. Au milieu, vers les rives du fleuve, il y a de très-belles plaines.

VIENNE, en allemand *Wien*, chef-lieu du pays au-dessous de l'Ens, est en même temps la capitale de l'archiduché et de l'empire. Elle s'étend sur la rive droite du Danube, qui est fort large en cet endroit et y forme plusieurs îles bien boisées. Cette grande ville renferme 580 000 habitants. Les faubourgs sont plus vastes et plus beaux que la ville proprement dite. On cite, parmi les principaux édifices, le palais Impérial, ou le *Burg*, et la cathédrale de Saint-Etienne.

Près et à l'O. de Vienne, est le beau château de *Schœnbrunn*, qui est souvent la résidence du souverain.

Au N. E. de la ville, au delà du Danube, est le village de *Wagram*, célèbre par une victoire des Français en 1809. — A l'E., *Essling*, *Gross-Aspern*, sur la rive gauche du Danube, et l'île de *Lobau*, formée par ce fleuve, sont célèbres aussi dans la guerre de 1809.

Lintz, place forte et chef-lieu du pays au-dessus de l'Ens, est située sur le Danube, et compte 30 000 habitants.

Le même pays renferme *Steyer*, sur l'Ens, avec des fabriques nombreuses d'instruments en fer, et *Gmunden*, près du charmant lac de Traun.

Le duché de SALZBOURG, au S. O. de l'archiduché d'Autriche, est un pays montagneux et pittoresque. *Salzbourg*, chef-lieu de ce duché, est sur la Salza, dans un territoire très-riche en précieuses productions minérales, surtout en sel. Elle a 20 000 habitants. C'est la patrie de Mozart. — *Gastein* a de célèbres eaux minérales.

Le duché de STYRIE, en allemand *Steyermark*, se trouve au S. de l'archiduché d'Autriche. Des ramifications des Alpes Styriennes et Noriques le couvrent presque partout ; la Drave et la Mur le parcourent. Les mines de fer abondent dans ce pays.

La capitale est *Gratz*, ville de 65 000 habitants, sur la Mur, avec d'importantes manufactures d'acier.

Le comté de TYROL, dans lequel est compris, à l'O., le pays de *Vorarlberg*, est au S. O. de l'archiduché d'Autriche et au N. O. de l'Illyrie. Les Alpes Rhétiques, qui le traversent de l'O. à l'E., y répandent partout leurs ramifications ; on y voit à chaque instant des sites sauvages et curieux, des rocs inaccessibles, des glaciers, des cascades et de redoutables avalanches.

L'Inn coule dans le N., et l'Adige dans le S. Le Rhin et le lac de Constance marquent un peu la frontière de l'O. Le S. du Tyrol est, naturellement, plutôt italien qu'allemand.

Les habitants sont pauvres, francs, intelligents et ouvriers adroits; beaucoup d'entre eux, ne pouvant trouver sur leur maigre sol une existence facile, émigrent et vont exercer divers métiers en Allemagne et en Italie.

La capitale est *Inspruck* ou plutôt *Innsbruck*, sur l'Inn, ville de 16 000 âmes, entre de hautes montagnes. — *Bregenz*, dans le Vorarlberg, est à l'extrémité S. E. du lac de Constance. — On remarque vers le S., dans la vallée de l'Adige, *Botzen* ou *Bolzano*, connue par ses foires; — *Trent* (en allemand *Trient*), ville de 15 000 âmes, célèbre par le grand concile qui s'y tint contre les protestants au seizième siècle; — *Rovcredo*, ville de manufactures et de commerce.

Le duché de CARINTHIE, en allemand *Karnthen*, comprend le nord du ci-devant royaume d'Illyrie. Il est traversé de l'O. à l'E. par la Drave.

La capitale est *Klagenfurt*, avec d'importantes manufactures de draps et de céruse.

Le duché de CARNIOLE, en allemand *Krain*, renferme la partie centrale de l'Illyrie. Les Alpes Carniques et Juliennes la traversent. La Save en est la principale rivière. Il y a de belles vallées et beaucoup de curiosités naturelles; entre autres, des cavernes très-remarquables et des abîmes où se perdent les rivières; il y règne un climat très-favorable aux productions méridionales.

La capitale est *Laybach*, sur la Save, avec 18 000 âmes. On remarque dans le même pays : *Idria*, célèbre par ses riches mines de mercure, et près de laquelle on trouve le curieux lac intermittent de *Zirknitz*; — *Adelsberg*, qui a des cavernes fameuses par leur étendue et leurs stalactites.

Le LITTORAL ILLYRIEN, sur la mer Adriatique, comprend le comté de *Gorice* et *Gradisca*, la ville de *Trieste* et son territoire, et le margraviat d'*Istrie*.

Gorice, *Gœritz* ou *Gœrz* (en italien *Gorizia*) est sur l'Isonzo, dans le Frioul autrichien ; — *Gradisca* se trouve aussi sur l'Isonzo ; — *Aquileja*, près de là, est aujourd'hui un lieu insignifiant, qui répond à l'antique et célèbre *Aquilée*.

Trieste et son territoire forment une petite division qu'animent le commerce et l'industrie ; Trieste (en allemand *Triest*) est le principal port de l'empire, et se trouve au fond du golfe du même nom ; ses nombreux bâtiments à vapeur se dirigent vers tous les points de la Méditerranée ; elle compte 100 000 habitants.

L'Istrie renferme *Rovigno*, sur la côte occidentale de cette presqu'île ; —*Pola*, avec un bon port et des antiquités intéressantes.

Les îles de *Veglia*, de *Cherso* et de *Lussin*, au S. E. de l'Istrie, dépendent de cette province.

Le royaume de BOHÈME, en allemand *Bœhmen*, considéré ordinairement, mais peu exactement, comme un pays allemand, puisqu'il est en grande partie habité par la population slave des Tchèkhes, est situé à l'angle N. O. de l'empire, et encaissé, d'une manière remarquable entre le Bœhmer-wald, les monts Moraves, le Riesen-gebirge et l'Erz-gebirge. L'Elbe, qui l'arrose, trouve à peine un passage étroit entre ces deux dernières chaînes, pour sortir de ce bassin naturel. C'est un pays très-peuplé, très-industrieux, et ses verreries, ses draps et ses toiles donnent lieu à un grand commerce. On y trouve des pierres précieuses, telles que de beaux grenats, nommés rubis de Bohème, des saphirs, des améthystes, etc.

La capitale est *Prague*, en allemand *Prag*, agréablement située sur la Moldau ; c'est une ville très-forte, peuplée de 150 000 âmes, et où fleurissent des manufactures nombreuses et une célèbre université. Un important traité de paix y fut conclu en 1866 entre l'Autriche et la Prusse. —*Reichenberg*, au pied du Riesen-gebirge, est une ville de 15 000 âmes, connue par ses draps. —

Tœplitz, *Carlsbad*, *Sedlitz* (ou mieux *Seidlitz*), *Marienbad*, *Franzensbad*, *Pullna*, au N. O., vers l'Erz-gebirge, ont des eaux minérales très-fréquentées. — *Sadowa*, près de *Kœniggraetz*, est un village fameux par une grande victoire remportée par les Prussiens en 1866.

Le margraviat de MORAVIE (en allemand *Mæhren*) est à l'E. de la Bohème, dont les monts Moraves le séparent. Les monts Sudètes le couvrent au N. La partie méridionale a des plaines fertiles. La March ou Morava est la principale rivière. Les Slovaques en font la population principale.

Brünn, la capitale de la Moravie, est une belle ville et une place forte. On y compte 60 000 habitants, et il y a d'importantes manufactures de lainages. — On remarque encore dans la Moravie : *Austerlitz*, petite ville fameuse par une grande victoire des Français en 1805 ; — *Olmütz*, ville forte, ancienne capitale du margraviat, sur la March, avec une citadelle qui servit de prison au général La Fayette; — *Iglau*, au pied des monts Moraves ; — *Kremsir*, belle ville, avec un magnifique château.

Le duché de SILÉSIE, bien moins considérable que la Silésie prussienne, dont nous avons déjà parlé, est au N. de la Moravie, et a pour capitale *Troppau*.

Le royaume de GALICIE, en allemand *Galizien* (en polonais *Halicz*), auquel est réuni le grand-duché de *Cracovie*, s'allonge du N. O. au S. E.; séparé du reste de la monarchie par les monts Carpathes, il se confond insensiblement avec les plaines de la Pologne. Le sol est fertile, mais mal cultivé. Les habitants sont, la plupart, Polonais et Ruthènes. La Vistule, le San et le Dniester arrosent cette contrée.

La capitale est *Lemberg*, *Lwow* ou *Leopol*, belle ville de 70 000 habitants. On y compte, comme dans tout le reste de la Galicie, un grand nombre de Juifs, occupés généralement des affaires commerciales. — *Brody* a 25 000 habitants, presque tous de cette nation. — *Halicz*, sur le Dniester, est remarquable par ses sources salées, et parce qu'elle fut autrefois la capitale de la Galicie, à laquelle elle a donné son nom. — *Bochnia* et *Wieliczka* sont de petites villes fameuses par leurs mines de sel gemme, les plus considérables de l'Europe.

Cracovie, en allemand *Krakau*, en polonais *Krakow*, est la capitale du grand-duché de Cracovie, qui forme la Galicie occidentale. Elle a été longtemps capitale de la Pologne, fut érigée, en 1815, en république protégée par la Russie, l'Autriche et la Prusse, et a été réunie à l'Autriche en 1846. Elle est baignée par la Vistule et renferme 40 000 habitants.

Le royaume de HONGRIE, en allemand *Ungarn*, et en hongrois *Magyar-Orszag*, c'est-à-dire *pays des Magyars*, est la plus grande des divisions de l'Autriche, et l'on y compte 8 à 9 000 000 d'habitants ; il s'étend au centre de l'empire. Le Danube et la Theiss en parcourent le cœur; la Drave et la Save l'arrosent au S. O.; le lac Balaton et celui de Neusiedl s'y trouvent à l'O. Deux des plus vastes plaines de l'Europe composent l'intérieur du pays : l'une vers le milieu, et l'autre vers le S.; cette dernière offre, aux bords du Danube et de la Theiss, d'immenses marais, et il y règne un air malsain, des chaleurs insupportables. Le S. O. du royaume est couvert par les ramifications des Alpes ; le N. et le N. E. sont couverts par les Carpathes. Le sol est très-fertile dans la plus grande partie de la contrée : on y récolte d'excellents vins, beaucoup de céréales et de bons fruits. Les mines de la Hongrie sont célèbres : on y trouve de l'or, de l'argent, du cuivre, et il y a de nombreuses sources minérales.

Les *Magyars* ou *Hongrois* sont un peuple vigoureux, fier et martial, au caractère enjoué, aux manières franches, hospitalières et cordiales. Leur langue est harmonieuse et riche : elle diffère entièrement des langues des nations au milieu desquelles ils vivent, et ressemble aux idiomes qu'on parle dans le N. et l'E. de la Russie d'Europe, c'est-à-dire aux idiomes *finnois*. Ce peuple est, en effet, venu de pays fort éloignés de celui qu'il habite aujourd'hui ; il est sorti de l'Asie, et il a séjourné ensuite longtemps dans les régions voisines des monts Ourals et au N. O. de la mer Caspienne.

La Hongrie, que la géographie hongroise divise en quatre cercles (cercles *en deçà du Danube*, *au delà du Danube*, *en deçà de la Theiss*, *au delà de la Theiss*), est partagée par le gouvernement autrichien en cinq grands districts : le *district de Kaschau*, au N.; le *district de Presbourg*, au N. O.; le *district d'Œdenbourg*, à l'O.; le *district de Bude et Pesth*, au milieu; et le *district de Gross-Wardein*, à l'E. Ces districts se divisent en comitats.

Bude ou *Ofen*, sur le Danube, avec 55000 habitants, est la capitale officielle de la Hongrie; — *Pesth* ou *Pest*, située sur la rive gauche du Danube, en face de Bude, et peuplée de plus de 130 000 âmes, est la plus grande ville du royaume, et dispute à Bude le titre de capitale.

Les autres lieux principaux sont :

A l'O., *Presbourg* ou *Posony*, belle ville, avec 45000 habitants, ancienne capitale du royaume, et située sur le Danube, près de la frontière de l'archiduché d'Autriche; — *Gran* ou *Esztergom*, sur le Danube, patrie de saint Étienne, et siége de l'archevêché primatial de la Hongrie, avec une magnifique cathédrale ; — *Comorn*, importante place forte, sur le Danube ; — *Stuhl-Weissenbourg* ou *Albe-Royale*, ville très-ancienne, située près et au N. E. du lac Balaton, et remarquable parce que les rois de Hongrie y étaient anciennement couronnés et ensevelis; — *Œdenbourg* ou *Soprony*, près du lac de Neusiedl ; — *Raab* ou *Gyœr*, sur la rivière du même nom.

Au N., *Schemnitz*, célèbre par ses mines d'or, d'argent, de plomb et de cuivre, et par son école de minéralogie ;

— *Erlau* ou *Eger* et la petite ville de *Tokay* (ou plutôt *Tokaj*), toutes deux fameuses par leurs excellents vins ; — *Kaschau*, assez grande ville ; — *Miskolcz*, qui renferme 30 000 habitants, quoiqu'on ne lui donne que le titre de bourg.

Au S., *Ketskemet*, qui porte aussi le simple titre de bourg, malgré ses 40 000 habitants ; — *Szegedin*, ville de 65 000 habitants, tous Magyars, vers le confluent de la Theiss et du Maros ; — *Arad*, qui a 27 000 âmes.

A l'E., *Debretzin*, ville très-industrieuse et peuplée de 65 000 âmes ; — *Gross-Wardein*, place très-forte, qui en a 20 000.

Au S. E. de la Hongrie, est la division qu'on appelle VOIVOVIE DE SERBIE et BANAT DE TEMÈS ; c'est un pays généralement fertile et beau ; la capitale est *Temesvar*, forteresse fameuse. — On y remarque aussi la grande ville de *Theresienstadt* ou *Theresiopel*, peuplée de 50 000 âmes ; — *Neusatz*, place très-forte, sur le Danube, avec 20000 habitants ; — *Zombor*, près du canal François.

Au S. de la Hongrie, s'étend le royaume de CROATIE et d'ESCLAVONIE, qui est formé des parties *civiles* de la Croatie et de l'Esclavonie. Il a pour capitale *Agram* ou *Zagrab*, ville de 20 000 habitants, près de la Save, dans la Croatie. On distingue, dans l'Esclavonie, *Essek*, place forte, sur la Drave.

Dans le S. O. de la Croatie, se trouve le petit territoire qu'on nomme *Littoral hongrois* ou plutôt *croate*, et qui a pour chef-lieu *Fiume*, port assez fréquenté, au fond du golfe de Quarnero.

A l'E. de la Hongrie et à l'angle S. E. de l'empire, on voit la grande-principauté de TRANSYLVANIE ou ERDÉLY. Ces deux noms signifient, l'un en latin, l'autre en hongrois, *au delà des forêts*, et ils viennent de ce que cette contrée s'étend, pour les Hongrois, au delà du territoire couvert de bois qui occupe les parties les plus orientales de leur pays. Les Allemands appellent la Transylvanie *Siebenbürgen*.

Les Carpathes couvrent partout cette région pittoresque. Le Szamos et le Maros en sont les principales rivières. Le règne animal y est fort riche, surtout en or, en argent, en cuivre, en plomb, en sel gemme et en pierres précieuses.

Les habitants de la Transylvanie sont un mélange de différentes nations : les principales sont les *Roumains*, les *Hongrois*, les *Saxons* et les *Szeklers* ou *Sicliens*; ces derniers ne paraissent être qu'une ancienne tribu hongroise, et sont tous voués au service militaire.

La capitale est *Klausenbourg* ou *Kolosvar*, ville de 22000 habitants, sur le Szamos; mais la ville la plus considérable est *Cronstadt*, peuplée de 40000 âmes, près de la frontière de la Turquie. On remarque, en outre, *Hermanstadt*, presque aussi importante que la précédente, et *Carlsbourg* ou *Albe-Julie*, dans la partie du pays la plus riche en or.

La BUKOVINE, au N. de la Transylvanie et au S. E. de la Galicie, est un pays montagneux et pittoresque, qui a pour capitale *Tschernowitz*. Les habitants sont des Roumains.

Les CONFINS MILITAIRES, en allemand *Militær Grenze*, composent une longue et étroite bande qui s'étend le long des frontières de la Turquie, depuis la mer Adriatique jusqu'à la Transylvanie. Ils diffèrent du reste de l'empire par une organisation toute militaire, qui fut établie au seizième siècle pour former une barrière contre l'empiétement des Turcs. C'est une espèce de camp perpétuel, et tous les habitants y sont soldats et laboureurs à la fois. Ces Confins comprennent quatre parties principales : la *Croatie militaire*, l'*Esclavonie militaire*, la *Serbie militaire* et le *Banat militaire*.

La Croatie militaire, baignée au S. O. par la mer Adriatique, est un pays montagneux, escarpé et riche en curiosités naturelles : on y remarque plusieurs rivières qui, ne trouvant aucun débouché à la surface du sol, s'engouffrent dans la terre. — *Zeng*, port de mer assez commerçant, et l'importante place forte de *Carlstadt*, sur la Kulpa, en sont les villes principales.

L'Esclavonie militaire est un beau pays, qui s'étend au S. de l'Esclavonie civile, le long de la rive gauche de la Save, et compte, parmi ses places fortes, *Gradiska*.

La Serbie militaire renferme, sur le Danube, *Peterwardein*, une des places les plus fortes de l'Europe, célèbre par une grande victoire que le prince Eugène y remporta sur les Turcs en 1716; — *Carlowitz*, située dans un territoire riche en vins renommés, et où fut conclu un traité fameux, en 1699, entre les Autrichiens et les Turcs; — *Semlin*, place forte et ville très-commerçante.

Le Banat militaire a pour ville principale *Pancsova*.

Le royaume de DALMATIE, en allemand *Dalmatien*, est la plus méridionale des divisions de l'Autriche; c'est une contrée longue et étroite, qui s'étend du N. O. au S. E., entre la mer Adriatique et la Turquie. Presque partout elle est couverte par les Alpes Dinariques, entre lesquelles s'ouvrent des abîmes, des précipices profonds, et, çà et là, de petites plaines fertiles, des vallées fort chaudes et très-riantes, où la vigne, les oliviers, les figuiers, donnent des produits renommés. Les principales rivières sont la Kerka et la Cettina, qui forment de magnifiques cataractes. La mer a creusé dans ce pays beaucoup de petits golfes, et la côte présente un grand nombre de presqu'îles, dont la principale est celle de *Sabioncello*. Une multitude d'îles sont répandues dans cette partie de l'Adriatique et composent l'archipel *Dalmate-Illyrien*; on remarque surtout, comme dépendantes de la Dalmatie, les îles *Pago*, *Grossa*, *Brazza*, *Lesina*, *Curzola*, *Meleda*, et *Lissa*, devenue célèbre en 1866 par une bataille navale entre les Autrichiens et les Italiens.

La capitale de la Dalmatie est *Zara*, petite ville maritime, qui ne compte que 10 000 âmes. — *Spalatro* ou *Spalato* est un autre port de mer, situé près de l'emplacement de l'ancienne Salone, célèbre par le séjour de l'empereur Dioclétien. — *Raguse*, aujourd'hui peu importante, a été longtemps une république puissante et l'une des principales places maritimes de l'Adriatique. — *Cattaro*, vers l'extrémité S. du royaume, dans un canton délicieux, est sur le golfe qu'on nomme Bouches de Cattaro.

Chemins de fer. — Il y a de nombreux chemins de fer dans l'Autriche : *Vienne* communique avec *Cracovie* et avec *Varsovie* par la grande ligne qu'on appelle *Ferdinand Nord-Bahn*, et à laquelle se rattachent les chemins de *Brünn* et d'*Olmutz*, qui se réunissent ensuite pour former la ligne dirigée sur *Prague*, *Dresde* et *Berlin*; il s'y rattache aussi un chemin qui va à *Presbourg*, à *Pesth*, à *Szegedin*, à *Temesvar*, avec embranchements sur *Debretzin*, *Gross-Wardein*, et plusieurs autres rameaux dans le centre de la Hongrie; un autre embranchement se rend à *Stockerau*. De *Vienne*, un chemin conduit à *Bruck-sur-Leitha*, à *Raab*, à *Bude*; un autre, à *Bruck-en-Styrie*, à *Gratz*, à *Laybach* et à *Trieste*; un quatrième, à *Munich*.

Lintz est unie à *Budweiss*, au N., et à *Gmunden*, au S.

Population, langues, religion, gouvernement. — La population de la monarchie Autrichienne est une agglomération de peuples divers, profondément séparés entre eux par les mœurs, les institutions, le langage.

On compte 8 millions d'*Allemands*, 5 millions de *Hongrois* ou *Magyars*, 1 million d'*Italiens* (y compris les *Friouliens* et les *Ladins*, petit peuple du Tyrol), 15 millions de *Slaves*. Ces derniers se divisent en un rand nombre de peuples, tels que les *Tchèkhes* ou *Boèmes*, qui habitent la Bohème ; les *Slovaques*, dans la Ioravie et la Hongrie ; les *Polonais*, dans la Galicie ; les

Russniaques ou *Ruthènes*, dans la même contrée et dans la Hongrie ; les *Slavons* ou *Esclavons*, dans l'Esclavonie ; les *Slovènes* (comprenant les *Wendes* et les *Carniolais*), dans la Styrie et l'Illyrie ; les *Dalmates*, les *Morlaques*, les *Istriens*, les *Croates*, les *Serbes*, dans les parties méridionales de l'empire.

Environ 4 millions de *Roumains*, divisés en *Valaques* et *Moldaves*, et dont la langue dérive directement du latin, se trouvent dans les parties S. E. et orientales de l'Autriche.

Les *Juifs* y sont plus nombreux que dans la plupart des autres pays de l'Europe. Enfin, c'est aussi l'un des états où l'on rencontre le plus de ces *Bohémiens* ou *Zigueunes*, populations errantes qu'il ne faut pas confondre avec les Bohèmes ou Tchèques ; là, comme dans les autres contrées, les Bohémiens mènent une vie vagabonde, et sont plongés dans la misère et l'avilissement. On ne connaît pas précisément l'origine de ce peuple singulier, mais l'opinion la plus probable est qu'il sort de l'Hindoustan.

Les langues parlées dans l'empire sont aussi diverses que les nations qui l'habitent. Cette divergence même des idiomes a fait adopter le latin comme un lien entre les différentes populations de la Hongrie et de la Transylvanie : il n'y a pas de pays où cette langue ancienne soit parlée plus facilement et plus généralement, même par le bas peuple.

Le catholicisme est la religion dominante ; mais la liberté de conscience est entière, et les religions protestante et grecque comptent aussi, dans cet empire, de nombreux sectateurs. — Le gouvernement de l'Autriche est une monarchie, qui a été tout à fait absolue pendant longtemps, mais dont le pouvoir est aujourd'hui limité par le *Conseil de l'empire* ou *Reichsrath*. Avant la dissolution de la confédération Germanique, en 1866, l'Empereur faisait partie de cette confédération pour la Bohême, la Moravie, le duché de Silésie, l'archiduché d'Autriche, le duché de Salzbourg, la Styrie, le Tyrol, la Carinthie, la Carniole, la plus grande partie du Littoral Illyrien et une petite portion de la Galicie.

L'instruction primaire est fort répandue dans l'Autriche; les moyens de communication et le commerce sont encouragés; les perfectionnements de l'agriculture et de l'industrie sont favorisés. Malgré ces soins, la civilisation est encore peu avancée chez la plupart des populations orientales et méridionales de l'empire, surtout chez celles qui appartiennent à la famille slave.

L'armée se compose de deux parties distinctes : l'armée permanente, et les colonies militaires (celles des Confins) : en temps de paix, elle compte 400 000 hommes ; en temps de guerre, ce nombre peut être porté à 800 000. L'armée navale a 117 bâtiments. — Le revenu de l'empire s'élève à environ 1 100 000 000 de francs. La dette de l'État est de 6 500 000 000 de francs. Les finances de l'Autriche sont parmi les moins prospères de toutes celles des états de l'Europe.

Les principaux produits de l'industrie de l'empire d'Autriche sont les draps, les tissus de coton, les soieries, le fer, les ouvrages en métaux, les instruments aratoires, l'ébénisterie, les glaces, les verreries, les instruments de musique, les liqueurs. Le commerce maritime a lieu surtout par les ports de Trieste, de Fiume, de Zara, de Raguse. Mais le commerce par terre est encore plus considérable. Les exportations, s'élevant à 800 millions, consistent en laines, étoffes de laine et autres tissus, métaux, instruments aratoires, soie, riz, vins de Hongrie, bestiaux, etc. Les importations sont de 600 millions.

SUISSE

OU CONFÉDÉRATION HELVÉTIQUE.

DIVISIONS PRINCIPALES ; VILLES IMPORTANTES; POPULATION, LANGUES, RELIGION, GOUVERNEMENT, ETC.

Introduction sur la géographie physique de la Suisse. — La Suisse (en allemand *Schweiz* et en italien *Svizzera*), appelée aussi *confédération Helvétique*, d'après l'ancien peuple des Helvétiens, qui en habitait la plus grande partie, est placée presque au centre de l'Europe, sous la latitude moyenne de 47 degrés, entre la France, à l'O. et au S. O., l'Allemagne, au N. et à l'E., et l'Italie, au S. Le Doubs, le Jura et le lac de Genève la séparent de la première de ces contrées ; le Rhin et le lac de Constance marquent la limite vers l'Allemagne ; les Alpes, le lac Majeur et celui de Lugano forment la frontière du côté de l'Italie.

Ce pays a 360 kilomètres de longueur, de l'E. à l'O., et 200 de largeur, du N. au S.; la superficie est de 41 000 kilomètres carrés; on y compte 2 500 000 hab.

La Suisse est célèbre par la variété de ses sites et ses délicieux paysages, par ses beaux lacs, ses montagnes majestueuses, ses vallons pittoresques et ses nombreuses cascades.

Il y a, au N. et à l'O., quelques fertiles plaines ; mais tout le S. et le milieu sont hérissés de montagnes, que couvrent, en beaucoup d'endroits, des neiges éternelles et d'énormes glaciers ; ces masses de neige et de glace, et les hauts rochers qui les entourent, présentent les formes les plus imposantes; d'innombrables ruisseaux s'élancent de leur sein en écumant, ou en formant des nappes argentées. Mille autres curieux accidents de la nature attirent les voyageurs dans cette intéressante région; mais souvent aussi de grands dangers les y menacent : ce sont tantôt d'effroyables précipices, tantôt des éboulements de montagnes, qui changent subitement une contrée riante en un chaos où sont ensevelis pêle-mêle les hommes, les troupeaux et les habitations; quelquefois ce sont des débordements furieux de torrents, dont le lit a été tout à coup interrompu par des matières tombées du haut des Alpes; souvent, enfin, des avalanches ou lavanches, formées par des monceaux de neige qui se détachent des hauteurs et se précipitent au fond des vallées avec une impétuosité et un bruit affreux; on a vu des hommes et des animaux renversés et privés de vie par le tourbillon d'air qu'elles produisent à quelque distance de leur passage; la moindre secousse, un son léger qui ébranle l'atmosphère, un oiseau qui se pose sur la pointe d'un rocher, suffisent pour détacher une avalanche : une très-petite pelote se produit d'abord, et elle s'accroît si fort en roulant, qu'avant d'arriver au fond de la vallée elle peut acquérir la grosseur d'une colline; elle se réduit quelquefois, au moment de sa chute, en une poussière glacée, qui s'élève très-haut et se répand à une grande distance; c'est un des spectacles les plus beaux et les plus terribles qu'on puisse voir.

Pour se garantir de ce redoutable fléau, on a construit beaucoup de voûtes maçonnées, et l'on a pratiqué dans le roc un grand nombre de cavités, où l'on peut se réfugier.

La plus grande partie de la Suisse n'est pas propre à la culture; mais il y a, sur les flancs des montagnes, d'excellents pâturages, où paissent d'innombrables troupeaux de vaches superbes, de bœufs, de moutons et de chèvres : on y fait, en plusieurs lieux, des fromages renommés.

Le climat offre, dans ce pays, des variations infinies : un hiver perpétuel règne au sommet des Alpes; mais, dans beaucoup de vallées, on jouit de la température la plus douce, et l'on y cultive le tabac, les figues, les amandes, les châtaignes, les olives et la vigne.

La grande arête qui sépare l'Europe en deux versants généraux, celui du N. et celui du S , parcourt cette contrée au S. E., au S. et à l'O. Tout ce qui se trouve au N. de cette arête appartient au bassin de la mer du Nord; tout ce qui se trouve au S. fait partie du bassin de la Méditerranée et de deux de ses divisions, la mer Adriatique et la mer Noire.

A l'E., cette arête porte le nom d'*Alpes des Grisons* depuis l'Allemagne jusqu'au mont Septimer, et elle se dirige du N. E. au S. O.; — dans la partie moyenne, elle va de l'E. à l'O., et s'appelle d'abord *Alpes Rhétiques occidentales;* ensuite, ce sont les *Alpes Lépontiennes orientales*, et, plus à l'O., les *Alpes Bernoises*, qui se prolongent jusque vers la pointe orientale du lac de Genève; — la partie occidentale de l'arête s'étend d'abord au N. de ce lac sous la forme de faibles hauteurs, dont un des points principaux est le *Jorat*; elle se relève bientôt avec le *Jura*, qui se dirige du S. O. au N. E.

Deux arêtes secondaires se détachent de l'arête principale et vont séparer les bassins particuliers de la Méditerranée proprement dite, de l'Adriatique et de la mer Noire : l'une est formée des *Alpes Rhétiques orientales*, qui s'élèvent entre les tributaires de la mer Noire et les tributaires de la mer Adriatique et dont le groupe de *Bernina* est une des parties principales. — La seconde, plus haute que toutes les autres chaînes de la Suisse, s'étend sur la frontière méridionale du pays, et sépare le versant de l'Adriatique le celui de la Méditerranée propre; elle se compose des *Alpes Lépontiennes occidentales* et des *Alpes Pennines*.

Les sommets que présentent toutes ces masses de montagnes, affectent des formes très-différentes dans les Alpes et dans le Jura : les cimes de celles-là sont granitiques, et projettent des pics irréguliers et déchirés, qui prennent le nom d'aiguilles, de cornes ou de dents; les monts calcaires du Jura forment, au contraire, des massifs allongés, droits et réguliers, généralement revêtus de grandes forêts de sapins.

Le plus haut sommet des Alpes des Grisons est le mont *Scaletta*.

Un des points les plus remarquables des Alpes Rhétiques occidentales est le *Splugen*, où passe une route célèbre. — Le *Bernardino*, où ces dernières Alpes se joignent aux Lépontiennes, a aussi une route importante.

Le *Saint-Gothard*, où passe une autre route fort connue, est un nœud remarquable où les Alpes Bernoises viennent se joindre aux Alpes Lépontiennes, et d'où s'échappent, dans toutes les directions, des cours d'eau tributaires de la mer du Nord, de la Méditerranée et de l'Adriatique. Ce mont s'élève à 3100 mètres au-dessus de la mer. — Dans les Alpes Lépontiennes orientales, est le mont *Adula*.

Dans les Alpes Bernoises, on distingue : les monts de la *Fourche*, *Galenstock* et *Grimsel*, qui enveloppent les sources du Rhône ; — le *Finster-Aarhorn*, qui a plus de 4360 mètres de hauteur ; — le pic de la *Vierge* ou de la *Jungfrau*, qui n'est guère moins élevé ; la *Gemmi*, etc.

On voit dans les Alpes Rhétiques orientales le pic *Scalino* et le *Bernina*, qui atteignent près de 4000 mètres.

Dans les Alpes Lépontiennes occidentales, on remarque le *Simplon*, où les Français ont ouvert, en 1801, une belle route.

Le mont *Rosa*, où s'unissent les Alpes Lépontiennes et les Alpes Pennines, parvient à 4636 mètres ; c'est le plus haut point des montagnes suisses, et il n'est surpassé, dans toutes les Alpes, que par le mont Blanc.

Les principaux sommets des Alpes Pennines sont : le mont *Cervin* ou *Matterhorn*, qui élève jusqu'à près de 4600 mètres sa mince aiguille, la plus pointue de toute la chaîne ; — le *Combin*, un peu moins haut ; — et le *Grand Saint-Bernard* (de 3600 mètres), qui est le plus célèbre de tous ces sommets, à cause de son hospice et du passage des troupes françaises en 1800. L'hospice du Grand Saint-Bernard se trouve à 2400 mètres d'altitude ;

des religieux y reçoivent les étrangers avec empressement; ils parcourent les routes pour porter des secours aux voyageurs ensevelis sous les neiges, et ils en sauvent ainsi chaque année un grand nombre.

Dans le *Jura*, on peut citer le mont *Tendre* et la *Dôle*, qui n'ont qu'un peu plus de 1620 mètres; ils se trouvent l'un et l'autre dans la partie la plus méridionale du Jura suisse.

La Suisse est partagée entre les bassins de quatre mers : la mer du Nord, la Méditerranée proprement dite, l'Adriatique et la mer Noire.

Elle envoie à la première la plus grande partie de ses eaux, par le *Rhin*, qui a ses trois sources dans les Alpes Lépontiennes orientales, coule d'abord vers le N. E., forme le grand lac de *Constance*, et tourne ensuite à l'O. jusqu'à la frontière de France. Ce fleuve est fort rapide et offre plusieurs chutes, entre autres celle de Schaffhouse, qui a 22 mètres.

Les principaux affluents du Rhin, en Suisse, sont la *Thur* et l'*Aar*; celle-ci est la plus considérable, et parcourt du S. au N. toute la contrée; elle forme les lacs de *Brientz* et de *Thun*, et reçoit à droite : 1° la *Reuss*, qui produit le grand lac de *Lucerne* ou des *Quatre-Cantons*, et a pour tributaire le lac de *Zug*; 2° la *Limmat*, qui sert d'écoulement au lac de *Zürich* et au lac de *Wallen*. Par la rive gauche, l'Aar reçoit la *Sarine* ou *Saane*, et la *Thièle* ou *Zihl*, qui lui apporte les eaux des lacs de *Bienne*, de *Neuchâtel* et de *Morat*.

Sur le versant de la Méditerranée, on trouve le *Rhône*, qui descend avec impétuosité des glaciers du Grimsel et de la Fourche, à l'extrémité orientale des Alpes Bernoises, et forme le magnifique lac *Léman* ou de *Genève*, étendu de l'E. à l'O. sous la figure d'un vaste croissant.— Le *Doubs* appartient aussi à ce versant.

Du côté de l'Adriatique, on voit couler le *Tésin*, *Tessin* ou *Ticino*, qui tombe dans le lac *Majeur*, d'où il sort en Italie pour aller se jeter dans le Pô.

Le lac de *Lugano* s'écoule dans le lac Majeur.

Sur le versant de la mer Noire, on ne remarque que l'*Inn*, affluent du Danube.

Divisions principales ; villes importantes. — La Suisse est composée de vingt-deux cantons confédérés, distribués en deux grandes régions physiques : le *versant de la mer du Nord* et le *versant de la Méditerranée*.

Sur le premier, on distingue sept cantons arrosés par le Rhin : les *Grisons*, *Saint-Gall*, *Thurgovie*, *Schaffhouse*, *Zurich*, *Argovie*, *Bâle* ; — et onze qui, sans être baignés par ce fleuve, appartiennent à son bassin : *Appenzell* et *Glaris*, à l'E. ; *Schwitz*, *Uri*, *Unterwalden*, *Zug*, *Lucerne*, au milieu, et *Soleure*, *Berne*, *Fribourg*, *Neuchâtel*, à l'O.

Sur l'autre versant, il y a quatre cantons : trois dans le bassin du Rhône : le *Vallais*, *Vaud*, *Genève* ; et un seul dans le bassin du Tésin, et par conséquent du Pô, tributaire de l'Adriatique : c'est le canton du *Tésin*.

Versant de la mer du Nord. — Cantons arrosés par le Rhin. — Le canton des GRISONS, le plus grand de la confédération, s'étend dans l'E. de la Suisse, et s'avance entre l'Italie et l'Allemagne. Il est partout couvert de hautes montagnes, qui appartiennent aux Alpes Rhétiques, Lépontiennes et des Grisons. C'est dans ce pays que le Rhin se forme, sous les murs du château de Reichenau, par la réunion du Rhin antérieur et du Rhin postérieur.

Le nom allemand du canton est *Graubunden*, c'est-à-dire *ligues Grises*. Cette dénomination vient de ce que les habitants de ce pays, lorsqu'ils se liguèrent, dans le quinzième siècle, pour secouer le joug autrichien, portaient des habits grossiers d'une étoffe grise. Le pays est divisé en trois ligues ou petits états : la ligue *Grise*, à l'O. ; la ligue *Caddée* ou de la *Maison de Dieu*, au milieu ; la ligue des *Dix-Droitures*, à l'E.

Le chef-lieu du canton est *Coire* (en allemand *Chur*), petite ville assez commerçante, située près du Rhin, dans la ligue Caddée.

SAINT-GALL est un assez grand canton, qui s'étend au sud du lac de Constance ; il est bordé à l'E. par le Rhin, et baigné au S. O. par le lac de Wallen et celui de Zürich, qui s'écoulent l'un dans l'autre par la Linth.

Le chef-lieu est *Saint-Gall* (en allemand *Sanct-Gallen*), ville de 11 000 âmes, située près du lac de Constance. — *Pfæfers* est célèbre par ses eaux minérales et son ancienne abbaye.

Le canton de THURGOVIE (en allemand *Thurgau*) doit son nom à la Thur, qui le parcourt. Il est baigné à l'E. par le lac de Constance, et au N. par le lac Inférieur, qui n'est en réalité qu'un bras de ce grand lac.

Le chef-lieu du canton est *Frauenfeld*, petite ville, connue par ses soieries.

Le canton de SCHAFFHOUSE est le plus septentrional de la Suisse ; il s'avance vers l'Allemagne, à la droite du Rhin.

Le chef-lieu, *Schaffhouse* (en allemand *Schaffhausen*), se trouve sur le Rhin, un peu au-dessus de la belle cataracte que ce fleuve forme à Laufen.

Le canton de ZURICH est un des plus importants et des plus riches de la Suisse. Le Rhin et la Thur l'arrosent au N. Le beau lac de Zurich s'y étend au S.; la Limmat y coule à l'O.

Le chef-lieu est *Zürich*, dans une situation ravissante, à l'extrémité N. O. du lac de son nom, à l'endroit où la Limmat en sort. On y compte 20 000 habitants. Elle a de nombreuses fabriques, surtout de soieries, et elle cultive les lettres avec succès.

Le canton d'ARGOVIE (en allemand *Aargau*) est borné au N. par le Rhin; l'Aar, la Reuss et la Limmat le parcourent; c'est un pays fertile.

Le chef-lieu est *Aarau*, petite ville industrieuse, sur l'Aar. — *Baden*, sur la Limmat, a des eaux minérales célèbres. — Les eaux minérales de *Schinznach* sont aussi très-fréquentées.

Le canton de BÂLE, en allemand *Basel*, est placé à l'angle N. O. de la Suisse sur la frontière de l'Allemagne et de la France. Il est divisé en deux républiques distinctes: *Bâle-Ville* et *Bâle-Campagne*. — La république de *Bâle-Ville* ne se compose que de la ville de *Bâle*, sur le Rhin, et de quelques villages voisins. Cette ville est peuplée de 38 000 habitants. Il y règne un commerce actif.

La république de *Bâle-Campagne*, beaucoup plus étendue que l'autre partie du canton, a pour chef-lieu la petite ville de *Liestal*. On y trouve *Augst*, qui est l'ancienne *Augusta Rauracorum*.

Cantons appartenant au bassin du Rhin, mais non baignés par ce fleuve. — Le canton d'APPENZELL, entouré de tous côtés par celui de Saint-Gall, est un des plus petits de la Suisse, et cependant il forme deux républiques : celles des *Rhodes* (communes) *extérieures*, et celle des *Rhodes intérieures*. — Les Rhodes extérieures ont pour chef-lieu *Trogen*, et pour ville la plus considérable *Herisau*. Le chef-lieu des Rhodes intérieures est *Appenzell*.

Le canton de GLARIS, au N. O. des Grisons et au S. O. de Saint-Gall, est un pays de montagnes et de bons pâturages.

Le chef-lieu est *Glaris* ou *Glarus*, sur la Linth, au pied du mont Glærnisch.

Le canton de SCHWITZ, qu'on appelle encore *Schweiz* ou *Schwyz*, a donné son nom à toute la Suisse. Ce fut un des trois premiers cantons qui secouèrent la domination de l'Autriche et qui fondèrent la confédération Suisse. Il est placé entre le lac de Zürich, au N., le lac de Lucerne, au S., et le lac de Zug, à l'O. Les sites y sont variés et pittoresques. Dans sa partie occidentale, entre les lacs de Lucerne et de Zug, se trouve le mont Rigi, d'où l'on jouit d'une vue admirable. Non loin de là, est la vallée de Goldau, bouleversée en 1806 par un éboulement du mont Rossberg.

Le chef-lieu est *Schwitz*.

Le canton d'Uri s'allonge au S. de celui de Schwitz, et ne se termine qu'au mont Saint-Gothard. La Reuss le parcourt dans sa longueur.

Uri fut aussi l'un des cantons fondateurs de la confédération Suisse, et son chef-lieu, *Altdorf*, a été le séjour de Guillaume Tell.

Le canton d'UNTERWALDEN qu'on appelle quelquefois, moins exactement, *Underwald*, est à l'O. de celui d'Uri et au S. du lac de Lucerne.

Il partage, avec les deux cantons précédents, la gloire d'avoir fondé la confédération. Il est divisé en deux républiques : l'*Obwald*, chef-lieu *Sarnen*, au S., et le *Nidwald*, chef-lieu *Stanz*, au N. — La prairie de *Grütli*, sur le lac de Lucerne, dans le Nidwald, est célèbre par le serment d'union qu'y prononcèrent les trois libérateurs de la Suisse, en 1307.

Le canton de ZUG, resserré entre les cantons de Schwitz, de Zurich et de Lucerne, est un des plus petits de la Suisse, mais un des plus intéressants par ses sites délicieux, surtout vers les bords du lac de Zug.

La petite ville de *Zug* s'élève sur le bord oriental de ce lac.

Sur la frontière du canton de Zug et de celui de Schwitz, s'élève le mont *Morgarten*, célèbre par une victoire des Suisses sur les Autrichiens, en 1315, et par des combats que les Français y livrèrent aux Suisses, en 1798, et aux Autrichiens, en 1799.

Le canton de LUCERNE est le plus considérable du centre de la Suisse. Il est, à l'E., arrosé par la Reuss, et baigné par le lac de Lucerne, qu'on nomme aussi lac des *Quatre-Cantons* ou des *Waldstettes*. Cette masse d'eau est longue, irrégulière, et a des golfes profonds, des rives escarpées et majestueuses.

Lucerne (en allemand *Luzern*), à l'endroit où la Reuss sort du lac, est le chef-lieu du canton ; elle ne compte que 12000 habitants, mais elle fait un grand commerce. — *Sempach*, dans ce canton, vers un lac du même nom, est célèbre par une victoire des Suisses sur les Autrichiens, en 1386.

Le canton de Soleure, au S. du canton de Bâle, s'étend le long de l'Aar et sur une partie du mont Jura.

Le chef-lieu est *Soleure* (en allemand *Solothurn*), petite ville assez bien bâtie, sur l'Aar. — *Olten*, aussi sur l'Aar, est le centre principal des chemins de fer suisses.

Le grand canton de Berne est le plus important de la Suisse. Il s'étend depuis la frontière de France jusqu'aux Alpes Bernoises ; l'Aar le parcourt, en y formant les jolis lacs de Brienz et de Thun, et la Thièle y produit le lac de Bienne. Les aspects y sont très-diversifiés : au N., on voit les montagnes du Jura ; au milieu se trouvent de belles plaines et de larges vallées ; au midi, dans ce qu'on appelle l'*Oberland* (haut pays), sont quelques-uns des plus hauts sommets et des plus vastes glaciers des Alpes : à leur pied s'ouvrent des vallons extrêmement pittoresques, où abondent des cascades curieuses : les plus célèbres de ces cascades sont celles du *Staubbach*, du *Giessbach*, du *Reichenbach*. Le glacier de Grindelwald est un des plus remarquables. Les vallées où s'offrent les spectacles les plus grandioses sont celles de *Grindelwald* et de *Lauterbrunnen*.

Le chef-lieu est BERNE, en allemand *Bern*, la capitale de la confédération Suisse. Cette ville, située sur une presqu'île de l'Aar, est belle et fort animée. On y compte 30 000 habitants.

Dans le N. du canton, on remarque *Porrentrui*.

Le canton de Fribourg, à l'O. de celui de Berne, est

traversé du S. au N. par la Sarine, et se prolonge au N. O. jusqu'au lac de Neuchâtel. Il est couvert, au S., de hautes montagnes où sont d'excellents pâturages.

Fribourg, en allemand *Freiburg*, chef-lieu du canton, ville de 10 000 habitants, s'élève sur une colline escarpée, que baigne la Sarine, et occupe un des sites les plus pittoresques de la Suisse.

La petite ville de *Morat*, sur le bord S. E. du lac du même nom, est célèbre par la grande victoire que les Suisses y remportèrent, en 1476, sur Charles le Téméraire. — *Gruyères*, dans le S. du canton, est renommée par ses fromages.

Le canton de NEUCHÂTEL, resserré entre le lac de ce nom et le Doubs, qui marque, en cet endroit, la frontière de la France, est couverte par le Jura, et offre de riches et belles vallées, dont une des plus remarquables est le *Val de Travers*. Tout en faisant partie de la confédération Suisse, il a appartenu longtemps au roi de Prusse, sous le titre de principauté. Mais, par un traité conclu en 1857, ce souverain a renoncé à tous ses droits sur le pays de Neuchâtel. — C'est un canton industrieux, et il y a surtout de nombreuses fabriques d'horlogerie et de dentelles.

Le chef-lieu est *Neuchâtel*, en allemand *Neuenburg*, qui s'élève agréablement sur le bord occidental du lac du même nom.

Dans le N. O. du canton, on voit *La Chaux-de-Fonds* et *Le Locle*, deux beaux endroits de 10000 à 15000 habitants, qu'ont enrichis la fabrication et le commerce de l'horlogerie.

Versant de la Méditerranée. — Le VALLAIS[1], en allemand *Wallis*, est un long canton, formé par la vallée du Rhône avant le lac de Genève, et profondément encaissé entre les Alpes Bernoises, au N., et les Alpes Pen-

[1] Cette orthographe est préférable à celle de *Valais* qu'on emploie généralement, ce nom vient, en effet, de *vallis* (*vallée*) : c'est l'ancienne *Vallis Pennina*.

nines et Lépontiennes, au S.; c'est sur ses limites que sont les plus hautes montagnes de la Suisse. Partout des torrents rapides le parcourent et y forment de nombreuses cascades: la plus remarquable est, à l'O., celle de Pisse-Vache, haute de 100 mètres. On trouve, dans quelques parties du Vallais, des infortunés nommés *crétins*, êtres totalement imbéciles et affectés généralement d'énormes goîtres. — Le chef-lieu est la petite ville de *Sion* ou *Sitten*, dans un pays magnifique, vers le Rhône. — Près de *Loueche* ou *Loèche* (en allemand *Leuk*), sont des eaux minérales très-fréquentées et le célèbre passage de la *Gemmi*, qui coupe les Alpes Bernoises. — Près de *Martigny*, on admire la gorge pittoresque du *Trient*.

Le canton de VAUD, en allemand *Waat*, au S. de celui de Neuchâtel, est l'un des plus grands et des plus beaux de la Suisse. Il s'étend entre le lac de Neuchâtel au N., et celui de Genève, au S. Les Alpes Bernoises le couvrent à l'E.; le mont Jura y offre à l'O. ses plus hauts sommets suisses; le petit groupe du Jorat se trouve au milieu. La partie la plus agréable du canton est celle qui borde le lac de Genève; il s'y présente un délicieux mélange de maisons de campagne, de jardins, de vignobles, de prairies, de villes florissantes.

Le chef-lieu est *Lausanne*, ville de 20000 habitants, très-fréquentée par les voyageurs, et située près de la rive septentrionale du lac de Genève; *Ouchy* lui sert de port.

Vevay, en allemand *Vyvis*, est une jolie ville, dans une magnifique situation, vers la partie orientale du même lac.

Yverdun ou *Yverdon*, en allemand *Ifferten* (ancienne *Ebrodunum*), est à l'extrémité S. O. du lac de Neuchâtel, auquel on donne quelquefois le nom de cette ville.

Granson, sur la rive O. de ce lac, est célèbre par une victoire des Suisses sur les Bourguignons, en 1476.

Avenche, enclavée dans le canton de Fribourg, offre les ruines de l'ancienne *Aventicum*.

Le canton de GENÈVE, placé à l'extrémité S. O. de la

Suisse, est, avec celui de Zug, le plus petit de la confédération; mais il en renferme la plus grande ville, *Genève*, en allemand *Genf*, en italien *Ginevra*, chef-lieu du canton; cette ville est admirablement placée à l'endroit où le Rhône sort du lac, et vers la frontière de la Suisse et de la France. Elle a beaucoup d'établissements scientifiques et littéraires, et des fabriques renommées de bijouterie et d'horlogerie. Elle a donné naissance à un grand nombre de célébrités: J. J. Rousseau, Saussure, Necker, Tœpfer, Pradier, etc. On y compte 42 000 hab.

Le canton du TÉSIN ou TESSIN, placé au S. des Alpes Lépontiennes, est incliné vers l'Italie, et l'on y trouve le climat et le langage italiens. Le Tésin l'arrose du N. au S., et s'y jette dans le lac Majeur. Le lac de Lugano baigne aussi ce pays.

Bellinzone, sur le Tésin; *Locarno*, sur le lac Majeur, et *Lugano*, sur le lac de ce nom, sont tour à tour, pendant six ans, les chefs-lieux du canton.

Les principaux chemins de fer qui parcourent la Suisse ou qui l'unissent aux pays voisins sont les suivants: de *Bâle* à *Strasbourg;* de *Bâle* à *Carlsruhe;* — d'*Olten* (qui est le centre principal des chemins suisses) à *Bâle*, d'un côté, à *Berne*, d'un autre, avec embranchement sur *Neuchâtel*; à *Aarau* et *Zürich*, dans une troisième direction; à *Aarbourg* et *Lucerne*, dans une quatrième direction; — de *Zurich* à *Winterthur*; de *Winterthur* au *lac de Constance;* — de *Neuchâtel* à *Pontarlier*, *Dijon*, *Paris;* — d'*Yverdun* à *Lausanne;* — de *Berne* à *Thun;* de *Berne* à *Fribourg* et *Lausanne;* de *Lausanne* à *Genève;* de *Genève* en *France* (Lyon, Paris (par Mâcon), Chambéry); — de *Lausanne* à *Villeneuve* et *Sion*.

Population, langues, religion, gouvernement, etc. — Des 2 500 000 habitants que renferme la Suisse, environ les trois cinquièmes sont protestants, de la réforme de Calvin et de Zwingle; les autres appartiennent au catholicisme. Il y a fort peu de luthériens. Les cantons du centre et du sud sont catholiques.

Les Suisses sont, en général, une population allemande; cependant, à l'O., ils ont une origine française, et, dans quelques parties du S. et du S.E., une origine italienne. Aussi n'y a-t-il pas de langue suisse: on parle allemand dans le N., l'E. et le centre; français dans l'O.; italien dans le Tésin et dans une partie du canton des Grisons. Dans ce dernier canton, règnent aussi l'allemand et un idiome particulier, le roman, dérivé du latin et divisé en deux dialectes, le roman proprement dit et le ladin.

La diversité d'origines et de langages, la grande variété des situations et des climats, et l'indépendance isolée de chaque petite république, font qu'on ne trouve pas en Suisse un caractère national bien marqué. Cependant, on peut dire que presque partout, dans ce pays, règnent des mœurs honnêtes, beaucoup de piété, un profond respect pour les anciennes coutumes, de la cordialité, une industrie active et intelligente, des manières simples et naturelles, un grand amour de l'indépendance et de la patrie; les Suisses, même dans les villes, recherchent plus les jouissances de la vie intérieure que les plaisirs brillants de la société.

Les vingt-deux cantons de la Suisse forment en tout vingt-sept états ou républiques; car Bâle, Appenzell et Unterwalden sont divisés, chacun, en deux républiques distinctes, et les Grisons en comprennent trois. Ces états sont unis et confédérés, pour le maintien de leur liberté, contre toute attaque de l'étranger, et pour la conservation de l'ordre et de la tranquillité dans l'intérieur. D'après la constitution fédérale de 1848, le gouvernement de la confédération est exercé par trois pouvoirs: 1° l'Assemblée fédérale, composée des députés élus par la nation; 2° le Conseil fédéral ou pouvoir exécutif; 3° le Tribunal fédéral. — Le conseil fédéral est présidé par le président de la confédération, nommé pour un an par l'Assemblée fédérale et pris dans le sein du Conseil.

L'instruction publique est florissante; il y a des universités à Zurich, à Berne et à Bâle, des académies à Genève et à Lausanne, et une école polytechnique à Zurich.

Tout Suisse est tenu au service militaire; le service est obligatoire depuis l'âge de vingt ans jusqu'à quarante-quatre ans. L'armée fédérale, formée des contingents des cantons, se compose: 1° de l'armée régulière, ou de l'élite fédérale, composée des hommes de vingt à trente-quatre ans, et pour laquelle chaque canton fournit trois hommes sur cent âmes de la population suisse; 2° de la réserve; 3° de la landwehr. L'armée régulière compte environ 80000 hommes. Toute l'armée fédérale s'élève à 200000 hommes.

Le revenu de la Suisse n'est que de 19000000 de francs à peu près.

L'industrie est très-active dans les cantons de l'O. et du N.: elle fournit des soieries, de l'horlogerie, des toiles, des mousselines, des indiennes, des blondes, du papier, des chapeaux de paille, des fromages.

La Suisse a un commerce aussi considérable qu'il peut l'être avec des communications assez difficiles; la navigation est presque nulle, excepté sur les grands lacs; les routes vers la France et l'Allemagne sont nombreuses et commodes. Mais, vers l'Italie, il n'y en a qu'un petit nombre, à travers les cols escarpés des Alpes: les principales sont celles du Simplon, du Saint-Gothard, du Bernardino et du Splugen. On exporte des bois, des peaux, des bestiaux, des fromages, du beurre, de l'horlogerie, des soieries, des tissus de coton, des chapeaux de paille. On importe des céréales, des vins, des eaux-de-vie, des denrées coloniales, de l'huile, des tissus de laine, etc.

L'exportation et l'importation réunies s'élèvent à 875 millions de fr.

ITALIE.

DIVISIONS PRINCIPALES ; VILLES IMPORTANTES ; POPULATION, LANGUES, RELIGION, GOUVERNEMENT, ETC.

Introduction sur la geographie physique de l'Italie. — L'Italie se compose d'une grande presqu'île et de plusieurs îles, dont les plus considérables sont la Sicile et la Sardaigne.

La presqu'île s'allonge du N. O. au S. E., depuis 37° 50' jusqu'à 46° 40', de latitude N., et depuis 3° 45' jusqu'à 16° de longitude E., entre la Méditerranée propre et la mer Tyrrhénienne, à l'O., la mer Ionienne, au S. E., le canal d'Otrante et la mer Adriatique, à l'E. Elle tient vers le N. O. à la France, et vers le N. à la Suisse et à l'Allemagne; elle est, en grande partie, séparée de ces trois contrées par les Alpes.

Sa longueur est de 1300 kilomètres, et sa largeur moyenne, de 200 kilomètres. La superficie de toute l'Italie en y comprenant les îles, est de 286 000 kilomètres carrés. La population s'élève à 25 millions d'habitants.

La péninsule de l'Italie a grossièrement la forme d'une botte; au bout du pied, qui forme la presqu'île de *Calabre*, se présentent les caps *dell' Armi* et *Spartivento;* à l'extrémité du talon, qui est la presqu'île d'*Otrante*, se trouve le cap de *Leuca*. A l'O. de ce dernier cap, s'ouvre le grand golfe de *Tarente*. Sur la côte orientale de la presqu'île, on remarque le vaste promontoire du mont *Gargano*, qui est comme l'*éperon* de la botte, et qui ferme au N. le golfe de *Manfredonia*.

L'Adriatique produit vers son extrémité N. O. le golfe de *Venise* dont on étend quelquefois le nom à toute cette mer. Près de ce golfe, sont les *lagunes de Venise* et *de Comacchio*.

Du côté opposé de la péninsule, la Méditerranée propre forme le golfe de *Gènes*, large, mais peu profond, et remarquable par l'aspect magnifique de ses rivages. On donne à sa partie orientale le nom de *rivière du Levant*, et à sa partie occidentale celui de *rivière du Ponent*, c'est-à-dire du *Couchant*.

A l'entrée de la mer Tyrrhénienne, la côte devient moins belle, et présente le territoire malsain de la *Maremme*. Un peu plus bas, elle montre la région plus funeste encore des *marais Pontins;* au S. de ces marais, s'avance le cap *Circello*, promontoire fameux dans la mythologie, qui en avait fait le séjour de la magicienne Circé.

L'aspect du pays redevient très-beau autour des golfes de *Naples* et de *Salerne*, entre lesquels s'avance la pointe *della Campanella*. Plus loin, on distingue les golfes de *Policastro* et de *Santa-Eufemia*.

Le détroit fort resserré du *Phare de Messine* sépare la presqu'île d'Italie de la Sicile, et fait communiquer la mer Tyrrhénienne à la mer Ionienne. On trouve à son entrée septentrionale le rocher de *Scylla*, en italien *Scilla*, écueil si redouté autrefois ; dans l'intérieur même du canal, est le gouffre de *Charybde*, fameux aussi par les dangers qu'il offrait à la navigation.

L'Italie est célèbre par la beauté de son climat, la fertilité de son sol, la variété de ses sites enchanteurs et les vénérables restes d'antiquité qu'elle présente à chaque pas. Au N., sont les hautes montagnes des Alpes, dont les glaciers et les neiges contrastent avec les vastes plaines du Pô ; il en descend d'innombrables rivières, dont plusieurs forment des lacs pittoresques. Au S., le sol est beaucoup moins bien arrosé, et il est exposé à de violents tremblements de terre; mais le ciel y est pur et admirable.

Le climat de l'Italie est généralement très-agréable ; cependant nous avons vu qu'il y a plusieurs cantons fort malsains, et il souffle quelquefois un vent méridional suffocant et insupportable, qu'on nomme *scirocco*.

Parmi les productions végétales de cette contrée féconde, il faut nommer le riz, récolté dans les plaines humides du Pô; le maïs, le vin, des fruits exquis, surtout des oranges, des cédrats, des poncires, des limons, des citrons, des dattes, des figues, des pistaches, des caroubes, des olives; le coton, dans les cantons les plus méridionaux; la réglisse, le safran, la garance, la manne, qui découle d'une espèce de frêne.

Les pâturages sont fort beaux et très-étendus; ils nourrissent des bœufs d'une grosseur remarquable, des buffles et des moutons estimés. On trouve en Sardaigne le mouflon, sorte de mouton sauvage. On se sert beaucoup des ânes et des mulets pour le transport des marchandises et des voyageurs. Les hautes montagnes renferment des ours, des lynx, des bouquetins, des blaireaux, des porcs-épics, des marmottes, des aigles, des vautours. Parmi les animaux nuisibles, on doit citer le scorpion et la tarentule; parmi les insectes utiles, le ver à soie et l'abeille, qui donnent d'abondants produits. La pinne-marine, assez commune sur les côtes méridionales, est un mollusque muni de fils qui servent à le fixer aux rochers, et qui, fins comme de la soie, sont employés à la fabrication d'étoffes d'une beauté admirable. Enfin les sèches ou sépias des mers italiennes fournissent une excellente couleur.

L'Italie a de grandes richesses minérales : tels sont ses marbres superbes, son albâtre calcaire, ses porphyres, son alun, son soufre.

Les *Alpes* et les *Apennins* sont les principales montagnes de l'Italie : ils ne forment ensemble qu'une seule grande chaîne qui s'étend depuis la frontière septentrionale de cette contrée jusqu'au Phare de Messine, et qui sépare la presqu'île en deux versants généraux : le versant de l'E., incliné vers la mer Adriatique et la mer Ionienne, et le versant de l'O., penché vers la Méditerranée propre et la mer Tyrrhénienne.

On considère généralement le col d'*Altare* ou de *Cadibone*, au N. O. du golfe de Gênes, comme le point qui sépare les Alpes des Apennins. Les *Alpes Carniques*, les *Alpes Cadoriques* et *Vénitiennes*, les *Alpes Rhétiques*, limitent, sur une assez grande étendue, l'Italie vers le N. Au N. O., s'étendent les *Alpes méridionales*, formant tout cet arc immense de montagnes qui se courbe à l'O. depuis le mont Saint-Gothard jusqu'au col d'Altare, et qui sépare l'Italie de la Suisse, puis de la France. Mais on a donné plusieurs dénominations particulières aux différentes parties de cette imposante partie de la chaîne : on l'appelle *Alpes Lépontiennes occidentales*, depuis le Saint-Gothard jusqu'au mont Rosa; — *Alpes Pennines*, depuis le mont Rosa jusqu'au mont Blanc; — *Alpes Grecques* ou *Graies*, du mont Blanc au mont Cenis; — *Alpes Cottiennes*, du mont Cenis au mont Viso; — *Alpes Maritimes*, entre le mont Viso et les Apennins.

Le point culminant des Alpes des frontières italiennes est le mont *Blanc*, haut de 4810 mètres.

Viennent ensuite le mont *Rosa*; — le mont *Cervin*, le mont *Combin*, dans les Alpes Pennines; — le mont *Genèvre*, le mont *Tabor*, dans les Alpes Cottiennes; — le *Grand Saint-Bernard*, dans les Alpes Pennines; — le mont *Cenis*, remarquable par une belle route construite en 1805, sous le gouvernement français; — le mont *Viso*; — le *Petit Saint-Bernard*, dans les Alpes Grecques.

Les Apennins sont bien moins élevés et moins majestueux que les Alpes. Leurs sommets les plus célèbres sont le *Gran-Sasso d'Italia* ou mont *Corno*, le *Velino* et le mont de la *Sibylle*, situés vers le centre de la chaîne. Le premier, qui est le point culminant, a 2890 mètres de hauteur.

Le sol italien présente deux des plus fameux volcans du monde : l'un est le mont *Vésuve* (en italien *Vesuvio*), sur la côte occidentale de la presqu'île, haut seulement de 1140 mètres, mais terrible par ses irruptions fréquentes, dont les plus célèbres sont celles de l'an 79 après Jésus-Christ, la première connue, et celles de 1731, 1794, 1819, 1855, 1861; c'est le seul volcan proprement dit actuellement enflammé sur la partie continentale de l'Europe. Des croûtes de laves fumantes environnent le sommet de la montagne. Le bord du cratère a environ 2 kilomètres de tour, et la profondeur de cet abîme est d'à peu près 115 mètres; le fond en est uni et parsemé d'ouvertures par lesquelles sortent les vapeurs et les matières calcinées. — L'autre volcan est l'*Etna* ou *Gibello*, sur la côte orientale de la Sicile : il s'élève à 3237 mètres, et son cratère, toujours fumant, est entouré de neiges éternelles. Cette bouche a environ 4 kilomètres de circonférence. On distingue en outre un assez grand nombre de petits cratères sur les flancs de la montagne. Parmi les grandes éruptions de l'Etna, on remarque celles de 1669, 1755, 1809 et 1865.

C'est sur le versant oriental de la péninsule que coule le plus grand fleuve de l'Italie, c'est-à-dire le *Pô*, qui descend du mont Viso, et, après un cours de 600 kilomètres, se jette dans la mer Adriatique par plusieurs branches; il charrie beaucoup de sable et de terre, et produit de grands atterrissements vers son embouchure. Il reçoit par la rive gauche la *Doire Ripaire*, la *Doire Baltée*, la *Sésia*, l'*Agogna*, le *Tésin* ou *Tessin* (en italien *Ticino*), qui sort du lac *Majeur* ou *Maggiore;* l'*Adda*, qui forme le lac de *Côme*, entouré de riches paysages; l'*Oglio*, rivière tortueuse, qui traverse le lac d'*Iseo* et reçoit la *Chiese*, sortie du petit lac d'*Idro;* enfin le *Mincio*, qui sort du grand et beau lac de *Garde*. Par sa rive droite, le Pô se grossit du *Tanaro*, de la *Trebbia* ou *Trébie*, du *Taro* et du *Panaro*.

On remarque encore, sur le versant oriental : le *Tagliamento*, la *Piave*, qui sont des torrents fort larges à certaines époques, et de faibles cours d'eau le reste de l'année; — la *Brenta* et l'*Adige*, qui, ainsi que les deux précédents, ont leurs embouchures au N. de celle du Pô, vers les lagunes de Venise ; — le *Reno*, dont le cours inférieur traverse les lagunes de Comacchio et aboutit au Po di Primaro, la branche la plus méridionale du Pô; — l'*Uso* ou *Rubicone* (en français *Rubicon*), fameux dans l'histoire de César; — le *Metauro*, célèbre par la victoire que les Romains remportèrent près de ses bords sur Asdrubal; — la *Pescara* ou *Aterno;* — l'*Ofanto* (l'ancien Aufidus), près de la rive droite duquel est le champ de bataille de Cannes; — le *Bradano*, la *Basente* et le *Crati*, tributaires du golfe de Tarente.

Le *Tibre*, en italien *Tevere*, est un fleuve peu considérable, et cependant le second de l'Italie pour la grandeur, et le premier du versant occidental. Il vient des Apennins, coule pendant longtemps dans une direction presque parallèle au faîte de ces montagnes, passe à Rome, et, après un cours d'environ 350 kilomètres, se jette dans la mer Tyrrhénienne par deux branches, qui forment l'île *Sacrée*. Ses affluents sont, à gauche, la *Nera*, dans laquelle se jette le *Velino*, connu par de belles cascades; et le *Teverone* (anciennement *Anio*), qui forme la grande cascade et les cascatelles de Tivoli; — à droite, la *Chiana*, qui, par un phénomène remarquable, verse aussi ses eaux dans l'*Arno*.

Ce dernier fleuve est, après le Tibre, le cours d'eau le plus considérable du versant occidental. Il se jette dans la Méditerranée proprement dite.

On trouve sur le même versant la *Roja*, vers la frontière de la France; — le *Serchio;* — l'*Ombrone*, dont l'embouchure est voisine de la lagune de *Castiglione;* — le *Garigliano;* — enfin le *Volturno* ou *Vulturne*.

Les lacs *Majeur*, de *Côme*, d'*Iseo* et de *Garde*, qui se trouvent dans le bassin du Pô, sont les plus remarquables des lacs qui s'étendent au pied méridional des Alpes.

Il y a quelques autres lacs assez considérables dans les parties moyennes de l'Italie. A l'O. des Apennins, on voit se succéder du N. au S. les lacs de *Pérouse* (anciennement *Trasimène*), de *Bolsena* et de *Bracciano*. — Au milieu d'un plateau situé dans la partie la plus élevée des Apennins, se trouve le lac *Fucino* ou de *Celano*. Il passe pour occuper le cratère d'un ancien volcan, et il est sujet à des crues extraordinaires qui menacent sans cesse les populations voisines. On a le projet de le dessécher. — Au S. E. de Rome, est le joli lac d'*Albano*. — Près du golfe de Naples, on remarque les lacs *Fusaro* (Achéron), *Averne*, d'*Agnano*, *Lucrin* ou *Maricetto* et *Licola* (Fosse de Néron), tous fort petits, mais très-intéressants dans l'histoire et la mythologie; ils sont généralement à la place d'anciens cratères.

On peut considérer comme des sortes de lacs les *lagunes de Venise* et *de Comacchio*, formées par le mélange des eaux de plusieurs rivières et de la mer, qui se sont épanchées sur une plage très-basse. Ces amas d'eau sont çà et là assez profonds pour recevoir des navires, et le tracé des endroits navigables y est indiqué par des pieux placés de distance en distance.

C'est dans la Lombardie et la Vénétie qu'on trouve le plus grand nombre de canaux : un des principaux est le *Naviglio Grande*, qui va de Milan au Tésin.

Divisions administratives, villes principales. — L'Italie était partagée naguère en neuf états :

1° Le royaume de *Sardaigne* ou les *États Sardes*.
2° La principauté de *Monaco*.
3° Le royaume *Lombard-Vénitien* (à l'Autriche).
4° Le duché de *Parme*.
5° Le duché de *Modène*.
6° Le grand-duché de *Toscane*.
7° Les *Etats de l'Eglise*.
8° La république de *Saint-Marin*.
9° Le royaume des *Deux-Siciles*, composé du royaume de Naples et de la Sicile.

Mais, à la suite de la guerre de 1859, un grand mouvement s'est opéré pour fondre tous les états italiens en un seul, ayant pour chef le roi de Sardaigne; la plus grande partie de la péninsule est réunie sous le gouvernement de ce prince, et sa monarchie a pris le nom de *royaume d'Italie*.

L'ancien royaume de Sardaigne, qui a été le noyau du

royaume actuel d'Italie, ne comprenait encore, avant la guerre de 1859, que le *Piémont*, la *Savoie*, le *Comté de Nice*, le *territoire de Gènes* et l'*île de Sardaigne*. Par suite de cette guerre, il a acquis la Lombardie, enlevée à l'Autriche; mais il a cédé à la France la Savoie et la plus grande partie du Comté de Nice. Des annexions considérables sont venues ensuite l'augmenter dans l'Italie centrale et méridionale. Enfin, en 1866, la Vénétie, cédée par l'Autriche, lui a été annexée.

Le **royaume d'Italie** s'étend aujourd'hui sur les pays suivants : 1° dans l'Italie septentrionale, il s'avance depuis les Alpes Pennines, Grecques, Cottiennes et Maritimes, qui le séparent de la France, jusqu'aux Alpes Cadoriques et Carniques et au cours de l'Isonzo, du côté l'Autriche; il renferme, dans cette partie, le *Piémont*, le territoire de *Gènes*, la *Lombardie*, la *Vénétie*. — 2° Dans l'Italie centrale, il comprend : les anciens duchés de *Parme* et de *Modène*, auxquels on a rendu l'ancien nom d'*Émilie*, qu'avait leur territoire sous l'empire Romain ; l'ancien grand-duché de *Toscane;* la *Romagne*, l'*Ombrie* et les *Marches*, qui dépendaient du Pape. (Dans cette région centrale, les seules parties qui ne soient pas annexées au royaume d'Italie sont un petit territoire laissé aux États de l'Eglise et la république de Saint-Marin). — 3° Dans l'Italie méridionale, il renferme l'ancien royaume de *Naples*, — 4° Enfin, il possède les îles de *Sardaigne* et de *Sicile*.

Cette monarchie comprend ainsi une étendue d'environ 250 000 kilomètres carrés et une population de près de 25 millions d'habitants. Il se partage en 68 provinces.

Le PIÉMONT (en italien *Piemonte*) tire son nom de sa position au pied des monts; en effet, les Alpes et les Apennins l'enveloppent au N., à l'O. et au S.; dans l'intérieur, s'étendent de vastes et fertiles plaines, traversées de l'O. à l'E. par le Pô, et parsemées d'une quantité innombrable de villes et de villages.

La plus grande ville du Piémont est *Turin* ou *Torino*, belle ville, qui a été d'abord la capitale du royaume d'Italie; elle est agréablement située au confluent du Pô et de la Doire Ripaire, et compte 200 000 habitants.

On remarque encore dans ce pays :

A l'O., *Suse*, l'antique *Segusio*, résidence de Cottius, qui régna sur les contrées environnantes, nommées depuis Alpes Cottiennes; — *Pignerol*, en italien *Pinerolo*, autrefois place très-forte, longtemps au pouvoir de la France, au seizième et au dix-septième siècle; dans son voisinage, sont des vallées habitées par la secte des Vaudois; — *Marsaille* (*Marsaglia*), célèbre par une victoire de Catinat, en 1693.

Au N., *Ivrée* et *Aoste*, sur la Doire Baltée; *Courmayeur*, qui a des eaux minérales renommées.

A l'E., *Novare*, avec 15 000 âmes, fameuse par une victoire des Autrichiens sur les Sardes en 1849 ; — *Pallanza*, sur le lac Majeur, près des charmantes îles *Borromées* ; — *Verceil* ou *Vercelli*, *Casal* ou *Casale*, citées souvent dans l'histoire des guerres d'Italie; — *Palestro*, qui fut le théâtre d'un brillant fait d'armes des Franco-Sardes, en 1859 ; — *Alexandrie de la Paille*, en italien *Alessandria*, ville très-forte, sur le Tanaro, peuplée de 55 000 âmes, et près de laquelle est le village de *Marengo*, où les Français remportèrent une grande victoire sur les Autrichiens, en 1800 ; — *Voghera*, *Tortona*, *Asti*, *Novi* ; — le village de *Montebello*, connu par deux victoires des Français, en 1800 et 1859.

Au S., *Carmagnole*, célèbre place forte; — *Coni* ou *Cuneo*, autre place forte, de 20 000 âmes; — *Savigliano*; — *Saluces* (*Saluzzo*), qui a appartenu à la France depuis le règne de François Ier jusqu'en 1601 ; — *Mondovi*, où les Français furent vainqueurs en 1796 ; — *Alba*, *Cherasco*, sur le Tanaro.

Dans la région maritime située au sud du Piémont et comprenant le territoire de *Gènes*, avec la partie du Comté de Nice qui est restée au royaume d'Italie, on distingue d'abord la grande ville de *Gènes*, en italien

Genova, surnommée la *Superbe*, à cause de son aspect imposant et de la magnificence de ses palais. Elle est très-fortifiée, possède un beau port et fait un grand commerce. Cependant, elle était autrefois beaucoup plus florissante, et longtemps elle a été l'une des plus puissantes républiques de l'Italie. On y compte 130 000 habitants. Elle se glorifie d'avoir donné naissance à Christophe Colomb[1]. — Ensuite on remarque : *La Spezia*, à l'E. de Gènes, avec un bon port, destiné à devenir un grand port militaire ; — *Savone*, *Oneille*, *Port-Maurice* et *Vintimille*, places fortes et maritimes ; — *Chiavari*, ville industrielle et commerçante ; — *Acqui*, *Albenga*, très-anciennes villes ; — *Montenotte*, *Millesimo*, célèbres par des victoires des Français, en 1796.

La LOMBARDIE, partie occidentale de l'ancien royaume Lombard-Vénitien, est une des parties les plus belles de l'Italie ; les Alpes s'y élèvent vers le N. ; des lacs délicieux s'y étendent à leur pied ; d'innombrables rivières en descendent, et fertilisent partout le pays ; le Pô baigne les plaines de la partie méridionale, où les rizières abondent, et où l'air est souvent insalubre. C'est la contrée la plus populeuse de l'Italie.

La plus importante ville est *Milan* (en italien *Milano*), ancienne capitale du royaume Lombard-Vénitien, grande et belle ville, située sur l'Olona, dans une magnifique plaine, avec une admirable cathédrale. Elle compte 230 000 habitants (280 000, avec les faubourgs appelés *Corpi Santi*).

Au N. de Milan, on voit *Côme* ou *Como*, à l'extrémité S. O. du beau lac du même nom ; — *Monza*, avec un beau palais, dont le musée renferme la célèbre couronne de fer ; — *La Bicoque*, qui rappelle une défaite des Français en 1522.

Au N. E. de Milan, on remarque *Bergame* ou *Ber-*

1. Ce grand homme n'est pas né dans la ville même, mais dans le voisinage, à *Cogoleto*.

gamo, peuplée de 36 000 habitants; — *Sondrio*, chef-lieu de la province montagneuse de *Valteline*; — *Bormio*, près du fameux col du *Stelvio*, qui conduit de la Valteline dans le Tyrol.

A l'O., *Magenta*, *Turbigo*, célèbres par les victoires des Français en 1859.

Au S. O., *Abbiate-Grasso* ou *Biagrasso*, remarquable par le combat où mourut Bayard, en 1524.

Au S. et au S. E., on distingue : *Pavie*, sur le Tésin, ville fort ancienne, de 25 000 âmes, fameuse par son université et par la bataille qu'y perdit François Ier, en 1525; — *Marignan* ou *Melegnano*, connue par une victoire du même roi, en 1515, et par une autre victoire des Français, en 1859; — *Lodi*, sur l'Adda, célèbre par une brillante victoire des Français, en 1796; — *Crémone*, sur le Pô, ville de 29 000 âmes, remarquable par ses fabriques de soieries et ses violons; — *Agnadel*, qui rappelle deux victoires des Français, en 1509 et 1705; — *Pizzighettone*, place très-forte, sur l'Adda.

Enfin, dans la partie la plus orientale de la Lombardie, on trouve *Brescia* ou *Bresce*, ville très-forte et très-belle, renommée par ses nombreuses fabriques d'armes à feu, et peuplée de 35 000 habitants; — *Castiglione*, où les Français furent vainqueurs en 1796; — *Solferino*, où ils remportèrent une brillante victoire sur les Autrichiens, en 1859.

La Vénétie, qui vient d'être cédée par l'Autriche, s'étend du lac de Garde et du Mincio à l'Adriatique, et depuis les Alpes Carniques, Cadoriques et Vénitiennes jusqu'au Pô. L'aspect et les productions sont à peu près les mêmes que dans la Lombardie. Le charme d'une température très-douce y est trop souvent détruit par les miasmes des marais; les lagunes de Venise occupent, à l'E., une assez grande étendue. L'Adige franchit le pays du N. au S.

La capitale de la Vénétie est *Venise*, une des plus célèbres villes du monde, bâtie au milieu des lagunes, vers l'embouchure de la Brenta, sur quatre-vingts petites îles, qui communiquent entre elles par plus de trois cents ponts. Les canaux y tiennent lieu de rues, et les gondoles, de voitures. Le principal canal est le *canal Grande*, qui traverse toute la ville, et sur lequel on remarque le beau pont de *Rialto*. La place la plus remarquable est celle de Saint-Marc, centre de la gaieté et des amusements de Venise, et sur laquelle s'élèvent la belle église du même nom et l'ancien palais des doges.

La position de Venise au milieu des eaux offre un aspect étrange et pittoresque. Un pont, long de près de 4 kilomètres, la joint au continent. Cette ville a été longtemps une des républiques maritimes les plus puissantes du monde. Aujourd'hui, quoique bien déchue, elle renferme encore 120 000 habitants, et c'est toujours une des plus belles cités de l'Europe. — Les Italiens l'appellent *Venezia*, et les Allemands *Venenig*.

On remarque, au S. de Venise, la ville maritime de *Chioggia*, aussi dans les lagunes, avec 27 000 habitants; A l'O., *Padoue* ou *Padova* (l'ancienne *Patavium*), ville de 55 000 âmes, fameuse par son université; — *Este*, qui a donné son nom à une célèbre famille, puissante au moyen âge; — *Vicence* ou *Vicenza*, qui a 35 000 habit.; — *Vérone*, place très-forte, avec 60 000 hab., sur l'Adige; — *Rivoli*, village devenu fameux par une grande victoire de Bonaparte en 1797; — *Arcole*, autre village, où les Français vainquirent les Autrichiens en 1796; — *Custoza*, où les Autrichiens vainquirent les Italiens en 1866; — *Mantoue* (*Mantova*), ville de 30 000 âmes, et place forte presque imprenable, dans un lac formé par le Mincio; aux environs, est le village de *Pietole*, l'ancien *Andes*, où naquit Virgile; — *Peschiera*, place forte d'une grande importance, sur une petite île formée par le Mincio, à la sortie du lac de Garde; — *Villafranca*, où la paix fut conclue, en 1859, entre l'empereur des Français et l'empereur d'Autriche; — *Legnago*, place très-forte, située sur l'Adige, et célèbre dans la campagne de 1796; cette ville forme, avec les places de Vérone, de Peschiera et de Mantoue, un *quadrilatère* fameux dans la stratégie.

Dans le S. de la Vénétie, entre l'Adige et le Pô, on trouve *Rovigo*, chef-lieu d'une province nommée *Polésine;* — et *Adria*, ville fort ancienne, qui a donné son nom à la mer Adriatique, au bord de laquelle elle était autrefois.

Dans le N., on remarque *Bassano*, *Trévise*, *Feltre*, *Bellune*, enfin *Udine*, ville de 20 000 âmes, chef-lieu du Frioul italien, et près de laquelle sont le village de *Campo-Formio* ou plutôt *Campo-Formido*, où fut signé, en 1797, un important traité de paix entre la France et l'Autriche, et le château de *Passariano*, qui fut habité par Bonaparte pendant les préliminaires du traité.

L'ÉMILIE comprend : 1° l'ancien *duché de Parme*, renfermé entre les Apennins et le Pô et qui a un sol généralement fertile. La capitale est *Parme*, belle ville, sur une rivière du même nom, avec 46 000 habitants. — Le seconde ville est *Plaisance* ou *Piacenza*, très-fortifiée, sur le Pô, et peuplée de 31 000 âmes.

On y distingue aussi *Fornoue* (*Fornovo*), où Charles VIII remporta une victoire en 1495.

2° L'ancien *duché de Modène*, traversé par les Apennins, et qui s'étend depuis le Pô jusqu'à la Méditerranée.

Il a pour capitale *Modène*, remarquable par ses beaux édifices, et peuplée d'environ 58 000 âmes. — On y remarque ensuite : *Reggio* (50 000 h.), patrie de l'Arioste ; — *Correggio*, patrie du célèbre peintre Allegri, dit le Corrége (Correggio) ; — *Guastalla*, place très-forte, sur le Pô ; — *Massa*, près de la mer, — *Carrare* (*Carrara*), connue par ses beaux marbres statuaires.

3° La *Romagne*, renfermée entre les Apennins et l'Adriatique, et entre le Pô et le Rubicon ; région fertile et riche, où l'on rencontre, en allant du N. au S. : *Ferrare*, ville de 68 000 âmes, sur une branche du Pô ; — *Bologne* (l'ancienne *Bononia*), peuplée de 100 000 habitants, célèbre par son université, qui a été l'une des plus brillantes de l'Europe; — *Faenza*, où l'on a commencé, dit-on, à fabriquer cette poterie qui paraît en avoir pris le nom de faïence; — *Imola*, sur l'antique voie Emilienne; — *Ravenne*, ville de 55 000 âmes, située près de la mer, et anciennement plus importante qu'aujourd'hui; — *Forli*, l'ancienne *Forum Julii*; — *Cesena*, patrie des papes Pie VI et Pie VII; — *Rimini*, ville maritime.

La TOSCANE, couverte au N. et à l'E. par les monts Apennins, renferme, au milieu, des vallées magnifiques, entre autres celle qu'arrose l'Arno; à l'O., le long de la mer, il y a des plaines basses, humides et généralement malsaines : on connaît ce territoire insalubre de la Toscane sous le nom de *Maremme*. En général, le pays offre une industrie active et une agriculture avancée. La population est de 3 millions d'habitants.

La capitale est FLORENCE (en italien *Firenze*), capitale en même temps du royaume d'Italie. Cette ville, située dans la vallée de l'Arno, est entourée de riches campagnes. La cathédrale, le palais Pitti, le Vieux palais, jadis habité par les Médicis, et la galerie de Médicis, regardée comme la plus belle collection d'antiquités, de sculptures et de tableaux, sont les principaux monuments de cette cité, qui fut le berceau des arts, à l'époque de leur renaissance. Florence est célèbre par les grands hommes qu'elle a produits (Dante, Boccace, Cimabué, Giotto, Léon X, Michel-Ange, Machiavel, Améric Vespuce, etc.). On y compte 120 000 habitants.

Les autres villes de la Toscane sont :

Au N. et à l'E., *Pistoie* ou *Pistoja*, petite ville bien bâtie, au pied des Apennins; — *Prato*, ville industrielle; — *Arezzo* (ancienne *Arretium*), ville d'une grande antiquité, lieu de naissance de Mécène, de Pétrarque, du martyr saint Laurent et de Guido, inventeur de notes de musique; — *Cortona*, avec d'intéressantes antiquités; — *Lucques* (*Lucca*), ancienne capitale d'un duché du même nom, dans une belle situation, sur le Serchio, avec 65 000 habitants; — *Capannori* (40 000 h.); — *Pise*, ville de 50 000 âmes, sur l'Arno, ornée de beaux monuments, tels que la cathédrale, la Tour penchée, et le Campo-Santo, vaste cour rectangulaire, qui renferme des tombeaux en marbre. Il y a une célèbre université. C'est la patrie de Galilée.

Dans l'O., *Livourne* (*Livorno*), ville populeuse et commerçante, de 96 000 âmes, avec un port sur la Méditerranée, un des plus fréquentés de l'Italie.

Dans le S., *Sienne*, en Italie *Siena*, célèbre par son université, et la ville d'Italie où l'on parle l'italien le plus pur; — *Volterra* (ancienne *Volaterræ*), avec des antiquités remarquables ;— *Chiusi* (ancienne *Clusium*), près de la Chiana ; — *Piombino*, petit port de mer, sur le canal du même nom, dans un pays malsain.

Sur les côtes de la Toscane, on trouve l'île d'*Elbe*, dont le chef-lieu est *Porto-Ferrajo*, petite ville très-forte, sur la côte septentrionale ; Napoléon Ier y résida depuis le mois de mai 1814 jusqu'au 26 février 1815. Elle renferme d'inépuisables mines de fer, d'excellents pâturages, et ses côtes offrent une abondante pêche de thons et de sardines. — Au S. et au S. E. de l'île d'Elbe, sont plusieurs petites îles qui composent, avec elle, l'*archipel Toscan ;* ce sont : *Pianosa* (l'ancienne *Planasia*), *Formica*, *Montecristo*, *Giglio*, *Giannutri*.

Au N. O., est l'île de *Capraja* (anciennement *Ægilion* ou *Capraria*), qui a un bon port et une petite ville forte.

L'Ombrie, est une région intérieure, traversée par les Apennins. On y trouve *Pérouse*, en italien *Perugia*, ville de 25 000 âmes, à l'E. du lac du même nom ; — *Assises* ou *Assisi*, patrie de saint François d'Assises et de Métastase ; — *Fuligno*, bouleversée par un tremblement de terre en 1832 ; — *Spolète*, en italien *Spoleto*, ancienne capitale d'un important duché du même nom ; — *Rieti* (l'ancienne *Reate*) ; — *Orvieto*, dans un territoire riche en vin.

Les Marches (c'est-à-dire les Marches d'Ancône et de

Fermo, avec le duché d'Urbin), au S. E. de la Romagne, entre les Apennins et l'Adriatique, forment une région fertile, dont la population est tout agricole, et où brille surtout la culture des oliviers, des mûriers et de la vigne.

On y distingue : *Urbin* ou *Urbino*, patrie du grand peintre Raphaël ; — *Ancône*, ville forte et port de mer célèbre, avec 45 000 âmes ; — *Pesaro* et *Sinigaglia*, autres villes maritimes, dont la dernière est fameuse par ses foires ; — *Ascoli* (l'ancienne *Asculum*) ; *Macerata*, *Fermo*, *Camerino* ; — *Tolentino*, village célèbre par un traité entre Bonaparte et le Pape, en 1797 ; — *Lorette* (*Loreto*), remarquable par son sanctuaire de Notre-Dame.

Le TERRITOIRE NAPOLITAIN (l'ancien ROYAUME DE NAPLES) était la partie la plus considérable du ci-devant royaume des Deux-Siciles, qui se composait de la partie continentale ou du *royaume de Naples* et de l'*île de Sicile*.

Ce territoire occupe la partie méridionale de l'Italie ; il est renommé pour la beauté de son climat, la fertilité de son sol et ses sites ravissants ; mais les feux souterrains le menacent sans cesse : des éruptions volcaniques et d'affreux tremblements de terre l'ont souvent désolé.

Il comprend 7 millions d'habitants et seize provinces, qui portent aujourd'hui les noms des chefs-lieux, mais dont nous dirons les noms, historiquement intéressants, qu'elles avaient sous le gouvernement des Deux Siciles.

Les trois plus septentrionales sont les *Abruzzes*, provinces montagneuses, distinguées par les surnoms d'*Abruzze ultérieure Ire*, *Abruzze ultérieure IIe* et *Abruzze citérieure*. Les chefs-lieux sont *Teramo*, *Aquila*, au N. du lac Fucino, et *Chieti* (ancienne *Teate*), où a pris naissance l'ordre religieux des Téatins.

Au S. E. des Abruzzes, on trouve, le long de la mer Adriatique : la province de *Molise* ou *Sannio*, qui doit ce dernier nom à l'ancien *Samnium*, dont elle occupe une partie ; chef-lieu *Campobasso* ; autre ville : *Isernia*, où une bataille se livra, en 1860, entre les Piémontais et les troupes du roi de Naples; — la province de *Capitanate*, qui comprend le promontoire de Gargano et les petites îles Tremiti : chef-lieu *Foggia*, avec 35 000 habitants; — la *Terre de Bari*, dont le chef-lieu est *Bari* (35 000 hab.), sur l'Adriatique; on y remarque aussi *Trani*, *Barletta*, autres villes maritimes, le champ de bataille de *Cannes*, et *Andria*, peuplée de 30 000 âmes.

Entre le canal d'Otrante et le golfe de Tarente, s'avance une presqu'île qui forme la province de la *Terre d'Otrante*. Le chef-lieu est *Lecce*, peuplée de 19 000 habitants. Les autres villes principales sont : *Tarente* (*Taranto*), illustre dans l'histoire ancienne, mais bien déchue aujourd'hui; — *Brindes* (*Brindisi*), ville maritime, qui est l'ancienne *Brundusium*, où mourut Virgile; — *Otrante* ou *Otranto*, la ville d'Italie la plus rapprochée de la Turquie.

La Terre d'Otrante, la Terre de Bari et la Capitanate ont été longtemps comprises sous le nom général de *Pouille* ou *Puglia* (ancienne *Apulie*).

Si l'on examine ensuite les provinces situées vers la mer Tyrrhénienne, la première qui se présente au N. est la *Terre de Labour*, en italien *Terra di Lavoro*, pays extrêmement fertile et qui correspond à une partie de l'ancienne et délicieuse Campanie : le chef-lieu est *Caserte*, ville de 30 000 habitants, remarquable par son magnifique château royal. — On y distingue aussi : *Capoue* ou *Capoa*, sur l'emplacement de *Casilinum* et près des ruines de l'ancienne ville de Capoue; assiégée et prise par les Piémontais et les Garibaldiens, en 1860; — *Gaëte*, place très-forte, à la pointe d'une presqu'île qui ferme à l'O. le golfe de ce nom : ce fut, en 1860, le dernier asile du roi de Naples, qui y soutint un siége contre les Piémontais; — *Aquino* (anciennement *Aquinum*), lieu de naissance de Juvénal et de saint Thomas d'Aquin; — *Arpino*, l'ancienne *Arpinum*, patrie de Marius et de Cicéron; — *Aversa*, qui fut la première principauté des aventuriers normands en Italie: — *Nola*, où mourut l'empereur Auguste; — *Pontecorvo*, sur le Garigliano;

naguère encore dépendance du Pape; — *San-Germano*, près des ruines de Casinum et près de la célèbre abbaye du *Mont-Cassin;* — *Fondi*, où l'on récoltait le vin de Cécube; — *Calvi* (l'ancienne *Cales*), dont les coteaux produisaient le falerne. — En face de la Terre de Labour, sont les îles de *Ponce* (*Ponza*), presque entièrement composées de la pierre du même nom.

Au S. de la Terre de Labour, est la province de *Naples*, la plus petite, mais la plus importante du territoire Napolitain; car elle a pour chef-lieu la grande ville de *Naples*, en italien *Napoli* (anciennement *Neapolis* ou *Parthénope*), qui, pour la population (450000 hab.), est la première de l'Italie. Cette belle cité a une situation admirable : elle se déploie au fond du golfe du même nom, sur le penchant d'une suite de collines d'où la vue embrasse un immense et magnifique horizon. Trois forts la défendent : le château Neuf et le château d'OEuf, au bord de la mer, et le château Saint-Elme, dans l'intérieur, sur une hauteur. La principale rue de Naples est celle de Tolède, qui parcourt la ville du N. au S. La place la plus élégante est celle du Palais. L'édifice le plus remarquable est la cathédrale de Saint-Janvier. Parmi les musées, on distingue celui des Études.

Vers l'extrémité occidentale de la ville, est la montagne de *Pausilippe* (*Posilippo*), traversée par une grotte fort longue qui sert de passage à une route : le tombeau de Virgile est au-dessus de l'entrée de cette grotte.

Dans l'O. de la province de Naples, au milieu d'un territoire qu'ont souvent agité des feux souterrains et que les anciens appelaient les *Champs Phlégréens*, on remarque : *Pouzzoles* (*Pozzuoli*); — les ruines des anciennes villes de *Baies* (aujourd'hui *Baja*) et de *Cumes;* — la Solfatare, petit volcan, d'où sort continuellement de la fumée, accompagnée de soufre; — le Monte-Nuovo, montagne qui s'éleva tout à coup en 1538; — la curieuse grotte du Chien, le lac Lucrin, le lac Averne, les Champs-Élysées, l'Achéron (aujourd'hui lac Fusaro), le port de Misène (aujourd'hui Mare Morto).

Dans la partie orientale de la province, on voit le bourg de *Portici*, au pied du Vésuve, avec un beau palais royal, des jardins délicieux, et les ruines d'*Herculanum*, engloutie sous les laves du volcan en l'an 79 après Jésus-Christ; — l'ancienne *Pompeii* ou *Pompeia* (aujourd'hui en italien Pompei), qui fut aussi ensevelie par la même éruption, et qui, découverte seulement en 1755, a fourni des restes précieux d'antiquité; — *Castellamare*, qui occupe l'emplacement de *Stabiæ*, détruite par le même phénomène; — enfin *Sorrento*, patrie du Tasse.

A l'entrée du golfe de Naples, se trouvent plusieurs îles, dont les plus remarquables sont *Capri* (l'ancienne *Caprée*, devenue trop fameuse par le séjour de Tibère); — *Ischia* (l'ancienne *Pithecusa*), qui a un sol volcanique, des sources thermales, des sites délicieux et des vins renommés; — *Procida*, très-peuplée et située entre Ischia et la presqu'île de Baïes; — *Vendotena*, au N. d'Ischia: c'est l'ancienne *Pandataria*, qui a été un lieu d'exil sous les empereurs romains.

Au S. E. de la Terre de Labour et de la province de Naples, on rencontre: 1° la *Principauté ultérieure*, chef-lieu *Avellino* (20 000 hab.); — 2° la province de *Bénévent*, qui appartenait au Pape avant 1860, et dont le chef-lieu est Bénévent, ville de 20 000 hab.; — 3° la *Principauté citérieure*, province maritime, chef-lieu *Salerne* (30 000 hab.), située sur le golfe du même nom, et célèbre autrefois par son école de médecine; on distingue encore, dans cette dernière province, *Amalfi*, sur le même golfe, longtemps florissante au moyen âge, et où Flavio Gioja perfectionna l'usage de la boussole; — *Nocera* (l'ancienne *Nuceria*).

La *Basilicate* est une assez grande province, située au S. E. des Principautés, et baignée d'un côté par le golfe de Tarente, de l'autre par la mer Tyrrhénienne. Le chef-lieu est *Potenza*. On y remarque aussi *Matera* et *Venosa*, l'ancienne *Venusia*, patrie d'Horace.

La *Calabre* est une presqu'île montagneuse, qui s'avance entre la mer Ionienne et la mer Tyrrhénienne, jusqu'au Phare de Messine. Elle compose trois provinces, qui sont, du N. au S. : la *Calabre citérieure*, chef-lieu *Cosenza*, — la *Calabre ultérieure IIe*, où l'on remarque *Catanzaro*, chef-lieu, et *Cotrone* (l'ancienne *Crotone*); — la *Calabre ultérieure Ire*, chef-lieu *Reggio*, sur le Phare de Messine.

L'île de SARDAIGNE (en italien *Sardegna*), située au S. de la Corse, dont elle est séparée par les Bouches de Bonifacio, renferme de hautes montagnes, mais aussi des vallées très-fertiles ; la culture y est assez négligée.

Elle est partagée en deux provinces : *Cagliari* et *Sassari*. La capitale est *Cagliari*, ville de 30 000 âmes, sur le golfe du même nom, dans le S. de l'île. — *Sassari*, dans le N., renferme 25 000 habitants.

Près de l'extrémité septentrionale de la Sardaigne, à l'entrée orientale des Bouches du Bonifacio, est l'île de *Caprera*, fameuse par le séjour du général Garibaldi.

La SICILE est de forme triangulaire, et reçut dans l'antiquité le nom de Trinacrie, à cause des trois caps remarquables qui la terminent : au N. E., le cap Faro (Pelorum); au S. E., le cap Passaro (Pachynum), et, à l'O., le cap Boeo (Lilybœum). A l'E., s'élève le mont Etna. Depuis le Phare de Messine jusqu'à l'extrémité occidentale de l'île, s'étend une longue chaîne de montagnes, qu'on peut considérer comme une continuation des Apennins. La fécondité des plaines de la Sicile la fit surnommer autrefois le grenier de Rome. Son beau ciel, ses paysages pittorresques, ses minéraux précieux, l'ont dans tous les temps rendue célèbre. Cependant on ne profite point complétement aujourd'hui de ses richesses naturelles, et presque partout elle offre l'aspect de la plus triste pauvreté. La population y est de 2 millions d'habitants.

Elle comprend sept provinces : celles de *Palerme*, *Messine*, *Catane*, *Syracuse*, *Caltanissetta*, *Girgenti*, *Trapani*. Les villes principales sont : *Palerme*, capitale de la Sicile, belle et grande ville de 200 000 habitants, placée au fond du golfe du même nom, dans une situation magnifique, sur la côte septentrionale de l'île ; — *Messine* (l'ancienne

Messana), peuplée de 100000 habitants, sur le détroit auquel le phare de cette ville donne son nom; — *Milazzo* (l'ancienne *Mylæ*), située sur la côte nord, et dont la baie fut le théâtre de grands combats à différentes époques; — *Catane*, très-belle ville maritime, de 68 000 habitants, située au pied et au sud du mont Etna, dont les éruptions l'ont détruite plusieurs fois; — *Aci-Reale* (35 000 h.), sur une coulée de lave de l'Etna; — *Agosta* ou *Augusta*, avec un vaste port, sur la côte orientale; — *Syracuse* ou *Siracusa*, maintenant ville fort médiocre, renfermée dans la petite île d'Ortygie, tandis que l'ancienne Syracuse était une ville immense; *Modica*, ville de 30 000 habitants; — *Caltanissetta;* — *Girgenti* (20 000 hab.), aujourd'hui ville misérable, mais qui correspond à l'ancienne *Agrigente*, une des plus grandes et des plus florissantes cités de l'île; — *Sciacca*, en face de laquelle s'est élevée subitement, en 1831, la petite île Julia ou Nérita, qui s'est abaissée depuis; — *Marsala* (30000 h.), vers l'extrémité occidentale de la Sicile, avec des vignobles renommés et un bon port; — *Trapani* (30 000 hab.), dans la même direction; — *Termini* (26 000 h.), sur la côte N.

Plusieurs petites îles avoisinent la Sicile : au N., et dans la dépendance de la province de Messine, se trouvent les îles *Lipari* ou *d'Eole*, volcaniques et exposées à de terribles ouragans : les principales sont *Lipari*, *Salina*, *Vulcano* et *Stromboli*, célèbre par son volcan; — à l'O., près de Trapani, on trouve les îles *Egades;* — au S. O., entre la Sicile et l'Afrique, sont *Pantellaria*, île volcanique, et *Lampedouse*, qui est peut-être l'ancienne *Ogygie*, l'île de Calypso. — Au S., est le groupe de *Malte*, qui appartient à l'Angleterre et qui sera décrit plus loin.

États de l'Église.

Les Etats de l'Église, appelés aussi *État Romain*, *États du Pape* ou *Etat Pontifical*, sont la possession temporelle du Pape. Ils s'étendaient naguère encore de la mer Adriatique à la mer Tyrrhénienne, et depuis les lagunes de Comacchio et les bouches du Pô, au N., jusqu'aux marais Pontins, au S. Mais les événements récents qui ont changé la face de l'Italie n'ont laissé à ces États qu'un territoire assez limité, situé entre les Apennins et la mer Tyrrhénienne, et comprenant la Campagne de Rome et le Patrimoine de saint Pierre, c'est-à-dire les cinq provinces suivantes : Rome et sa banlieue (*Comarca*), Viterbe, Civita-Vecchia, Velletri et Frosinone. On n'y compte que 12000 kil. carrés et 700000 habitants. Ce pays, surtout vers le S., offre, sur plusieurs points, des campagnes tristes et dépeuplées, où règne un air malsain. En général, l'industrie y est peu active, mais il y a de belles récoltes de céréales.

Rome, capitale des États de l'Église et métropole du culte catholique, est sur les deux rives du Tibre. Elle a un circuit de plus de 22 kilomètres, mais les deux tiers de cet espace, à l'E. et au S., sont occupés par des vignobles, des champs, des maisons de campagne et des jardins. On n'y compte que 200000 habitants. Le Tibre parcourt cette ville du N. au S.; la partie située à l'E. du fleuve est de beaucoup la plus considérable; on y remarque les sept fameuses collines sur lesquelles était bâtie l'ancienne Rome, c'est-à-dire les monts Capitolin, Quirinal, Viminal, Esquilin, Palatin, Aventin et Célius. Le mont Pincio, au N. E., fait maintenant partie de la ville. La portion placée sur la rive occidentale ou droite du Tibre est appuyée sur deux collines : le Janicule et le Vatican. — Cette ancienne reine du monde a aujourd'hui un aspect grave, triste et presque funèbre: elle ne retentit pas du mouvement et du bruit d'une grande capitale. — Vers l'extrémité N. de la partie orientale, est la belle place du Peuple; c'est de là que partent les trois rues principales: la rue du Cours ou strada del Corso, qui va du N. au S., et qui est la promenade favorite des Romains; la strada di Ripetta, qui se dirige au S. O., et la strada del Babuino, qui va au S. E. — Dans la partie occidentale de la ville, on admire la place Saint-Pierre, la plus belle de Rome. — De curieux monuments s'offrent de toutes parts : parmi les anciens, on distingue surtout le Colisée ou Colosseo, immense amphithéâtre; le Panthéon ou l'église de la Rotonde, les Thermes de Dioclétien, la colonne Antonine et la colonne Trajane. Parmi les monuments modernes, le premier de tous est l'église de Saint-Pierre; ensuite se présentent l'église de Sainte-Marie Majeure et celle de Saint-Jean de Latran. Le Pape a trois palais : celui du Vatican, qui tient à l'église de Saint-Pierre, et qui possède la cour du Belvédère, où se trouvent les superbes statues d'Apollon, de Laocoon et d'Antinous; le palais de Latran et le palais Quirinal, résidence d'été des souverains pontifes. On remarque, dans la partie occidentale, un célèbre fort, le château Saint-Ange (ancien Môle d'Adrien). L'Académie de France, pour les jeunes artistes lauréats, occupe la villa Medici, sur le flanc du mont Pincio. —Parmi les voies anciennes qui partaient de Rome, celle qui offre les antiquités les plus intéressantes est la voie Appienne, dirigée au sud vers les marais Pontins.

On remarque ensuite : *Ostie*, vers l'embouchure du Tibre et près de l'emplacement de l'ancienne ville de ce nom, célèbre par son port, et sur le site de laquelle on a trouvé des antiquités curieuses; — *Civita-Vecchia*, principal port des États de l'Eglise, sur la mer Tyrrhénienne; — *Viterbe* ou *Viterbo*, au S. E. du lac de Bolsena; — *Orvieto*, dans un territoire volcanique, fertile en vin renommé; — *Tivoli*, l'ancienne *Tibur*, dans une charmante situation, sur le Teverone; — *Velletri*, l'ancienne *Velitræ;* — *Frascati*, l'ancienne *Tusculum*, au milieu d'une délicieuse oasis de petites montagnes, qui contraste avec les tristes plaines des environs de Rome; — *Albano*, sur le charmant lac du même nom, et à peu de distance de l'emplacement d'*Albe-la-Longue;* — *Terracine* (l'*Anxur* des Volsques), à l'extrémité méridionale des marais Pontins.

Saint-Marin.

La petite république de Saint-Marin, peuplée de 8000 habitants, et enclavée dans les Marches, entre Urbin et Cesena, est un des plus anciens états de l'Europe. Elle doit son origine à saint Marin, qui vint se fixer dans ce lieu au cinquième siècle. Plusieurs personnes s'étant rassemblées autour de son ermitage, Marin leur transmit ses principes de liberté et d'égalité évangéliques. Peu à peu cette société s'agrandit et elle devint un état. La capitale, SAINT-MARIN ou SAN-MARINO, se trouve sur une montagne escarpée.

Monaco.

La petite principauté de *Monaco* est maintenant enclavée en France, dans le département des Alpes-Maritimes.

Iles anglaises de l'Italie.

L'Angleterre possède, au S. de la Sicile, les îles *Maltaises*, qui sont séparées de cette grande île par le canal de Malte.

La principale de ces îles est *Malte*, l'ancienne *Melita*, qui renferme plus de 100 000 habitants, malgré son peu d'étendue ; ce n'était qu'un rocher aride, qu'on a rendu fertile à force de soins ; elle est devenue célèbre par le séjour des chevaliers de Saint-Jean de Jérusalem, qui ont pris le nom de chevaliers de Malte. La capitale est *La Valette*, ville de 60 000 hab., une des places les plus fortes de l'Europe.

Les autres îles de ce groupe sont *Comino* et *Gozzo*, au N. O. de Malte.

Chemins de fer. — Les principaux chemins de fer qu'on remarque en Italie sont ceux qui conduisent de

Milan à *Venise*, par *Vérone*, *Vicence* et *Padoue*, avec embranchements sur *Mantoue*, sur *Trente* et *Botzen* (Tyrol), sur *Crémone*, sur *Ferrare*, etc.; — de *Venise* à *Trévise* et *Udine*, dans la direction de *Trieste* et de *Vienne*; — de *Milan* à *Côme*; — de *Milan* à *Pavie* et *Alexandrie*, à *Lodi* et *Plaisance*; — de *Turin* à *Alexandrie* et *Gènes*; — de *Turin* à *Coni*, avec embranchements sur *Pignerol* et sur *Saluces* : — de *Turin* à *Novare* et *Milan*, avec embranchements sur *Ivrée*, sur *Casale*, etc. ; — de *Turin* aux *Alpes*, vers le *mont Tabor*, où la chaîne sera coupée par un tunnel dans la direction de *Chambéry*, de *Lyon* et de *Paris*; — d'*Alexandrie* à *Plaisance*, *Parme*, *Modène*, *Bologne*, *Ancône*, *Foggia*, avec embranchements sur *Ferrare* et sur *Ravenne*; — de *Florence* à *Pise* et *Livourne*, par *Lucques*, d'une part, et par *Empoli*, de l'autre ; — d'*Empoli* à *Sienne* et *Chiusi*; — de *Pise* à *Livourne*; — de *Rome* à *Naples*, par *Albano*, *Capoue* et *Caserte*; — de *Rome* à *Civita-Vecchia*; — de *Naples* à *Salerne*, etc.

Population, langue, religion, gouvernement, etc. — Les Italiens sont au nombre de 25 millions. Généralement bien proportionnés, ils ont la physionomie expressive. C'est un peuple sobre, gai, spirituel et fin, mais vindicatif. Il a beaucoup d'aptitude pour les sciences et pour les arts, surtout pour la musique.

La langue italienne est harmonieuse, douce et poétique. Elle se parle dans toute sa pureté en Toscane, mais Rome a la meilleure prononciation. Cette langue est assez dénaturée dans quelques dialectes, particulièrement ceux de Gènes et de l'île de Sardaigne.

La religion catholique est générale. On remarque dans le Piémont la secte des *Vaudois*.

Le gouvernement du royaume d'Italie est une monarchie constitutionnelle. Le Pape, souverain des Etats de l'Eglise, est élu par les cardinaux.

C'est au quinzième et au seizième siècle que l'Italie a surtout brillé par la culture des sciences, des lettres et des beaux-arts. Aujourd'hui l'instruction y reprend un essor remarquable ; il y a d'importantes universités : celles de Turin, Naples, Pavie, Palerme, Pise, Bologne, Padoue, Gènes, Cagliari, Sassari, Sienne, etc. Les bibliothèques et les musées de Rome, de Florence, de Naples, de Milan, de Venise, sont célèbres.

L'Italie fabrique des étoffes de soie, des lainages, des pâtes, des fleurs artificielles, des chapeaux de paille, de la parfumerie, des instruments de musique, de la faïence, des ouvrages en corail.

C'était la plus commerçante nation maritime avant la découverte de l'Amérique et du cap de Bonne-Espérance; les navires italiens se trouvaient alors le lien du commerce de l'Europe avec l'Orient, et la Méditerranée était presque la seule mer fréquentée du monde. Venise et Gènes furent longtemps les premiers ports de l'Europe; ce sont encore aujourd'hui deux des principaux ports de l'Italie; les autres sont Livourne, Naples, Palerme, Messine, Ancône, Nice, Civita-Vecchia. Les exportations (600 000 000 de fr.) consistent en soie, laine, miel, huile, chapeaux de paille, pâtes, fromages dits *parmesans*, fruits, riz, marbres, soufre, corail. Les importations (1 500 000 000 de fr.) sont principalement les denrées coloniales, les tissus de laine, de lin et de coton, la quincaillerie, les poissons séchés et salés.

Le revenu du royaume d'Italie est de 7 à 800 000 000 de fr.; la dette publique, de 4 milliards. — L'armée est de 400 000 hommes. La marine compte 102 navires.

ESPAGNE.

DIVISIONS PRINCIPALES; GRANDES VILLES; POPULATION, LANGUE, RELIGION, GOUVERNEMENT. — POSSESSIONS HORS DE L'EUROPE, ETC.

Introduction sur la géographie physique de la péninsule hispanique. — L'Espagne (en espagnol *España*) forme avec le Portugal une grande péninsule, située à l'extrémité S. O. de l'Europe. Cette péninsule est bornée au N. E. par la France, et entourée des autres côtés par la *Méditerranée* et *l'océan Atlantique*. Le détroit de *Gibraltar* (anciennement détroit d'*Hercule*), qui unit ces deux mers, sépare la pointe méridionale de l'Espagne de l'extrémité N. O. de l'Afrique.

La partie de l'Atlantique située au N. de l'Espagne est nommée mer de *Biscaye*, mer *Cantabrique*, *golfe de Gascogne* ou mer de *France*.

Le cap *Finisterre* forme l'extrémité N. O. de la péninsule Hispanique; le cap *Saint-Vincent* la termine au S. O.; le cap *Creus*, au N. E.; la pointe de *Tarifa*, au S.; cette dernière est le point le plus méridional du continent européen. Vers le S. aussi, s'offre le promontoire de *Gibraltar*, qui forme la pointe d'*Europe*, en s'avançant en face du promontoire de *Ceuta*, en Afrique. On croit généralement que ce sont ces deux promontoires que les anciens appelaient les *Colonnes d'Hercule*[1].

On remarque, en outre, au N. N. O., le cap *Ortegal;* à l'O., le cap *da Roca;* au S. O., le cap *Trafalgar*, qui rappelle une bataille navale de 1805; au S. E., les caps de *Gata* et de *Palos;* à l'E., le cap *Saint-Martin*.

1. Cependant plusieurs savants pensent que les Phéniciens avaient réellement élevé de hautes colonnes vers ce point.

La péninsule est renfermée entre le 36e et le 44e degré de latitude N., et entre le 1er degré de longitude E. et le 12e de longitude O. Elle a 820 kilomètres du N. au S., 700 de l'E. à l'O., et 1200 du N. E. au S. O. L'étendue en est presque la même que celle de la France; mais la population est beaucoup moins considérable, puisqu'on n'y compte que 20 millions d'habitants, dont environ 16 millions pour l'Espagne seule, sur une superficie de 465 000 kilomètres carrés.

Cette contrée est fort montagneuse, et les chaînes qui la couvrent sont généralement très-hautes et très-escarpées. On voit, au N. E., les *Pyrénées*, en espagnol *Pirineos*, qui s'élèvent sur la frontière de France, et qui présentent en Espagne les points les plus élevés, c'est-à-dire le mont *Maladetta* ou *Maudit*, le pic *Posets* ou de *Lardana*, et le mont *Perdu*, hauts de 3500 mètres.

Les Pyrénées sont continuées par les monts *Cantabres*, qui portent, dans une assez grande étendue, le nom de montagnes des *Asturies*, et vont se terminer au cap Finisterre.

Aux monts Cantabres se rattachent les monts *Ibériques*, qui se prolongent du N. au S., jusqu'au détroit de Gibraltar, et qui séparent l'Espagne en deux versants : celui de l'E., incliné vers la Méditerranée, et celui de l'O., vers l'Atlantique. Ils portent, au N., les noms particuliers de *Sierra de Oca* et de *Mont Cayo;* — au milieu, ceux de *Sierra de Albarracin* et de *Sierra de Cuenca;* — au S., ils présentent la *Sierra Nevada*, qui comprend les plus hautes montagnes d'Espagne : le pic de *Mulahacen* a près de 4000 mètres d'altitude.

Trois longues branches se rattachent vers l'O. aux monts Ibériques : l'une est formée par la *Sierra de Guadarrama*, la *Sierra de Gredos* et la *Serra da Estrella*, et aboutit au cap da Roca. —La seconde comprend les montagnes de *Tolède*, la *Sierra de Guadalupe*, et se prolonge jusqu'au cap Saint-Vincent. —La troisième est la *Sierra Morena*.

La péninsule Hispanique est divisée en deux grands

versants : celui de l'E., exposé vers la Méditerranée, et celui de l'O., incliné vers l'Atlantique. Sur le premier, on voit trois principaux tributaires directs de la Méditerranée : l'*Èbre*, grand fleuve, qui se grossit, à gauche, de l'*Aragon*, du *Gallego* et de la *Sègre*; — le *Jucar*, beaucoup moins long, et à peu de distance duquel, au N., on trouve le lac d'*Albuféra*, situé très-près de la mer; — enfin la *Segura*, au S. de laquelle est un autre lac nommé *Lagune de Murcie*.

Sur le versant occidental, on remarque la *Bidassoa*, petite rivière intéressante parce qu'elle trace une partie de la limite de la France et de l'Espagne, et qu'elle renferme l'île des *Faisans* ou de la *Conférence*, où fut conclu le fameux traité de 1659 entre les deux royaumes; — le *Miño* (en espagnol) ou *Minho* (en portugais); — le *Duero* (en espagnol) ou *Douro* (en portugais), qui se grossit, à droite, de la *Pisuerga* et de l'*Esla*; — le *Tage*, en espagnol *Tajo*, en portugais *Tejo*, long de 750 kilomètres, et le plus grand fleuve de la péninsule : il forme, un peu avant son embouchure, une baie nommée *mer de la Paille*, et reçoit le *Henarez*, grossi lui-même du *Manzanarès*. — On trouve encore sur le même versant la *Guadiana*, qui, au commencement de son cours, disparaît entre des joncs et des roseaux, l'espace de 20 kilomètres, et reparaît ensuite sous la forme de grands marais, nommés les *Yeux de la Guadiana*; — enfin le *Guadalquivir*, l'ancien *Bætis*, qui arrose une délicieuse contrée et a pour affluent principal le *Genil*.

Il y a peu de canaux en Espagne : les plus importants sont le canal *Impérial* ou d'*Aragon*, qui longe une partie du cours de l'Èbre; et le canal de *Castille*, entre l'Èbre et le Douro.

Le versant de la Méditerranée est la partie la plus chaude et la plus belle de l'Espagne; la végétation y est magnifique; on y voit, surtout vers le S., des bois entiers d'orangers et de citronniers; le cotonnier, le caroubier, le lentisque, le grenadier, le palmier, y réussissent; les oliviers et la vigne y donnent d'excellents produits; les mûriers propres au ver à soie y abondent, et l'on y recueille une précieuse espèce de roseau appelée sparte ou jonc d'Espagne, avec laquelle on fait des nattes. Mais cette région de la péninsule est exposée aux funestes effets du vent brûlant nommé *solano*, et des tremblements de terre s'y font quelquefois sentir.

Le versant de l'Atlantique jouit d'une température agréable. Sans avoir la brillante végétation des côtes orientales, il est riche en vignes, en oliviers, en céréales, en garance, en chênes aux glands doux, en chênes-liéges, et en chênes verts, sur lesquels vit le kermès, petit insecte dont on tire une belle couleur écarlate. La partie de ce versant qui est inclinée vers la mer de Biscaye est la moins belle et la moins chaude.

Le milieu de l'Espagne est un pays fort élevé, généralement nu, triste et monotone, et beaucoup plus froid que la latitude de la péninsule ne pourrait d'abord le faire croire.

La richesse principale de cette région consiste en mérinos, qui donnent une laine très-fine, et dont on voit d'immenses troupeaux transhumants, c'est-à-dire voyageant, suivant les saisons, des vallées sur les montagnes et des montagnes dans les vallées.

Les chevaux qu'on élève dans le S. de l'Espagne sont renommés par leur vigueur et leur beauté. Cependant les mulets sont généralement employés pour le transport des voyageurs et des marchandises. On estime les bœufs du N. O. et de l'O.

On trouve de l'or, mais pas en assez grande quantité pour qu'on l'exploite ; on extrait un peu d'argent, et beaucoup de cuivre, de plomb, de fer, de mercure, de houille, de sel, de marbre.

Divisions principales, grandes villes, etc. — La division administrative est (sans les îles Baléares et les Canaries) en 47 provinces, réparties en 13 capitaineries générales, qui remplacent à peu près les anciennes grandes provinces ou royaumes dont l'Espagne était autrefois composée. Huit de ces capitaineries sont maritimes et cinq intérieures. Parmi les divisions maritimes, il y en a quatre le long de la mer de Biscaye, dans le N. et le N. O. du royaume : ce sont la *Galice*, les *Asturies*, la *Vieille-Castille* et les *Provinces Basques* ; — quatre sont baignées par la Méditerranée, et se trouvent à l'E. et au S. E. : ce sont la *Catalogne*, le royaume de *Valence*, le royaume de *Murcie* ; — la dernière, au S., est baignée à la fois par la Méditerranée, le détroit de Gibraltar et l'Atlantique : c'est l'*Andalousie*.

Deux des divisions intérieures, placées au N., touchent à la France : ce sont l'*Aragon* et la *Navarre* ; — deux autres à l'O., s'étendent vers la frontière du Portugal : ce sont le royaume de *Léon* et l'*Estrémadure* ; — enfin, une seule, située au centre, ne s'avance vers aucune des limites de la monarchie : c'est la *Nouvelle-Castille*.

On peut donc diviser le royaume en six régions : la *région de la mer de Biscaye* ; — la *région de la Méditerranée* ; — la *région méridionale* (c'est-à-dire appartenant à la fois à la *Méditerranée*, au *détroit de Gibraltar* et à l'*Atlantique*) ; — la *région intérieure du nord* ; — la *région intérieure de l'ouest* ; — et la *région du centre*.

Région de la mer de Biscaye. — La GALICE est un pays généralement montagneux, où viennent se terminer les monts Cantabres ; elle est baignée au N. par la mer Biscaye, à l'O. par l'Atlantique, et renferme deux des principaux caps de la péninsule, le cap Ortegal et le cap Finisterre. Le Minho l'arrose au S. Elle est habitée par un peuple laborieux, plein de courage et de probité, et qui, étant pauvre, émigre pour aller exercer des métiers pénibles dans les villes. — La Galicie renferme quatre provinces : *La Corogne*, au N. O. ; *Lugo*, au N. E. ; *Pontevedra*, au S. O., et *Orense*, au S. E. — Une des villes les plus importantes est *La Corogne*, en espagnol *Coruña*, avec un port vaste et commode, et 27 000 habitants. — *Le Ferrol*, au N. E. de La Corogne, et dans la même province, a un important port militaire et 18 000 habitants. — *Santiago* ou *Saint-Jacques de Compostelle*, ville de 27 000 âmes, et ancienne capitale de la Galice, se trouve aussi dans la province de La Corogne; elle est célèbre par sa vaste cathédrale gothique, composée de deux églises consacrées à saint Jacques le Majeur et à saint Jacques le Mineur. — *Lugo*, très-ancienne ville, a des sources thermales renommées. — *Orense* est dans une situation agréable, sur le Minho.

Les Asturies s'allongent de l'O. à l'E., et sont resserrées entre les monts Cantabres et la mer. Elles forment aujourd'hui la province d'*Oviédo*, ainsi nommée de son chef-lieu. On y voit aussi *Gijon*, port assez fréquenté.

La Vieille-Castille, berceau de la monarchie espagnole, est une longue contrée qui s'étend du N. au S. et n'offre sur la mer qu'une petite partie de son territoire. Les monts Cantabres la traversent au N., les monts Ibériques la couvrent au centre et à l'E., la Sierra de Guadarrama la limite vers le S.; l'Èbre et le Duero l'arrosent. Son nom lui vient du grand nombre de châteaux forts (*castillos*) qui la défendaient autrefois des attaques des Maures.

Cette grande division comprend huit provinces : *Santander*, au N.; *Burgos*, *Logroño* et *Soria*, au milieu; *Ségovie* et *Avila*, au S.; *Valladolid* et *Palencia*, à l'O. — Les villes principales sont: *Santander*, ville maritime, de 20 000 habitants; — *Burgos*, ville de 25 000 âmes, capitale de la Vieille-Castille et patrie du Cid aujourd'hui bien déchue de son ancienne splendeur; — *Logroño*, sur l'Èbre; — *Soria*, jolie ville, sur le Duero, près des ruines de l'ancienne *Numance*; — *Ségovie*, remarquable par ses manufactures de draps et par un admirable aqueduc que les Romains y ont construit; à 8 kilomètres de cette ville, est le beau château royal de *Saint-Ildefonse* ou de *La Granja*, accompagné de jardins délicieux; — *Valladolid*, autrefois très-considérable, et encore peuplée de 40 000 habitants; — *Palencia*, avec une superbe cathédrale.

Les PROVINCES BASQUES ou les PROVINCES VASCONGADES se composent de la *Biscaye*, du *Guipuzcoa* et de l'*Alava*; elles sont habitées par une population fière, industrieuse, pleine de l'amour de l'indépendance et très-attachée à ses anciens usages et à ses priviléges. C'est un pays fort montagneux, aride, mais riche en mines de fer. Les Pyrénées finissent dans ces provinces, et les monts Cantabres y commencent. L'Èbre les limite au S., et la Bidassoa, au N. E., les sépare de la France. —*Bilbao*, chef-lieu de la Biscaye, est une ville de 20 000 âmes, située près de la mer et animée par un commerce actif. — *Saint-Sébastien*, chef-lieu du Guipuzcoa, est une place forte et un port assez important. On remarque, à l'E. de cette ville, celle du *Passage* ou *Los Pasages*, avec un des plus beaux ports de l'Espagne, et la forteresse de *Fontarabie* ou *Fuenterrabia*, sur la Bidassoa. — La capitale de l'Alava est *Vitoria*.

Région de la Méditerranée. — La CATALOGNE s'étend depuis les Pyrénées jusqu'un peu au S. de l'embouchure de l'Èbre; au centre, s'élève le mont Serrat, curieux par les dents aiguës qu'offrent ses pics élancés, et par ses grottes et ses stalactites. Ce pays renferme une population vigoureuse, fière et intelligente, qui parle le catalan, langage fort différent de l'espagnol; l'agriculture et l'industrie y sont généralement plus avancées que dans le reste du royaume. Il s'y trouve quatre provinces : celles de *Girone* et de *Barcelone*, à l'E.; de *Lerida*, à l'O., et de *Tarragone*, au S.

La plus grande ville de la contrée est *Barcelone*, belle place maritime, très-fortifiée et peuplée de 200 000 âmes, en y comprenant *Barcelonette*, ville toute moderne, qui en est comme un faubourg. — On remarque encore en Catalogne : *Mataro*, port très-commerçant; —*Girone*, en espagnol *Gerona*;— *Olot*, ville industrielle; — la célèbre forteresse de *Figuières* ou *Figueras*; — *Tarragone*, port de mer, qui ne compte aujourd'hui que 18 000 habitants, mais qui fut anciennement, sous le nom de *Tarraco*, la plus grande ville de l'Espagne ; — *Tortose*, sur l'Èbre, aussi très-ancienne, place forte, et peuplée de 26 000 habitants ; —*Reus*, cité fort moderne, animée par de nombreuses manufactures, et peuplée de 30 000 âmes ; — *Lerida*, dans une situation délicieuse ; — *Cardona*, intéressante par ses grandes mines de sel gemme ; — et *Urgel* ou *La Seu d'Urgel*, place forte.

(C'est entre la Catalogne et le département français de l'Ariége, au milieu des Pyrénées, qu'est la petite république d'*Andorre*, placée sous la protection de la France et de l'évêque d'Urgel, et peuplée de 10 000 habitants ; la capitale en est *Andorre*).

Le royaume de VALENCE est fort long du N. au S., mais étroit de l'O. à l'E. Il offre de belles et fertiles campagnes, un ciel presque toujours pur, mais le solano le desole quelquefois. Les habitants sont vifs, gais, légers, et ils aiment beaucoup la parure et les plaisirs. Trois provinces ont été formées de ce royaume : celles de *Castellon de la Plana*, au N. ; de *Valence*, au milieu, et d'*Alicante*, au S. — La plus grande ville est *Valence*, en espagnol *Valencia*, placée vers l'embouchure du Guadalaviar, un peu au N. du lac d'Albufera : elle est surnommée *la Belle*, et se distingue par ses nombreuses fabriques de soieries ; on y compte 107 000 âmes. — *Murviedro* est près des ruines de *Sagonte*. —*Castellon* a 20 000 habitants. —*Alicante*, renommée par ses vins, est une place maritime de 21 000 habitants. La province à laquelle elle donne son nom renferme aussi *Elche*, ville industrielle, où l'on fabrique beaucoup de sparterie ; —*Alcoy*, ville de 22 000 âmes ; —*Orihuela*, sur la Segura, dans une plaine fertile, qu'on a surnommée le *Jardin de l'Espagne*.

Le royaume de MURCIE, placé au S. O. du royaume de Valence, jouit d'un air très-pur et d'un beau climat, sujet seulement à trop de sécheresse ; l'indolence des habitants nuit à la culture de cette riche contrée, qui se compose des provinces de *Murcie*, au S., et d'*Albacète*, au N.— On y trouve : *Murcie*, peuplée de 27 000 habitants et agréablement placée sur la Segura ; — *Carthagène*, port célèbre et fort belle ville, avec 26 000 âmes ; — *Lorca*, peuplée de 20 000 habitants.

Région méridionale. — L'ANDALOUSIE est une des contrées les plus belles de la péninsule. La Sierra Morena en couvre la partie septentrionale, et la Sierra Nevada, l'intérieur. Le Guadalquivir l'arrose. Les Andalous ont conservé une partie du caractère des Arabes ; leur jactance et leur prononciation vicieuse justifient le surnom de *Gascons* de l'Espagne qui leur est donné. — Huit provinces ont été formées de l'Andalousie : ce sont celles de *Jaen*, *Cordoue*, *Séville*, *Grenade*, *Almeria*, *Malaga*, *Cadix*, *Huelva*.

La ville la plus importante est *Séville* (l'ancienne *Hispalis*), une des plus grandes cités espagnoles, dans une position admirable, au milieu d'une plaine couverte de plantations d'oliviers et arrosée par le Guadalquivir. On y compte 118 000 habitants.

La seconde ville est *Grenade*, en espagnol *Granada*, dans une situation ravissante, au milieu d'une plaine fertile. Sous les Maures, cette illustre cité renfermait 400 000 habitants ; elle n'en a plus que 67 000. Parmi les monuments dont on admire les restes, on distingue surtout le palais de l'Alhambra. — Près et au S. O. de Grenade, est *Santa-Fé*, qui fut bâtie par Isabelle et Ferdinand pendant le siége de Grenade, en 1492, et où ces deux souverains approuvèrent la première expédition de Christophe Colomb.

On remarque ensuite : *Cordoue*, en espagnol *Cordova* (ancienne Corduba), située sur le Guadalquivir, et qui, peuplée, au temps de ses khalifes, de 300 000 habitants, n'en renferme plus qu'environ 36 000 ; — *Jaen*, ville de 20 000 âmes ; — *Almeria*, de 23 000 habitants, port de mer très-fréquenté, au fond du golfe du même nom, dans une situation riante ; — *Motril*, avec de célèbres mines de plomb ; — *Malaga*, renommée par ses vins, son beau port, son heureux climat, et peuplée de plus de 95 000 âmes; — *Velez-Malaga*, dont les vignobles sont également estimés; — *Cadix* ou *Cadiz* (anciennement *Gadir* ou *Gades*), place très-forte et l'une des villes les plus commerçantes de l'Europe, située à l'extrémité N. O. de l'île de Léon, au S. O. d'une grande baie de l'Atlantique, et peuplée de 72 000 âmes; — *San-Fernando*, près et au S. E. de Cadix, dans l'île de Léon, avec un observatoire fameux; — *Port-Sainte-Marie*, jolie ville de 18 000 âmes, en face de Cadix; — *Xerez de la Frontera* (40 000 habitants) et *Rota*, célèbres par leurs vins; — *San-Lucar de Barrameda*, également renommée par ses vins, à l'embouchure du Guadalquivir; — *Palos*, port aujourd'hui fort déchu, mais à jamais célèbre par le départ de Colomb, le 2 août 1492; — *Antequera*, *Ecija*, *Ronda*, villes de 20 à 25 000 âmes, situées dans l'intérieur; — *Algésiras*, port commerçant et forteresse importante, sur le détroit de Gibraltar; — *Tarifa*, à l'extrémité la plus méridionale de l'Espagne.

On voit encore, vers l'extrémité S. de l'Andalousie, *Gibraltar*, ville très-forte, et située sur le détroit du même nom, au pied d'un rocher escarpé, sur le côté occidental du promontoire qui s'appelle aussi Gibraltar. C'est une place imprenable, qui appartient aux Anglais depuis 1704; elle a 25 000 âmes.

Région intérieure du nord. — L'ARAGON touche vers le N. à la France, dont les Pyrénées le séparent, et s'étend au S. jusqu'au royaume de Valence. Les habitants sont industrieux, persévérants, fiers et courageux. L'Èbre divise ce pays en deux parties presque égales : l'une au N., l'autre au S. — L'Aragon forme les trois provinces de *Huesca*, de *Saragosse* et de *Teruel*. — La plus grande ville est *Saragosse* (en espagnol *Zaragoza*), située sur l'Èbre, et fameuse par le siége qu'elle soutint contre les Français en 1809; on y compte 67 000 habitants. — *Calatayud*, au N. O. de Saragosse, a 9000 habitants.

La NAVARRE s'étend depuis les Pyrénées jusqu'à l'Èbre. Les forêts et les mines sont la richesse de cette contrée, qui renferme une population laborieuse, jalouse de ses priviléges, et fort attachée aux anciennes coutumes. — Elle forme une seule province, dont le chef-lieu, *Pampelune* (*Pamplona*), est une place forte, peuplée de 25 000 âmes, sur l'Arga. — Au N. E. de cette ville, se trouve la vallée de *Roncevaux*, célèbre par la mort de Roland, neveu de Charlemagne. — On remarque encore *Tudela* et *Estella*, au S.

Région intérieure de l'ouest. — Le royaume de LÉON, borné au N. par la chaîne des Asturies, s'étend au S. jusqu'à la Sierra de Gredos, qui le sépare de l'Estrémadure. Le Duero le traverse de l'E. à l'O. — Il compose les trois provinces de *Léon*, *Zamora* et *Salamanque*.

Léon est une ville fort ancienne, mais peu peuplée, remarquable par sa cathédrale, que l'on considère comme la plus belle église de l'Espagne. — *Zamora*, sur le Duero, a 13 000 âmes. — *Salamanque*, qui en a 15 000, est célèbre par son université, et possède beaucoup d'édifices anciens, qui la firent surnommer la petite Rome.

L'ESTRÉMADURE (souvent nommée, peu exactement, *Estramadure*), la plus riche contrée de l'Espagne du temps de la puissance de Rome, en est aujourd'hui la plus pauvre et la moins peuplée. Trois hautes chaînes de montagnes, qui courent généralement de l'E. à l'O., y déterminent deux grandes vallées, dont le Tage et la Guadiana occupent le fond. — L'Estrémadure forme les provinces de *Badajoz* et de *Caceres*. — *Badajoz*, peuplée de 22 000 âmes, est la ville la plus importante de la contrée. — *Merida*, autrefois l'une des plus florissantes colonies romaines d'Espagne, sous le nom d'*Emerita-Augusta*, est à l'E. de Badajoz, et offre des ruines remarquables. — *Alcantara*, sur le Tage, est célèbre par son magnifique pont de construction romaine. — L'ancien monastère de *Yuste*, dans la province de Caceres, servit de retraite à Charles-Quint après son abdication.

Région du centre. — La NOUVELLE-CASTILLE offre quelques vastes plaines et des plateaux élevés. Le Tage la parcourt, et y reçoit de nombreuses rivières. Le sol est fertile, mais l'agriculteur indolent n'en tire pas tout le parti possible, et les regards sont trop souvent affligés de l'aspect nu et triste du pays.

Cette grande division comprend les provinces de *Cuenca*, de *Guadalaxara*, de *Madrid*, de *Tolède* et de *Ciudad-Real*.

Elle renferme la capitale du royaume, MADRID, dont le nom, d'origine arabe, signifie *maison du bon air*. Cette ville, peuplée de 300 000 âmes, est située au centre de l'Espagne, sur le Manzanarès ; c'est, de toutes les capitales de l'Europe, la plus élevée au-dessus du niveau de la mer (680 mètres). Le Prado en forme la plus belle promenade.

Le Pardo, au N. de Madrid, est un joli château royal. — *L'Escurial* ou *Escorial*, au N. O., renferme un magnifique édifice, qui fut destiné à être à la fois un monastère et une résidence royale.

On remarque encore dans la Nouvelle-Castille : *Alcala de Henarez*, patrie de Cervantes et célèbre par son ancienne université ; — *Guadalaxara*, vieille ville arabe ; — *Tolède (Toledo)*, ville de 16 000 habitants, située sur le Tage, au S. O. de Madrid, et fameuse par son ancienne importance ; — *Aranjuez*, belle résidence royale, avec des jardins délicieux ; — *Ciudad-Real*, sur la Guadiana, dans l'ancienne Manche ; — *Almaden*, où l'on exploite de riches mines de mercure.

Iles Adjacentes. — Les ÎLES BALÉARES, situées à l'E. du royaume de Valence, sont au nombre de cinq ; il y en a trois grandes : *Majorque*, placée au milieu du groupe ; *Minorque*, à l'E. ; *Ivice*, à l'O. ; — et deux petites : *Formentera*, près et au S. d'Ivice ; *Cabrera*, près et au S. de Majorque. — Les Baléares composent une province, dont le chef-lieu est *Palma*.

Majorque, en espagnol *Mallorca*, est riche en oranges, citrons, vins, etc., et a pour chef-lieu *Palma*, ville de

43 000 habitants, sur la côte du S. O., au fond du golfe du même nom.

Minorque, en espagnol *Menorca*, a pour chef-lieu *Mahon* ou *Port-Mahon*, ville de 14 000 habitants, avec un des plus beaux ports de la Méditerranée.

Ivice ou *Iviza* est la plus rapprochée du continent. Elle contient de riches salines et une ville du même nom.

Formentera et *Cabrera* sont fort petites, et ont pour toute richesse des troupeaux de chèvres et de moutons.

Les îles CANARIES, près de la côte d'Afrique, forment une province qui a pour chef-lieu *Santa-Cruz*, dans l'île de *Ténérife*.

Chemins de fer. — On remarque le chemin de fer de *Madrid à Aranjuez*, et d'*Aranjuez à Almanza*, près de laquelle naissent deux embranchements, l'un sur *Alicante*, l'autre sur *Valence* (une branche se sépare de cette ligne pour se rendre à *Ciudad-Real*); — les chemins de fer de *Barcelone* à *Mataro* et à *Girone*, dans la direction de *Perpignan*; — celui de *Tarragone* à *Reus*; — celui de *Gijon* à *Langreo* et à *Oviédo*; — celui de *Cadix* à *Port-Sainte-Marie*, *Xerez*, *Séville* et *Cordoue*; — celui de *Madrid* à *Saragosse*; — celui de *Madrid* à *Bayonne*, par *Valladolid*, *Burgos* et *Saint-Sébastien*, avec un embranchement sur *Palencia* et *Santander* et un autre sur *Bilbao*. — Un chemin joint *Saragosse* à *Barcelone*, d'un côté, et à *Pampelune*, de l'autre, avec embranchement sur *Logroño* et la ligne de Madrid à Bayonne.

Population, langue, religion, gouvernement, etc. — Les Espagnols, au nombre d'environ 16 millions, sont généralement de taille moyenne et bien faits; ils ont peu d'embonpoint; leur teint est basané dans les parties méridionales, et pâle ailleurs. Les mœurs diffèrent beaucoup, suivant les provinces. Cependant on peut dire qu'en général l'Espagnol est loyal, courageux, ami généreux, capable de grandes conceptions, mais qu'il offre souvent un mélange d'indolence et d'orgueil.

L'Espagne est un des pays les plus pauvres de l'Europe, malgré la richesse de son sol. C'est un de ceux où l'instruction du peuple a fait le moins de progrès. Il y a cependant douze universités (Madrid, Barcelone, Cervera, Huesca, Grenade, Oviédo, Salamanque, Séville, Santiago, Valence, Valladolid et Saragosse) ; mais ces établissements sont bien déchus de leur ancienne splendeur. Ce fut dans le seizième siècle surtout que cette contrée brilla par la culture des lettres et de tous les arts. Depuis quelque temps, néanmoins, il s'y manifeste un nouvel essor très-remarquable vers l'instruction.

La langue espagnole, noble, sonore et poétique, est un des idiomes nés du latin; mais elle renferme aussi un grand nombre de mots dérivés de l'arabe, du tudesque et du celtique. C'est en Castille qu'on la parle avec le plus de pureté : voilà pourquoi les Espagnols l'appellent la *langue castillane*. Le catalan, qu'on parle dans le N. E., est une langue à part, dans laquelle ont été rédigés plusieurs ouvrages remarquables et de célèbres cartes marines au moyen âge. Le basque est la langue d'une partie des Provinces Basques.

Le catholicisme est la religion de l'Espagne. Le gouvernement est une monarchie constitutionnelle; il y a deux assemblées législatives ou chambres : l'une des députés, et l'autre des sénateurs; on les désigne sous le nom général de *Cortès* (c'est-à-dire *Cours*).

L'armée, sur le pied de paix, est de 200 000 hommes, sans comprendre la force armée des possessions d'outre-mer.

Cette nation, qui a été, au quinzième et au seizième siècle, la plus redoutable puissance navale du monde, a aujourd'hui une marine peu considérable; cependant cette marine tend à se relever : elle compte 113 bâtiments de guerre. Les trois grands ports militaires du royaume sont Cadix, Carthagène et Le Ferrol.

Le revenu de l'Espagne s'élève à 600 millions de francs; la dette publique, à 4 milliards.

L'industrie de l'Espagne, si brillante au seizième siècle, était devenue presque nulle, lorsqu'elle a repris, dans ces derniers temps, un assez grand développement : elle offre des draps, des soieries, des tissus de coton, des savons, des ouvrages en fer.

L'Espagne n'exporte guère que les produits de son sol : le vin, l'eau-de-vie, les fruits, l'huile, les grains, la laine, la soie grège, le plomb, le mercure, le liége ; les importations y consistent en produits coloniaux, poissons salés, beurre, fromage, tissus de coton et de laine, quincaillerie, coutellerie, verrerie, poterie, bois de construction. Les principaux ports de commerce sont Cadix, Malaga, Barcelone, Carthagène, Alicante, Bilbao, La Corogne. Les exportations s'élèvent à 300 000 000 de francs, et les importations à 450 000 000.

Possessions hors de l'Europe. — L'Espagne avait autrefois d'immenses colonies en Amérique. Elle n'a plus aujourd'hui, dans cette partie du monde, que l'île de *Cuba* et celle de *Puerto-Rico*. — Elle possède, en Afrique, les îles *Canaries*, considérées comme une quarante-neuvième province du royaume, la ville de *Ceuta*, avec quelques autres *présides* (forteresses) sur la côte du Maroc, les îles de *Fernan-do-Po* et d'*Annobon*, dans le golfe de Guinée ; — dans l'Océanie, les *Philippines* et les *Mariannes*.

PORTUGAL.

DIVISIONS PRINCIPALES; GRANDES VILLES; POPULATION, LANGUE, RELIGION, GOUVERNEMENT. — POSSESSIONS HORS DE L'EUROPE, ETC.

Introduction sur la géographie physique du Portugal. — Le Portugal est un petit mais célèbre royaume, qui occupe, dans la partie occidentale de la péninsule Hispanique, l'espace compris entre l'embouchure du Minho et celle de la Guadiana. Il forme à peu près un parallélogramme, qui a 550 kilomètres du N. au S., et 175 de l'E. à l'O. On y compte 4 000 000 d'habitants, sur une superficie de 91 000 kilomètres carrés. La latitude moyenne est au 39ᵉ degré.

Il est borné par l'Espagne au N. et à l'E.; ailleurs, par l'océan Atlantique. Celui-ci présente, sur les côtes occidentales du Portugal, un enfoncement assez grand, qui est renfermé entre les caps *da Roca* et de *Sines*, et qu'on peut appeler golfe d'*Estrémadure*, à cause de la province qu'il baigne. Ce golfe est divisé par le cap *Espichel* en deux parties, dont la plus méridionale et la plus profonde se nomme baie de *Setuval*.

C'est à la pointe S. O. du Portugal que s'offre le cap *Saint-Vincent*, extrémité S. O. de toute l'Europe. Le point le plus méridional du royaume est le cap *Sainte-Marie*. Sur la côte occidentale, un peu au N. du cap da Roca, est la petite presqu'île de *Peniche*, en face de laquelle se trouvent les îles *Berlingues* (*Berlengas*).

Le Portugal est un pays montueux, entrecoupé de riantes vallées. Le climat est fort chaud sur la côte, mais doux et délicieux dans l'intérieur, et généralement très-sain. On y rencontre une grande variété de richesses végétales : l'oranger, le citronnier, l'olivier, le dattier, le myrte, le laurier, y croissent à côté du chêne-liége et du chêne-vert à kermès. La vigne y donne d'excellents produits, et l'on récolte en abondance des melons, des pastèques, des amandes, des figues. Mais l'agriculture est dans un état peu avancé, et, malgré la fertilité du sol, les trois quarts du royaume restent incultes.

La substance minérale la plus productive pour ce pays est le sel, dont on recueille une immense quantité dans les salines répandues le long de la mer.

Des ramifications des monts Cantabres s'élèvent vers les limites septentrionales du Portugal. Dans l'intérieur du pays, on remarque deux chaînes principales : l'une s'étend entre le Douro et le Tage, et va se terminer au cap da Roca ; elle porte successivement les noms de *Serra da Estrella* et de mont *Junto ;* c'est dans la Serra da Estrella que sont les plus hauts sommets du Portugal : ils atteignent environ 2000 mètres.

L'autre chaîne court entre le Tage et la Guadiana, et aboutit au cap Saint-Vincent. Elle s'appelle au N. *Serra de Portalegre*, et au S. *Serra de Monchique*.

Le Portugal est tout entier situé sur le versant de l'Atlantique. Il est arrosé par un grand nombre de cours d'eau, dont les plus importants sont le *Minho*, le *Douro*, le *Mondego*, le *Tage*, qui forme, avant d'entrer dans l'océan, une espèce de baie ou de lac appelée *mer de la Paille;* ensuite on remarque le *Sadao* et la *Guadiana*.

Divisions et villes principales. — Le Portugal se divise (sans y comprendre les Iles Adjacentes) en 17 districts administratifs ; mais on fait toujours usage, dans le langage ordinaire, des six anciennes provinces suivantes :

Deux sont au N. du Douro.

1° La province de MINHO ou d'ENTRE DOURO ET MINHO ; villes principales : *Braga* (16 000 hab.), *O Porto* ou *Porto*, anciennement *Portus Calle* (d'où est dérivé le nom de *Portugal*), ville commerçante, de 72 000 habitants, renommée surtout par ses vins, à l'embouchure du Douro.

2° La province de TRAZ-OS-MONTES (c'est-à-dire au delà des montagnes); ville principale, *Bragance*.

Entre le Douro et le Tage, s'étend la province de BEIRA, en partie couverte par la Serra da Estrella. On y voit *Viseu*, où se tient une foire célèbre ; — *Castello-Branco* ; — *Coïmbre* (15 000 hab.), agréablement placée sur le Mondego, et fameuse par son université ; — *Lamego*, où s'assemblèrent, en 1145, les cortès qui établirent la constitution portugaise ; — *Ovar*, près de l'océan.

Une province s'étend sur les deux rives du Tage, vers l'embouchure de ce fleuve : c'est l'ESTRÉMADURE, qui a pour chef-lieu LISBONNE (en portugais *Lisboa*), capitale du royaume, magnifiquement placée sur la rive droite du Tage, vers l'endroit où ce fleuve sort de la mer de la Paille ; elle a 275 000 habitants. — On distingue encore *Cintra*, dans une charmante position ; — *Mafra*, avec un superbe édifice qui est composé d'un couvent, d'un palais et d'une église ; — *Santarem*, sur le Tage, ancienne résidence des souverains ; — *Abrantès*, sur le même fleuve, dans une situation délicieuse ; — *Setuval* (15 000 hab.), port de mer assez commerçant.

Dans le S., sont deux provinces :

1° L'ALENTEJO (plus régulièrement *Alem-Tejo*, c'est-à-dire au delà du Tage). — *Evora* (12 000 hab.) en est le chef-lieu. — On y trouve aussi *Elvas*, place très-forte.

2° L'ALGARVE, auquel les souverains du Portugal ont accordé le titre de royaume, et qui fut appelé le *Coin* par les anciens, à cause de sa position à l'angle S. O. de la péninsule. — Le chef-lieu est *Faro*.

Parmi les chemins de fer, encore peu nombreux, du Portugal, on distingue ceux de *Lisbonne* à *Cintra*, à *Santarem*, à *Evora*, à *Abrantès*, à *Coimbre* et *Porto*.

Population, langue, religion, gouvernement, etc. — Les Portugais, au nombre de 4 000 000, sont d'une taille peu élevée, mais bien faits et robustes. Ils ont ordinairement de l'embonpoint. La population la plus belle et la plus vigoureuse est celle des provinces du N.

Cette nation est remarquable par sa douceur, sa politesse, sa prévenance envers les étrangers. Elle est courageuse et très-sobre; mais elle aime avec passion toute espèce de dissipation bruyante, comme la musique, la danse, les combats de taureaux. Les mœurs diffèrent, d'ailleurs, suivant les provinces : les habitants de l'Estrémadure et de l'Alentejo se montrent apathiques et indolents; ceux des provinces du N. sont, au contraire, très-laborieux; les Algarviens se distinguent par leur vivacité, et ont la réputation d'être les meilleurs matelots du royaume.

La langue portugaise a une grande analogie avec l'espagnol ; elle est douce, harmonieuse, énergique. Des écrivains de mérite l'ont illustrée, surtout au seizième siècle, qui vit fleurir le poëte Camoëns.

Le catholicisme est la religion de ce pays; mais les autres cultes y sont tolérés. Un patriarche, qui réside à Lisbonne, est le chef de l'Eglise portugaise.

Le gouvernement du Portugal est une monarchie constitutionnelle. Les assemblées qui tempèrent le pouvoir du souverain portent le nom de *Cortès*.

L'armée active du Portugal compte 30 000 hommes. Cette puissance, qui était autrefois, avec l'Espagne, la plus brillante de l'Europe par sa marine, n'a aujourd'hui que 36 navires. Les revenus de l'Etat sont de 130 millions de francs. La dette publique est de 850 millions.

L'industrie manufacturière du Portugal est peu considérable; on peut citer cependant des soieries, des toiles, des draps, de la bonneterie, du chanvre, de la porcelaine, de la faïence. Le commerce maritime de ce royaume est assez actif, mais presque tout entre les mains des Anglais. Les deux principaux ports de commerce sont Lisbonne et Porto. Les exportations (80 000 000 de fr.) consistent en vins, citrons, oranges, figues et autres fruits;

sel, huile, sumac, liége, laine; et les importations (150 000 000 de fr.), en céréales, salaisons, beurre, fromage, œufs, chevaux, mulets, métaux, bois, tissus, quincaillerie.

Possessions hors de l'Europe. — Le Portugal a eu d'immenses possessions, telles que le Brésil et une grande partie de l'Inde. Aujourd'hui ses domaines hors de l'Europe sont bien réduits. Les *Açores* et les îles *Madère* ne sont pas considérées comme colonies, mais font partie intégrante de la métropole, sous le nom d'*Iles Adjacentes*. — Les colonies proprement dites se composent de la capitainerie générale de *Mozambique*, du gouvernement d'*Angola*, de la *Sénégambie portugaise* (comprenant *Géba*, *Cachéo*, etc.), des îles du *Cap-Vert*, de l'île du *Prince* et de celle de *Saint-Thomas*, en Afrique; — de *Goa* et de quelques autres établissements, dans l'Hindoustan; — de *Macao*, en Chine; — des établissements de *Timor*, dans la Malaisie.

TURQUIE.

AVEC LA ROUMANIE ET LA SERBIE.

DIVISIONS PRINCIPALES; PRINCIPALES VILLES; LANGUE, RELIGION, GOUVERNEMENT. — PEUPLES DIFFÉRENTS COMPRIS DANS L'EMPIRE OTTOMAN; POSSESSIONS HORS DE L'EUROPE, ETC.

Introduction sur la géographie physique de la Turquie d'Europe. — La Turquie d'Europe, qui n'est qu'une partie de l'*empire Ottoman*, forme, avec la Grèce, la grande péninsule *Turco-Hellénique*. Cette péninsule s'avance, à l'E. de l'Italie, entre les mers Adriatique et Ionienne, à l'O., et la mer Noire, la mer de Marmara et l'Archipel, à l'E., depuis le 36e jusqu'au 48e degré de latitude N.

L'ensemble formé par la Turquie et les principautés tributaires (la Serbie et la Roumanie) est au S. de l'Autriche, dont il est séparé par la Save, le Danube et les monts Carpathes, et au S. O. de la Russie, vers laquelle il a pour frontières le Pruth, puis une ligne tirée du cours moyen de cette rivière à la mer Noire, et qui suit en grande partie l'ancien retranchement romain appelé *Val de Trajan*. Au S., vers la Grèce, les frontières sont marquées par une ligne tracée du golfe de Volo au golfe de l'Arta.

La plus grande longueur de cette contrée est de 1250 kilomètres, du N. E. au S. O.; sa largeur, du N. O. au S. E., est de 1 000 kilomètres. Sa superficie est de 528 000 kilomètres carrés, et sa population, de 15 millions d'habitants. Tout l'empire Ottoman, y compris ce qu'il renferme dans l'O. de l'Asie et le N. E. de l'Afrique, compte environ 36 000 000 d'habitants.

Les côtes de la Turquie d'Europe sont fort irrégulières, surtout vers l'*Archipel*. Cette mer, nommée anciennement *mer Égée*, y présente d'abord, au S. E., le golfe de *Volo*, à l'E. duquel se trouve la presqu'île de *Magnésie*; elle forme ensuite un golfe beaucoup plus considérable, celui de *Salonique*; à l'E. de celui-ci s'avance la grande presqu'île de *Khalcidique*, terminée par trois petites péninsules, dont la plus orientale est celle du mont *Athos*, célèbre par ses nombreux monastères grecs.

A l'E. de la Khalcidique, s'enfonce le golfe d'*Orphano* ou de *Contessa*. Plus loin, on rencontre celui d'*Énos*, et enfin le golfe de *Saros*, à l'E. duquel s'allonge l'étroite presqu'île de *Gallipoli* (l'ancienne Chersonèse de Thrace). C'est le long de cette péninsule que règne le détroit des *Dardanelles* (l'ancien *Hellespont*), resserré entre l'Europe et l'Asie, et communiquant de l'Archipel à la mer de *Marmara* (l'ancienne *Propontide*).

Le canal de *Constantinople* ou *Bosphore de Thrace*, plus étroit et moins long que le détroit précédent, et remarquable par la beauté de ses rivages, unit la mer de Marmara à la mer Noire, et sépare ainsi l'Europe de l'Asie.

Le golfe de *Bourgas* est le plus considérable de ceux que la *mer Noire* (l'ancien *Pont Euxin*) forme dans la Turquie européenne.

La mer Adriatique produit les golfes d'*Avlone* et du *Drin*.

Dans la partie occidentale de la Turquie d'Europe, se montrent les *Alpes orientales*, qui séparent le bassin de l'Adriatique de celui de la mer Noire. La partie de cette chaîne qui est renfermée en Turquie porte le nom d'*Alpes Dinariques;* elle s'arrête au *Tchar-dagh* (l'ancien *Scardus*) : là commencent deux branches, dont l'une se dirige à l'E. et l'autre au S. La branche de l'E. sépare les tributaires de la mer Noire de ceux de l'Archipel, et porte le nom général de *Balkan* (anciennement *Hæmus*). Au versant méridional du *Balkan* se rattachent le mont *Strandja*, qui se prolonge jusqu'au canal de Constantinople, et le *Despoto-dagh* (l'ancien mont *Rhodope*), qui va se terminer vers le golfe d'Enos. Au versant septentrional se joint la chaîne des montagnes de *Servie* ou le *Véliki-Balkan*, qui s'avance jusqu'au Danube, en face des monts *Carpathes ;* ceux-ci marquent, sur un assez grand espace, la limite de l'empire d'Autriche et de la Valachie, et ils forment, avec les montagnes de Servie, le fameux défilé des *Portes de fer*.

La branche du S. s'élève entre le bassin de l'Archipel, d'un côté, et ceux de la mer Adriatique et de la mer Ionienne, de l'autre. On lui donne le nom général de chaîne *Hellénique;* dans sa partie la plus élevée, elle s'appelle *Metzovo* ou *Pinde*.

Parmi les ramifications de la chaîne Hellénique, on distingue : à l'O., les monts de la *Chimère* ou *Acrocérauniens;* — à l'E., le mont *Olympe*, considéré par les anciens poètes comme le séjour des dieux ; — le mont *Ossa* et le mont *Pélion*, souvent nommés dans les chants poétiques des Grecs.

Les sommets culminants de la Turquie centrale sont dans le Balkan et atteignent à peu près 3000 mètres au-dessus de la mer. L'Olympe, la plus haute des montagnes de la Turquie méridionale, a aussi environ 3000 mètres.

Dans le bassin de la mer Noire, qui occupe le N. de la Turquie, on voit couler le *Danube;* ce grand fleuve arrose de vastes plaines, et se jette dans la mer par trois embouchures principales, dont la plus importante pour la navigation est celle de *Soulina;* ses affluents les plus remarquables sur le territoire turc ou sur sa frontière sont: à droite, la *Save*, la *Morava*, l'*Isker;* — à gauche, l'*Aluta* ou *Alt*, le *Séreth*, le *Pruth*.

Dans l'Archipel se rendent la *Maritza* (nommée anciennement *Hèbre*), le *Carasou* ou *Strouma* (l'ancien *Strymon*), le *Vardar* (l'ancien *Axios* ou *Axius*), la *Salembria* (l'ancien *Pénée*), qui arrose la délicieuse vallée de Tempé.

Les principaux tributaires de la mer Adriatique sont la *Narenta*, le *Drin*, la *Voioussa*.

Vers la mer Ionienne, coule l'*Aspropotamo* (anciennement Achélous), dont le cours inférieur se trouve en Grèce.

Le *Cocyte* et l'*Achéron* sont deux petites rivières fameuses dans la mythologie, qui se rendent dans la mer Ionienne, au N. du golfe de l'Arta, après avoir confondu leurs eaux dans un marais fangeux.

Le plus grand lac de Turquie est le *Razeïn*, situé près et au S. des bouches du Danube, dont il reçoit quelques faibles branches.

A l'O. de la chaîne Hellénique, on remarque le lac de *Scutari* ou de *Zanta*, qui s'écoule dans l'Adriatique par la Boyána; et le lac d'*Okhrida*, auquel le Drin sert d'écoulement.

Le territoire généralement très-montagneux de la Turquie d'Europe y rend la température moins chaude que la latitude ne semble d'abord l'annoncer.

Entre les montagnes, s'ouvrent des vallées délicieuses et des plaines très-fertiles, où règne un doux climat, et où croissent en abondance les orangers, les grenadiers, les figuiers, les oliviers, la vigne, le maïs, le riz, le blé, le seigle, le sorgho, le lin, le ricin, le cotonnier, le melon, les pastèques, le tabac, les mûriers propres aux vers à soie. On élève beaucoup de rosiers pour la fabrication de l'eau et de l'huile de rose. La vallonée et la noix de galle sont deux productions importantes. Les bois de construction sont admirables. Il y a beaucoup d'arbres fruitiers, dont le plus répandu est le prunier. Malheureusement l'agriculture est fort arriérée. L'aspect du pays au N. du Balkan est moins beau qu'au S.; le climat y est froid en hiver, et l'air est malsain en été dans plusieurs parties du cours du Danube, aux bords duquel s'étendent des marécages.

Divisions et villes principales. — La Turquie d'Europe se divise en *Turquie proprement dite* et *Principautés qui reconnaissent sa suzeraineté.*

TURQUIE PROPREMENT DITE.

Les provinces renfermées dans la partie continentale de la Turquie proprement dite sont la *Romélie*, la *Bulgarie*, la *Bosnie*, l'*Albanie* et la *Thessalie*. Mais les Turcs ne connaissent plus cette division, conservée par un ancien usage parmi les géographes: la partie européenne de leur empire est réellement partagée en *éyalets*[1], dont chacun est administré par un vali ou gouverneur général, et qui sont subdivisés en *livas* ou *sandjaks* (c'est-à-dire drapeaux), partagés eux-mêmes en *kazas* ou districts.

Cependant nous conserverons ici les anciennes divisions, qui ont une grande célébrité historique.

La plus importante et la plus belle province turque est la ROMÉLIE ou *Romanie*, ou, plus exactement, *Roum-ili*,

1. Il y a dans la Turquie proprement dite 13 éyalets ou gouvernements généraux; Édirné (Andrinople), Silistrè (Silistri), Vidin, Nich, Uskup, Bosna (Bosnie), Roum-ili ou Monastir, Scodra (Scutari), Iania, Sélanik (Salonique), Tirhala, Djezaïr (ou îles de l'Archipel), Krid (Crète ou Candie). Constantinople forme, avec ses faubourgs, une division séparée.

c'est-à-dire *pays des Romains*[1]. C'est le cœur de la monarchie. Elle comprend l'ancienne *Thrace*, à l'E., et l'ancienne *Macédoine*, à l'O. Le Balkan, au N., la chaîne Hellénique, à l'O., et la mer, à l'E., au S. E. et au S., l'enveloppent complétement. — Elle renferme CONSTANTINOPLE, nommée en turc *Stamboul* (dans l'antiquité, avant Constantin, *Byzanze*), capitale de l'empire Ottoman, et admirablement située à l'entrée méridionale du Bosphore de Thrace. La ville proprement dite est sur un promontoire triangulaire composé de sept collines et entouré par la mer de Marmara, au S., le Bosphore, à l'E., et un bras du Bosphore, au N. E. Ce bras, connu sous le nom de *Corne d'Or*, forme un des ports les plus beaux et les plus sûrs du monde. Il sépare Constantinople des grands faubourgs de Péra et de Galata, où habitent généralement les Européens de l'Occident, c'est-à-dire les *Francs*, que leurs affaires appellent dans la capitale turque. Vue du côté de la mer, sur ses sept collines, qui s'élèvent en amphithéâtre, et que couronnent élégamment des dômes et des minarets de mosquées, entremêlés d'arbres et de quelques monuments anciens, cette immense cité présente une des plus belles perspectives qu'on puisse imaginer ; mais l'intérieur ne répond pas à cette magnificence extérieure : presque toutes les rues sont étroites, irrégulières, encombrées d'immondices et de chiens errants. Cependant on remarque quelques beaux édifices : le principal est le sérail ou palais du Grand Seigneur, à l'extrémité orientale de la ville ; il est entouré de hautes murailles percées de huit portes, dont l'une est célèbre sous le nom de *Sublime Porte*[2]. On doit aussi distinguer la superbe mosquée d'Ahmed III, sur la place de l'Atmeïdan (l'ancien Hippodrome), et la mosquée de Sainte-

1. Les Turcs désignaient sous le nom de *pays des Romains*, tout l'empire Grec ou le Bas-Empire, qui n'était, en effet, que l'ancien empire Romain d'Orient ; mais ce nom est resté seulement à la province dont il est ici question et qui fut la dernière et la plus précieuse possession de l'empire Grec.

2. Voilà pourquoi, pour désigner le gouvernement turc, on dit souvent *la Sublime Porte*, ou simplement *la Porte*.

Sophie, ancienne église chrétienne, construite sous Justinien. — Constantinople renferme environ 700 000 hab., en y comprenant tous les lieux qui couvrent les rives du Bosphore et qui sont considérés comme ses faubourgs : tels que *Scutari* (en Asie), *Térapia* (sur la côte d'Europe), etc. Dans cette population, il y a 400 000 musulmans, et un assez grand nombre de Grecs, d'Arméniens et de Juifs.

Les autres villes maritimes les plus intéressantes de la Romélie sont : *Rodosto* (40 000 hab.), sur la mer de Marmara ; — *Gallipoli*, ville de 20 000 âmes, sur la presqu'île du même nom, et vers l'entrée septentrionale du détroit des Dardanelles ; — *Salonique* (anciennement *Thessalonique*), ville très-commerçante, située au fond du golfe du même nom, et peuplée de 70 000 habitants.

Dans l'intérieur, on trouve, sur les bords de la Maritza, *Philippopoli* ou *Filibé* (30 000 habitants) ; — *Andrinople* ou *Edirné*, qui a 100 000 habitants, et qui occupe une des situations les plus riantes de la Turquie ; — *Démotica*, fameuse par le séjour de Charles XII, roi de Suède.

Près du golfe d'Orphano, est *Sérès* dans un pays riche en tabac et en coton. — Dans l'O., est *Monastir* ou *Bitolia*.

On voit dans l'Archipel, près des côtes de la Romélie, quatre îles importantes : *Tasso* (anciennement *Thasos*), *Samotraki* (*Samothrace*), *Imbro* (*Imbros*) et *Lemno* ou *Stalimène* (*Lemnos*).

La Bulgarie est une vaste province renfermée entre le Danube, au N., le Balkan, au S., et la mer Noire, à l'E. L'extrémité N. E. de ce pays, renfermée entre la mer Noire et un grand coude que forme le Danube, compose la presqu'île de la *Dobroudja;* sur l'isthme de cette presqu'île, se trouve un retranchement antique appelé *Val de Trajan*, qu'il ne faut pas confondre avec le retranchement du même nom sur la frontière russe. — La capitale de la Bulgarie est *Sophia*, au S. O., sur l'Isker, au pied des montagnes, avec 50 000 habitants. — A l'E., sur la mer

Noire, on trouve l'importante place de *Varna*, qui répond à l'ancienne *Odessos*; et *Kustendjé*, près de l'emplacement de l'ancienne *Tomi*, fameuse par l'exil d'Ovide. — Le long du Danube, on rencontre, en commençant par l'O.: *Vidin*, ville de 25 000 âmes; *Nikopol* ou *Nicopoli*, *Sistova*, *Roustchouk*, *Silistri*, *Rassova*, *Hirchova*, *Isaktcha*, toutes fortifiées, et plus ou moins célèbres dans l'histoire des guerres des Turcs et des Russes.

A peu près à égale distance du Danube et du Balkan, on trouve la célèbre place forte de *Choumla* (30 000 hab.), — et *Tirnova*, qui fut la résidence des derniers rois bulgares.

La SERBIE TURQUE est une province peu considérable située de l'O. de la Bulgarie et dont la capitale est *Nich* ou *Nissa*.

A l'angle N. O. de la Turquie d'Europe, est la province montagneuse de BOSNIE, composée de la *Bosnie propre*, de la *Croatie turque*, de l'*Herzégovine* et de la *Rascie*. — On remarque, dans la première, *Bosna-Séraï* ou *Séraïévo*, capitale de la Bosnie, avec 70 000 habitants; — *Travnik* et *Zvornik*, places fortes. — Dans la Croatie turque, est *Banialouka*; — dans l'Herzégovine, *Mostar*; — dans la Rascie, *Novi-Bazar*.

L'ALBANIE est une longue province qui s'étend du N. au S., depuis les Alpes Dinariques jusqu'au golfe de l'Arta, et qui est renfermée entre la chaîne Hellénique, à l'E., et les mers Adriatique et Ionienne, à l'O. Le sud, ou la *Basse-Albanie*, comprend l'ancienne *Épire*. Des montagnes couvrent presque partout ce pays. Les habitants, nommés *Arnautes*, *Albanais* ou *Skipétars*, sont belliqueux, ardents, très-enclins au brigandage et à la révolte. Les *Mirdites*, dans le N. de l'Albanie, sont une population distincte, qui professe le catholicisme.

La ville principale est *Ianina* ou *Iania*, peuplée de 40 000 âmes, sur un lac du même nom, dans un canton délicieux. — Les autres villes remarquables sont : *Scutari* (20 000 h.), à l'extrémité méridionale du lac du même nom ; — *Duratzo*, port de mer, célèbre autrefois sous le nom de *Dyrrachium ;* — *Parga*, autre place maritime.

La plus petite et la plus méridionale des provinces continentales turques est la THESSALIE, qui faisait anciennement partie de la Grèce. Elle est renfermée entre le Pinde, à l'O., et l'Archipel, à l'E. Elle s'arrête vers le N. au mont Olympe, et elle commence vers le S. à l'entrée du golfe de Volo. C'est un pays fertile et délicieux, et l'on y voit la belle vallée de Tempé. Les villes principales sont *Larisse* ou *Iénicheher*, et *Tricala* ou *Tirhala.*

Au S. de l'Archipel et au S. E. de la Morée, la Turquie possède l'île de CANDIE ou *Criti* (l'ancienne *Crète*), qui s'allonge de l'E. à l'O. : c'est un pays fertile et beau, mais généralement pauvre aujourd'hui. Au centre, s'élève le mont Psilority ou Ida.—La capitale est *Candie*, ville de 15 000 âmes, sur la côte septentrionale. On remarque, dans la partie N. O. de l'île, le port assez commerçant de *Canéa* ou *La Canée* (anciennement *Cydonie*). La population de l'île de Candie est généralement grecque.

PRINCIPAUTÉS QUI RECONNAISSENT LA SUZERAINETE DE LA TURQUIE.

Roumanie.

Les deux principautés de Moldavie et de Valachie sont réunies sous un seul gouvernement et désignées sous le nom de *Principautés-Unies de Moldavie et de Valachie*, ou sous celui de *Moldo-Valachie*, ou mieux encore sous celui de *Roumanie.*

La plus septentrionale des deux principautés est la MOLDAVIE, qui s'enfonce entre l'empire d'Autriche et la

Russie, et qui s'avance au S. E. jusqu'à la mer Noire, à côté des bouches du Danube. — La capitale est *Iassy*, ville de 80 000 âmes. — On remarque, au S. E., la commerçante ville de *Galatz*, qui a un port très-fréquenté, sur le Danube; *Ismaïl* ou *Toutchkov*, et *Kilia*, toutes deux sur le même fleuve, et qui ont été cédées par la Russie en 1856. — *Fokchani* est moitié dans la Moldavie, moitié dans la Valachie.

La Valachie, couverte au N. par les Carpathes, et bordée par le Danube à l'O., au S. et à l'E., est, comme la Moldavie, habitée par une population roumaine, qui s'élève à 3 000 000 habitants. — Elle a pour capitale *Boukharest*, capitale en même temps de toute la Roumanie, grande ville de 130 000 habitants, irrégulièrement, mais pittoresquement construite, et parsemée de jardins. — Au S., sur le Danube, on distingue la place forte de *Giurgévo*. — A l'O., est *Craïova*, capitale de la partie nommée *Petite Valachie*. — A l'E., est *Brahilov* ou *Ibraïla*, avec un port très-commerçant sur le Danube.

La population de toute la Roumanie est de 4 500 000 habitants.

Serbie.

La Serbie, qu'on appelle aussi, moins exactement *Servie*, doit son nom aux *Serbes*, peuple de la grande famille slave qui l'habite et y forme une population de plus d'un million d'âmes. Elle s'étend depuis le Danube et la Save jusqu'au Tchar-dagh. — *Belgrade* (anciennement *Singidunum*), la capitale, peuplée de 25 000 âmes, est située à la jonction de la Save et du Danube. — *Sémendria* s'élève au confluent de la Morava et du Danube. — *Kragouïévatz*, dans l'intérieur, est la résidence ordinaire du prince de Serbie.

Monténégro.

Entre l'Albanie et la Bosnie, se trouve le petit pays de Monténégro, en slavon *Tzerna-Gora*, en turc *Kara-Dagh*, territoire très-montagneux et très-escarpé, qui a longtemps refusé de se soumettre au joug des Turcs; il a reconnu, en 1862, la souveraineté de la Turquie, tout en conservant son prince. La population monténégrine, au nombre d'environ 140 000 habitants, d'origine serbe, est belle, fière, rude et guerrière. *Cettigne* est la capitale.

Langue, religion, gouvernement de la Turquie. — Peuples différents compris dans l'empire Ottoman, etc. — Les Turcs, qu'on appelle aussi *Osmanlis* ou *Ottomans*, sont mahométans de la secte d'Omar; la règle de leur foi est le Koran. Le gouvernement est monarchique, mais n'est plus despotique comme autrefois. L'Empereur a le titre de *Sultan*, de *Grand-Seigneur* ou de *Grand-Turc;* il est en même temps souverain pontife. Le grand-vizir est le lieutenant du Sultan en tout ce qui concerne le pouvoir temporel, et le grand-mufti ou cheikh-ul-islam (c'est-à-dire le grand-prêtre), en tout ce qui a rapport au spirituel. Les *oulémas* sont les docteurs chargés de l'interprétation du Koran et de l'enseignement dans les écoles supérieures ou *médressé*. Ils ont à la fois les fonctions sacerdoles et judiciaires. Comme administrateurs de la justice, ils se nomment *kadis;* comme interprètes de la loi, ce sont des *muftis;* comme ministres du culte, ce sont des *imams*. — On donne le nom de *Divan* au conseil d'État, composé du grand-mufti ou mufti par excellence, du grand-vizir et d'autres ministres ou personnages importants. — Les divisions administratives ne sont plus dirigées par des pachas: le titre de *pacha* n'est aujourd'hui qu'honorifique; les éyalets sont administrés par des *valis* ou gouverneurs généraux; les livas, par des *kaïmakams* (lieutenants); les kazas, par des *mudirs*.

Les principautés de Roumanie et de Serbie payent un tribut à la Porte; les princes de Serbie et du Monténégro sont héréditaires et reçoivent l'investiture du sultan; le prince ou *hospodar* qui gouverne les Principautés-Unies de Moldavie et de Valachie, est élu par elles et reconnu par la Porte.

Les peuples, les cultes et les langues sont très-variés

dans la Turquie d'Europe, et les principautés annexées. Il n'y a que 2 000 000 de *Turcs*. Les autres nations principales sont : 1° les *Slaves*, au nombre de 6 000 000, divisés en *Serbes*, *Bulgares*, *Bosniaques*, *Croates*, *Monténégrins*, *Dalmates*) ; — 2° les *Gréco-Latins*, comprenant les *Grecs* ou *Hellènes* (au nombre de 2 000 000) ; les *Valaques* et les *Moldaves*, qu'on désigne ensemble sous le nom de *Roumains*, et qui forment 4 500 000 âmes ; les *Albanais*, *Arnautes*, ou *Skipétars* ; 3° les *Arméniens*, les *Juifs* et les *Bohémiens*, *Tchinganès* ou *Tsiganes*.

On compte 4 000 000 de musulmans ; il y a 11 000 000 de chrétiens grecs, qui ont un patriarche à Constantinople ; environ 300 000 catholiques, 400 000 arméniens, 200 000 juifs, et 175 000 idolâtres (Bohémiens).

La population de l'empire Ottoman tout entier s'élève à 36 000 000 d'âmes, dont 25 000 000 dans les provinces immédiatement soumises.

Il y a naturellement autant de langues que de nations diverses : le turc, le grec, le roumain, le serbe, sont parmi les plus répandues.

Les Serbes, les Moldaves et les Valaques sont, de tous ces peuples, les plus avancés dans la civilisation.

L'aspect des Turcs est avantageux : des yeux noirs, un nez aquilin, des formes bien proportionnées, une démarche grave, un habillement qui tient le milieu entre le vêtement étroit des Européens et les amples draperies asiatiques, produisent un bel ensemble.

La polygamie est permise chez ce peuple, mais les exemples en sont rares.

Les Turcs sont dédaigneux et vains ; indolents dans la paix, mais actifs et furieux à la guerre, bons parents, excellents amis, mais cruels dans leur vengeance ; hospitaliers et magnifiques, souvent par ostentation ; honnêtes et polis envers les étrangers. Ils se sont longtemps montrés oppresseurs envers les *rayas* (troupeaux) ou *ghiaours* (infidèles), c'est-à-dire envers les chrétiens qui sont fixés dans leur empire.—Peu de peuples ont poussé aussi loin le fanatisme religieux.

Le commerce est presque entièrement entre les mains des Grecs, des Arméniens, des Albanais et des Juifs.

L'ignorance est assez générale chez les nations de la Turquie; cependant les derniers sultans ont fait de grands efforts pour procurer à leurs états la civilisation et l'instruction de l'Occident, et des progrès sensibles se réalisent en ce moment. On appelle *tanzimat* cette réforme que le gouvernement introduit depuis quelques années dans les habitudes des Orientaux.

L'armée turque se compose: 1° de l'armée régulière (*nizam*), 2° de la réserve (*redif*); 3° du contingent de troupes auxiliaires; 4° de troupes irrégulières. L'armée active comprend 6 corps ou camps (*ordous*); elle se forme par voie de recrutement, suivant le mode français. Le nizam et le redif réunis composent 300 000 hommes. — La force navale compte 48 bâtiments. Le grand amiral se nomme *capitan-pacha*. — Les revenus de l'Etat sont évalués à 350 000 000 de francs, la dette publique, à 500 000 000 de francs.

Des efforts nombreux ont été tentés par le gouvernement turc pour donner de l'essor à l'industrie, qui cependant est encore bien faible: la Turquie fait seulement quelques étoffes communes de laine et de coton, quelques étoffes de soie, des maroquins, des tapis, des essences, des armes, de la poterie, surtout des pipes.

Située au milieu de l'Ancien-Monde, sur la limite commune de l'Europe, de l'Asie et de l'Afrique, et assise à la fois sur la Méditerranée et la mer Noire, la Turquie est admirablement placée pour les relations commerciales; mais elle n'a pas un commerce aussi animé que sa position géographique le permettrait; elle exporte de la laine, du duvet de chèvre, le bétail du bassin du Danube, des peaux, du froment, de la soie, du coton, du tabac, des fruits, de la noix de galle, de la vallonée, le sésame, l'opium, la térébenthine, les tapis, les soieries, les cotons, les crins, et des marchandises qui, d'Arabie, de Perse, des Indes et de la Chine, sont dirigées sur l'Europe. Elle importe de l'Occident des toiles peintes et imprimées, des denrées coloniales, de la coutellerie, de la quincaillerie, de la papeterie. Les ports les plus commerçants de la Turquie proprement dite sont Constantinople, Salonique, La Cavale, Bourgas, Volo; ceux, des Principautés danubiennes sont Galatz et Brahilov. On désigne généralement les ports ottomans sous le nom d'Échelles du Levant, sans doute à cause des degrés au bas desquels, dans la plupart de ces ports, les navires viennent décharger les marchandises.

Les exportations de la Turquie s'élèvent annuellement à 225 millions de francs, et les importations à 260 millions. Presque tout le commerce se fait par mer. Les transports dans l'intérieur sont difficiles et lents; c'est par les mulets et les chevaux que s'opèrent la plupart. Les routes sont mauvaises; les rivières ne sont animées par presque aucune navigation.

Un chemin de fer coupe la Dobroudja, de *Tchernavoda*, sur le Danube, à *Kustendjé*, sur la mer Noire.

Possessions hors de l'Europe. — Les possessions que la Turquie a hors de l'Europe se divisent en possessions immédiates de l'empire et en territoires qui n'en reconnaissent que la suzeraineté.

Les premières composent la TURQUIE D'ASIE, qui comprend :

1° L'*Asie Mineure;*
2° L'*Arménie turque;*
3° Le *Kurdistan* (l'ancienne Assyrie);
4° L'*Al-Djézireh* (l'ancienne Mésopotamie);
5° L'*Irâc-Arabi* (l'ancienne Babylonie);
6° La *Syrie* (y compris l'ancienne *Palestine*).

Quelques points des côtes de la Nubie et de l'Abyssinie, en Afrique, sont aussi directement soumis à la Turquie.

Les parties qui ne reconnaissent que la suzeraineté de l'empire Ottoman sont: plusieurs petits états de l'O. et du N. de l'*Arabie* (l'état du chérif de La Mecque est le principal); la vice-royauté d'*Egypte*, avec les territoires qui en dépendent en *Nubie* et dans le *Kordofan;* la régence de *Tripoli* et celle de *Tunis* (en Afrique).

GRÈCE.

AVEC LES ILES IONIENNES.

DIVISIONS PRINCIPALES ; PRINCIPALES VILLES ; LANGUE, RELIGION, GOUVERNEMENT, ETC.

Introduction : géographie physique de la Grèce. — La Grèce ou Hellas, située à l'extrémité méridionale du continent européen, sous la latitude moyenne de 38°, a été longtemps soumise à l'empire Turc ; elle forme aujourd'hui un royaume indépendant, renfermé entre l'Archipel, à l'E., la mer Ionienne, à l'O. et au S., et la Turquie, au N. ; elle a environ 270 kilomètres du N. au S., à peu près autant de l'E. à l'O., et, avec les îles Ioniennes, qui viennent de lui être annexées, elle contient 53 600 kilomètres carrés et 1 500 000 habitants.

La Grèce se compose de deux parties : la *Grèce septentrionale* et la *Morée ;* elles sont unies l'une à l'autre par l'isthme de *Corinthe*, resserré entre le golfe de *Lépante* (anciennement de *Corinthe*), à l'O., et celui d'*Athènes* ou d'*Egine* (ancien golfe *Saronique*), à l'E.

Peu de contrées ont des côtes aussi découpées ; de toute part se présentent, en Grèce, des presqu'îles et des golfes : à l'E., est la presqu'île l'*Attique*, terminée par le cap *Colonne*, l'ancien promontoire *Sunion* ou *Sunium*. Près de la limite septentrionale du pays, l'Archipel forme le golfe de *Zeitoun* (ancien golfe *Maliaque*). C'est au S. E. de ce golfe que s'allonge, fort près du continent, la grande île de *Négrepont* ou *Égripos*, l'ancienne *Eubée ;* le long détroit qui la sépare de la terre ferme porte différents noms : au N. O., il s'appelle canal d'*Atalanti ;* au milieu, dans sa partie la plus étroite, il se nomme *Eu-*

ripe ou *Évripos*, et c'est de ce nom que sont dérivés ceux d'*Égripos* et de *Négrepont*, donnés à l'île.

La *Morée*, l'ancien *Péloponnèse*, est une presqu'île, dont les anciens ont comparé la forme à celle d'une feuille de platane, et qu'on peut comparer aussi à une main ouverte. Elle est découpée par le golfe de *Nauplie* (ou d'*Argolide*), à l'E. ; par ceux de *Marathonisi* (ou de *Laconie*) et de *Coron* (ou de *Messénie*), au S., et par celui d'*Arcadia* (ou de *Cyparisse*), à l'O. ; on remarque, en outre, au N. O., le golfe de *Patras*, devant l'entrée du golfe de Lépante, auquel il communique par un détroit nommé quelquefois *Petites Dardanelles*.

A l'E., la Morée projette la presqu'île d'*Argolide*, qui se termine par le cap *Skylli*. — Au S., elle présente trois autres presqu'îles : celle de *Monembasie*, avec le cap *Malio* ou *Saint-Ange*; celle du *Magne* ou *Maina*, avec le cap *Matapan* (l'ancien promontoire *Ténare*), qui est la pointe la plus australe de la Grèce continentale, et où se trouve une caverne considérée par les anciens comme une des entrées des enfers ; enfin la presqu'île de *Messénie*, avec le cap *Gallo*. — A l'extrémité occidentale de la Morée, s'offre le cap *Tornèse*.

La chaîne Hellénique parcourt toute la Grèce du N. au S., en séparant les eaux tributaires de l'Archipel de celles qui se jettent dans la mer Ionienne : elle passe par l'isthme de Corinthe, et se termine, par deux rameaux, aux caps Malio et Matapan. Les principales parties de cette chaîne sont : dans la Grèce septentrionale, le *Pinde*, jadis consacré aux Muses ; — le *Guiona*, haut de 2435 mètres, et point culminant de la Grèce; — le *Vardoussia* ; — le *Liakoura* ou *Parnasse*, le *Zagora* ou *Hélicon*, l'*Etaléa* ou *Cithéron*, souvent nommés chez les anciens poètes.

Dans la Morée, on distingue le mont *Malévo*, dans le rameau qui va au cap Malio, et les montagnes du *Magne* ou de *Pentétactylon* (l'ancien mont *Taygète*), dans celui qui va au cap Matapan.

Les branches orientales les plus remarquables de cette chaîne se trouvent dans la Grèce septentrionale : l'une est l'*Œta* ou *Saromata*, qui forme, avec le golfe de Zeitoun, le fameux défilé des *Thermopyles*; une autre compose les montagnes de l'*Attique*, auxquelles appartient le mont *Hymette* ou *Trélovouno*, célèbre par son excellent miel.

Les principales branches occidentales de la chaîne Hellénique se trouvent dans la Morée : l'une, au N. O., est le *Ziria* ou *Cyllène*; — la seconde est dirigée vers la presqu'île de Messénie, et surmontée du mont *Lycée* ou *Diaphorti*.

Les principaux cours d'eau du versant oriental sont tous dans la Grèce septentrionale. On voit d'abord l'*Hellada* (anciennement *Sperkhios* ou *Sperchius*), qui se jette dans le golfe de Zeitoun, près et au N. O. des Thermopyles. — Le *Céphisse* (qu'il ne faut pas confondre avec le *Céphise*, très-petite rivière qui passe à Athènes) se rend dans le lac *Topolias* ou de *Livadie*, nommé anciennement *Copaïs*, lac funeste par ses débordements et ses miasmes, et qui s'écoule, dit-on, par un gouffre souterrain, dans le détroit d'Atalanti. — Le *Permesse*, ruisseau fameux dans l'antiquité parce qu'il était consacré aux Muses, se jette aussi dans le lac Topolias, à l'E. duquel est celui de *Likéri* (anciennement *Hylica*).

Sur le versant occidental ou de la mer Ionienne, il faut remarquer, toujours dans la Grèce septentrionale : l'*Aspropotamo* (*Akhéloos* ou *Achéloüs*), qui débouche à l'entrée du golfe de Patras, après avoir reçu les eaux du lac de *Vrakhori* (Trikhonis); — et le *Fidaris* ou *Évènos*, qui a son embouchure vers le milieu du même golfe.

Dans le N. de la Morée, on trouve la *Calavrita* (ancien *Crathis*), qui se jette dans le golfe de Lépante, après avoir reçu le *Styx*, petite rivière fameuse chez les anciens, qui en avaient fait un fleuve des enfers. — La *Rouphia*, anciennement *Alphée*, le plus grand cours d'eau de la Morée, se rend dans le golfe d'Arcadia. — L'*Iri* ou *Vasili-Potamo* (anciennement *Eurotas*), qui tombe dans le golfe de Laconie, était célèbre autrefois parce qu'il baignait les murs de Sparte.

La Grèce offre des aspects variés, des points de vue admirables. Le climat est doux et généralement salubre;

cependant quelques parties des côtes et les rives du lac Topolias sont marécageuses et malsaines. L'agriculture est fort négligée, et cette contrée, quoique fertile, produit peu de grains. La population est très-pauvre.

L'olivier abonde, et il y a des vins et des raisins renommés, des cédrats, des limons, des oranges, du coton. — De belles forêts ombragent les montagnes ; les campagnes incultes sont ornées de buissons de lauriers, de myrtes, de réglisses ; les vers à soie et les abeilles donnent d'excellents produits.

On retire beaucoup de sel des lagunes des côtes; et les éponges qu'on pêche dans l'Archipel sont un objet important de commerce.

Divisions et villes principales. — La Grèce est divisée (sans compter les îles Ioniennes) en dix nomes ou départements, qui sont : dans la Grèce septentrionale, ceux d'*Attique-et-Béotie*, de *Phthiotide-et-Phocide*, d'*Acarnanie-et-Etolie* ; — dans la Morée, ceux d'*Argolide-et-Corinthie*, d'*Akhaïe-et-Elide*, d'*Arcadie*, de *Messénie*, de *Laconie*; —dans l'Archipel, ceux d'*Eubée* et des *Cyclades*.

Ces nomes se divisent en éparchies. En voici les villes.

Grèce septentrionale. — ATHÈNES, capitale de la Grèce et chef-lieu du département d'Attique-et-Béotie, est située sur les bords de l'Ilisse et du Céphise, deux petites rivières, qui vont tomber, non loin de là, dans le golfe d'Athènes. Parmi les vestiges de l'antique splendeur de cette illustre cité, on distingue l'Acropolis ou citadelle, et le Parthénon ou temple de Minerve. Athènes, après être restée longtemps, sous les Turcs, dans l'état le plus misérable, s'est beaucoup augmentée et embellie dans ces dernières années, et déjà l'on y compte 50 000 habitants, en y comprenant le *Pirée*, qui lui sert de port.

On rencontre encore, dans la Grèce septentrionale : *Thiva* (l'ancienne *Thèbes*), près et au S. du lac Likéri ; — *Livadie*, à l'O. du lac Topolias ou de Livadie ; — *Marathon*, *Mégare* et *Lepsina* (l'ancienne Eleusis), trois endroits jadis célèbres et qui ne sont aujourd'hui que de petits villages ; — *Lamia* ou *Zeitoun*, chef-lieu du département de Phthiotide-et-Phocide, vers le golfe de Zeïtoun ; — *Salona* ou *Amphisse*, vers le golfe de Salona, un des enfoncements de celui de Lépante, et près du village de *Castri*, bâti sur l'emplacement de l'ancienne *Delphes;* — *Lépante* ou *Epakto* (l'ancienne *Naupacte*), vers l'entrée du golfe du même nom ; — *Missolonghi*, ou mieux *Mésolonghi*, chef-lieu du département d'Acarnanie-et-Etolie, ville fameuse par le siége qu'elle soutint contre les Turcs en 1826, et par la mort de lord Byron pendant ce siége.

Près de la côte de l'Attique, on trouve, dans le golfe d'Athènes, l'île de *Colouri*, fameuse autrefois sous le nom de *Salamine*, et l'île d'*Egine* ou *Enghia*.

Morée.—*Patras*, place forte, peuplée de 30 000 hab., sur le golfe du même nom, est le chef-lieu du département d'Akhaïe-et-Elide. — *Nauplie de Romanie* ou *Nauplie* proprement dite, chef-lieu du département d'Argolide-et-Corinthie, est une place très-forte, sur une langue de terre qui s'avance dans le golfe auquel elle donne son nom.

On remarque encore en Morée : *Argo* (*Argos*), vers l'extrémité du golfe de Nauplie ; — *Corinthe*, située près et au S. O. de l'isthme auquel elle donne son nom, vers le fond du golfe de Lépante, et intéressante par son commerce de raisins secs, d'huile et de kermès ; — *Karvathy*, sur les ruines de *Mycènes;*—*Tripolitza* ou *Tripolis*, chef-lieu du département d'Arcadie, au centre de la presqu'île, vers l'emplacement de l'ancienne *Mantinée;* — *Arcadia* ou *Kyparissia* (*Cyparisse*), sur le golfe du même nom ; — *Navarin*, avec un vaste port, dans lequel les flottes française, anglaise et russe remportèrent une grande victoire sur la flotte turco-égyptienne en 1827; — *Modon*, *Coron*, ports de mer; — *Calamata* ou *Calamai*, autre port, chef-lieu de la Messénie; — *Sparta*, petite ville nouvelle, bâtie sur les ruines de l'ancienne *Sparte*, et chef-lieu du département de Laconie; — *Mistra*, très-près des mêmes ruines; — *Monembasie*, ou *Nauplie de Malvoisie* (l'ancienne *Épidaure-Limera*), sur une petite île de l'Archipel, unie au continent par un pont.

Près de la côte orientale de la Morée, vers l'Argolide, sont les îles florissantes de *Poros*, d'*Hydra* et de *Spetzia*.

Eubée et les **Cyclades**. — La plus grande île de la Grèce est *Eubée*, *Égripos* ou *Négrepont*, avec la ville de *Négrepont*, *Égripos* ou *Khalcis*, chef-lieu du département de l'Eubée, sur le détroit d'*Euripe* ou *Evripos*. — Au N. E. sont les îles de *Scopélo* et de *Skyro* (*Scyros*).

Les *Cyclades*, c'est-à-dire les îles *rangées en cercle*, peuvent être distribuées en quatre parties : le groupe du nord, le groupe du centre, la chaîne de l'ouest et les îles du sud.

Dans le premier, on distingue *Andro* (*Andros*), avec un sol fertile ; — *Tine* ou *Tino* (*Ténos*), la plus verdoyante des Cyclades et riche en bons vins ; — *Myconi* (*Myconos*); — la *Petite Sdili*, îlot montagneux et stérile, qui est l'ancienne *Délos*, célèbre dans l'opinion des anciens par la naissance d'Apollon et de Diane, et considérée par eux comme un des lieux les plus sacrés ; — *Syra* (*Syros*), île froide et humide, mais où se trouve l'importante ville d'*Hermopolis* ou *Syra*, peuplée de 35 000 habitants, chef-lieu du département des Cyclades, et centre de l'activité commerciale de l'Archipel.

Le groupe du centre comprend *Naxie* (*Naxos*), la plus grande des Cyclades ; — *Paro* (*Paros*), riche en beaux marbres ; — *Anti-Paro* (*Oléaros*), avec des cavernes et des stalactites curieuses ; — *Amorgo* (*Amorgos*) , très-fertile ; — *Nio*, l'ancienne *Ios*, célèbre par le tombeau d'Homère.

La chaîne de l'ouest s'étend du N. au S.; on y distingue *Zéa* (*Céos*), avec de bons pâturages et d'excellents fruits ; — *Thermia* (*Cythnos*); — *Serpho* (*Sériphos*), dont le sol est rocailleux ; — *Siphanto* (*Siphnos*), intéressante par sa fécondité et son air pur ; — *Kimolo* ou *Argentière* (*Cimolos*), avec des montagnes volcaniques, des mines d'argent, et une sorte d'argile nommée *terre cimolée*; — *Milo* (*Mélos*), célèbre par les belles antiquités qu'on y a trouvées, et dont le sol volcanique et spongieux est riche en productions végétales, en sources chaudes et en alun estimé.

Enfin, parmi les îles les plus méridionales de l'archipel des Cyclades, est *Santorin* (*Théra*), riche en bon vin, mais souvent bouleversée par des tremblements de terre, et parsemée de pierres ponces, de cendres et d'autres substances volcaniques. On a vu s'élever, près de Santorin, dans les temps modernes, plusieurs petites îles. Les dernières se sont formées en 1866, par l'action des feux souterrains.

Iles Ioniennes. — Les îles *Ioniennes*, ou les *Sept-Iles*, répandues le long des côtes occidentales et méridionales de la Grèce et vers l'Albanie, sont annexées à la Grèce depuis 1863. Elles formaient auparavant une petite république, protégée et à peu près possédée par l'Angleterre.

On y compte 245 000 habitants, à peu près tous d'origine grecque, et professant, les uns, la religion grecque, les autres, la religion catholique.

Ces îles produisent des olives, des vins et du coton.

La plus septentrionale et la plus importante est *Corfou* (l'ancienne *Corcyre*), avec une ville du même nom, chef-lieu de ces îles, et peuplée de 25 000 habitants. — On trouve, au S. E. de Corfou, l'île de *Paxo*, une des moins considérables de la république.

Tout près de l'Acarnanie, est l'île de *Sainte-Maure* (l'ancienne *Leucadie*). — A l'O. du golfe de Patras, on rencontre *Théaki*, petite île stérile, mais célèbre autrefois sous le nom d'*Ithaque;* — et *Céphalonie* (anciennement *Céphallénie*), la plus grande des îles Ioniennes, et généralement belle et fertile.

Vers l'extrémité occidentale de la Morée, se trouve l'île de *Zante* (l'ancienne *Zacynthe*), avec une assez grande ville du même nom. — Vers l'extrémité S. E. de la même presqu'île, est l'île de *Cérigo* (l'ancienne *Cythère*), avec un sol pierreux et stérile.

Langue, religion, gouvernement, etc. — Les Grecs ou Hellènes sont vifs, spirituels, courageux, mais inconstants, avides et superstitieux. Dans les montagnes, un grand nombre d'entre eux se livrent impunément au brigandage.

La langue grecque moderne se rapproche beaucoup du grec ancien : elle est belle, et s'embellit encore de jour en jour, en prenant des règles plus fixes ; il y a une tendance marquée, parmi les classes élevées de la société, à lui rendre les règles et les formes de l'ancienne langue. L'instruction commence à reprendre de l'essor dans cette contrée, qui a été le berceau des arts, des lettres et des sciences en Europe, et elle a fait depuis quelque temps de notables progrès. Athènes a une importante université.

L'Ecole française d'Athènes est un établissement fort intéressant, où sont envoyés de jeunes Français qui ont terminé leurs études en France, et qui font en Grèce des recherches scientifiques.

La religion grecque, appelée par les Grecs religion orthodoxe, est celle de l'État et de presque toute la nation. Elle est administrée, pour le royaume de Grèce, par un synode que préside l'évêque métropolitain d'Athènes. Il y a des catholiques romains dans plusieurs îles.

La Grèce, depuis qu'elle a secoué le joug des Turcs, a été quelque temps une république ; aujourd'hui le gouvernement est monarchique et constitutionnel ; le roi actuel est un prince de la maison de Danemark.

L'armée est de 9000 hommes, et la marine militaire, de 9 bâtiments ; le revenu de l'Etat, de 20 millions de francs ; la dette publique, de 400 millions.

L'industrie s'exerce principalement sur la préparation de la soie, celle des peaux, et la fabrication de l'huile.

Les femmes grecques excellent dans la broderie, où

elles se distinguent surtout par le bon goût du dessin et le contraste harmonieux des couleurs.

Le commerce maritime de la Grèce est assez animé; cette petite nation a de bons marins et des ports nombreux, dont les principaux sont le Pirée (port d'Athènes), Syra, Patras, Nauplie, Corinthe. Ses exportations sont des fruits, surtout les raisins, de l'huile, de la laine, de la soie, des éponges, du fromage; l'Occident lui fournit des peaux tannées, du sucre raffiné, du café, des verreries, des livres, des tissus de laine et de soie. La marine marchande grecque compte 1500 grands bâtiments et 2900 petits, jaugeant ensemble 290 000 tonneaux et montés par 30 000 marins.

RUSSIE ET POLOGNE.

GRANDES DIVISIONS ET PRINCIPALES VILLES; LANGUE, RELIGION, GOUVERNEMENT. — PEUPLES DIFFÉRENTS COMPRIS DANS L'EMPIRE RUSSE; POSSESSIONS HORS DE L'EUROPE, ETC.

Introduction : géographie physique de la Russie d'Europe. — La Russie européenne, avec le royaume de Pologne, occupe la partie orientale de l'Europe, et s'étend depuis le 41e jusqu'au 76e degré de latitude N. (en y comprenant la Nouvelle-Zemble), et depuis le 15e jusqu'au 63e de longitude E. Elle a une longueur de 3800 kilomètres, du N. O. au S. E., sur une largeur de 2700 kilomètres, et 5 870 000 kilomètres carrés. Elle surpasse en étendue tout le reste de l'Europe : sa population est environ le quart de celle de cette partie du monde; elle s'élève à 69 000 000 d'habitants.

La Russie d'Europe est baignée au N. par l'océan Glacial arctique, qui forme la mer *Blanche* et la mer de *Kara*. La première s'enfonce dans les terres comme un grand golfe : au N. E. de son entrée, se présentent la presqu'île de *Kanin* et l'île de *Kalgouev*. Au N. O. de la mer de Kara, s'étend la *Nouvelle-Zemble* ou mieux *Novaia-Zemlia* (c'est-à-dire nouvelle terre), encore peu connue, à cause de la rigueur du climat; elle paraît être divisée en deux grandes îles par le détroit de *Matotchkin;* elle est inhabitée; quelquefois seulement elle est visitée par des pêcheurs et des chasseurs russes, qui y prennent une grande quantité de cachalots, de phoques, de lamantins, et des renards, des hermines, des ours blancs, remarquables par leurs belles peaux. Le cap *Jélaniia* forme l'extrémité N. E. de cette triste région. — L'île de *Vaïgatch*, au S. de la Nouvelle-Zemble, est séparée du continent par le détroit auquel elle doit son nom.

Au N. O., la Russie tient à la péninsule Scandinave.

Elle est baignée à l'O. par la mer Baltique, qui, en pénétrant dans ses terres, forme les golfes de *Finlande* et de *Livonie* ou de *Riga*. A l'entrée de ce dernier golfe, se trouvent les îles de *Dago* et d'*Œsel*. Les îles d'*Aland* et d'*Abo* sont à l'entrée du golfe de *Botnie*.

La Russie est encore limitée à l'O. par la Prusse et l'empire d'Autriche. Elle a au S. O. la Roumanie, vers laquelle sa frontière est marquée par le Pruth et par l'ancien retranchement du *Val de Trajan*.

Au S., se trouve la mer Noire, dans laquelle s'avance la presqu'île de *Crimée*, unie au continent par l'isthme étroit de *Pérékop*. A l'E. de cette presqu'île, s'enfonce la mer d'*Azov*, qui est un simple golfe de la mer Noire, et qui communique à celle-ci par le détroit d'*Iénikalé* ou de *Kertch* (autrefois *Bosphore Cimmérien*) ; la mer d'Azov, trop peu profonde, se nommait anciennement *Marais Méotide* (*Palus Mœotis*); elle produit, à l'O., sur les côtes de la Crimée, un golfe malsain, nommé *mer Putride* ou *golfe Sivach*, qui est presque constamment bordé à l'E. par l'étroite langue de terre nommée *Flèche d'Arabat*.

Au N. O. de la même presqu'île, la mer Noire forme les golfes de *Pérékop* et d'*Odessa*.

Le reste de la limite méridionale de la Russie d'Europe est marqué par la grande chaîne du Caucase.

Au S. E., cette contrée est bornée par la mer Caspienne, qui présente d'innombrables petites îles dans le voisinage des bouches du Volga. A l'E., elle est limitée par le fleuve Oural, les monts Ourals et la rivière Kara, qui la séparent de l'Asie.

La Russie d'Europe n'est, pour ainsi dire, qu'une plaine immense, coupée çà et là dans son intérieur par quelques chaînes de collines, arrosée par de nombreux et grands cours d'eau, et bordée à l'E. et au S. E. par de hautes montagnes. — Le nord est un pays triste et stérile, où règne un froid très-vif. — Le nord-ouest est rempli de lacs, que séparent généralement des collines rocailleuses, et qu'embellissent souvent des aspects pittoresques. — Le centre et l'ouest sont les parties les plus peuplées, les plus fertiles et les mieux cultivées: on y trouve cependant de vastes marais, entre autres ceux de *Pinsk*, qui sont les plus étendus de l'Europe. — Le sud jouit d'un climat assez doux et offre plusieurs cantons agréables; on y récolte beaucoup de blé, de tabac, de chanvre et de lin, et la vigne y réussit; mais il y a aussi de vastes steppes herbacées, infestées de sauterelles. — Le sud-est, entre la mer d'Azov et la mer Caspienne, contient des steppes sablonneuses, des plaines imprégnées de sel et beaucoup de petits lacs salés; tout, dans l'aspect de cette région annonce que la Caspienne était autrefois unie à la mer Noire. — Enfin l'est est remarquable par ses immenses forêts et ses richesses minérales: on y trouve d'abondantes mines de cuivre, d'or, de platine, et l'on y a reconnu l'existence de diamants.

Parmi les arbres des forêts de la Russie, on remarque les pins et les sapins, dont on exporte une grande quantité. Les chênes ne s'avancent pas au N. du golfe de Finlande.

Le nom de Russie réveille l'idée d'une température très-froide, le nord est, en effet, soumis à un climat très-rigoureux; et même dans les autres parties, qui sont plus tempérées, le froid est généralement plus grand, à latitude égale, que dans le reste de l'Europe.

La grande arête qui sépare l'Europe en deux versants parcourt la Russie d'Europe depuis les monts Ourals jusqu'à la frontière de l'empire d'Autriche ; elle se dirige généralement du N. E. au S. O., et n'est formée, en grande partie, que de collines, de plateaux peu élevés ou de petites montagnes : les monts *Valdaï*, dans l'O., en sont une des parties les plus remarquables.

Deux branches principales s'y rattachent : l'une, au N., s'élève entre le bassin de la Baltique et celui de l'océan Glacial, et porte les noms de monts *Olonetz* et de monts *Dofrines*. L'autre, au S., entre le bassin de la mer Noire et celui de la mer Caspienne, s'appelle montagnes du *Volga*, et va rejoindre le *Caucase*.

C'est dans le Caucase que se trouvent les plus hauts sommets de la Russie ; des glaces et des neiges éternelles couvrent cette chaîne majestueuse ; on y distingue surtout le pic de l'*Elbrouz* et celui du *Kazbek;* le premier s'élève jusqu'à plus 5600 mètres, et le second à 5100 mètres.

Les points culminants de la longue chaîne de l'*Oural* ont de 1600 à 1900 mètres de hauteur.

La Russie est divisée en quatre versants maritimes : le versant de l'océan Glacial, le versant de la Baltique, le versant de la mer Noire et celui de la Caspienne.

Sur le versant de l'océan Glacial, coulent la *Kara*, la *Petchora*, le *Mézen*, la *Dvina du nord*, l'*Onéga*. Ces trois derniers fleuves sont tributaires de la mer Blanche. Le plus grand des lacs qui appartiennent à ce versant est l'*Imandra*.

Sur le versant de la Baltique, on distingue le *Torneå*, qui tombe au fond du golfe de Botnie ; la *Néva*, dont le cours n'est pas long, mais fort large, et qui porte les eaux du lac Ladoga au golfe de Finlande ; la *Dvina du sud* ou *Duna*, qui va se jeter dans le golfe de Livonie ; le *Niémen* et la *Vistule*, qui ont la fin de leur cours sur le territoire prussien. C'est sur ce versant que se trouvent les principaux lacs de la Russie : le plus grand de tous est le *Ladoga*, qui a 200 kilomètres de longueur et 90 kilomètres de largeur ; il a pour tributaires trois autres lacs considérables : à l'E., la rivière *Svir* lui apporte les eaux du lac *Onéga;* au N. O., il reçoit celles du lac *Saïma*, par l'intermédiaire de *Voxen;* au S., le lac *Ilmen* lui envoie les siennes par la rivière *Volkhov*.

Remarquons encore, dans le voisinage de ces lacs, le lac *Tchoudskoé* ou *Peïpous*, au S. du golfe de Finlande, dans lequel il s'écoule par la *Narova;* et le lac *Biélo*, au S. E. du lac Onéga, avec un écoulement vers le Volga.

Le versant de la mer Noire est arrosé par le *Pruth*, affluent du *Danube;* — par le *Dniestr;* — par le *Dniepr* (l'ancien *Borysthènes*), qui est un des plus grands fleuves de l'Europe, et qui reçoit trois principaux affluents : la *Bérézina*, si malheureusement célèbre par le désastre des Français en 1812 ; le *Pripet*, qui parcourt les vastes marais de Pinsk, et le *Boug*, qui ne se joint au fleuve que très-près de son embouchure. — Le *Don*, nommé anciennement *Tanaïs*, est encore un fleuve principal de ce versant : il débouche à l'extrémité N. E. de la mer d'Azov, et se grossit du *Manytch*, qui lui apporte les eaux du lac *Bolcheï*, et qui a, d'un autre côté, un écoulement vers la mer Caspienne. — Enfin, il faut aussi distinguer, parmi les tributaires de la mer Noire, le *Kouban*, qui va s'y jeter près du détroit d'Iénikalé, en envoyant un bras à la mer d'Azov.

Le versant de la Caspienne est celui qui contient le plus grand cours d'eau de la Russie et de toute l'Europe, c'est-à-dire le *Volga*. Ce fleuve immense sort d'un petit lac du voisinage des monts Valdaï, parcourt le centre et le S. E. de la Russie, en coulant d'abord à l'E., puis au S., et va se jeter dans la Caspienne par une infinité d'embouchures, après un cours de 3500 kilomètres; il déborde fréquemment dans les vastes plaines qu'il arrose; c'est un des fleuves les plus poissonneux du monde. Il reçoit à droite l'*Oka*, qui se grossit elle-même de la

Moskva; et, à gauche, la *Kama*, augmentée de la *Viatka.*

Les autres fleuves qui tombent dans la Caspienne sont le *Térek*, la *Kouma* et l'*Oural* ou *Iaïk.*

Plusieurs canaux font très-utilement communiquer entre eux les quatre versants de la Russie. Les principaux sont : celui de *Vychni-Volotchok*, qui joint le Volga et le lac Ilmen; — celui de *Tikhvin*, entre le Volga et le lac Ladoga; — le canal de *Marie*, entre le lac Onéga et le lac Biélo; — le canal de *Ladoga*, qui va du Volkhov à la Néva, en longeant au S. le lac Ladoga; — le canal de *Koubensk*, entre la Cheksna, affluent du Volga, et la Soukhona, affluent de la Dvina du nord; — le canal du *Nord*, entre la Kama et la Vytchegda, autre affluent de la Dvina du nord; — le canal de la *Bérézina*, entre la rivière de ce nom et la Dvina du sud; — celui d'*Oginski*, entre le Pripet et le Niémen; — le canal de *Fellin*, entre l'Embach, tributaire du lac Peipous, et le golfe de Livonie; — le canal de *Saïma*, entre le lac Saïma et le golfe de Finlande; — le canal *Royal*, entre le Pripet, affluent du Dniepr, et le Bug, tributaire de la Vistule.

Divisions et villes principales. — La Russie d'Europe comprend: 1° quarante-neuf gouvernements; 2° une république militaire, celle des Cosaques du Don; 3° le grand-duché de Finlande; 4° le royaume de Pologne; 5° trois territoires caucasiens.

Toutes ces divisions peuvent être classées en cinq régions naturelles : 1° le versant de l'océan Glacial; 2° le versant de la mer Baltique; 3° le versant de la mer Noire et de la mer d'Azov; 4° le versant de la mer Caspienne; 5° la région entre la mer Noire et la mer Caspienne.

Versant de l'océan Glacial. — Cette région s'étend au N. de la grande arête européenne, jusqu'à l'océan Glacial; la partie N. des monts Ourals la limite à l'E., et la chaîne de Maanselka, à l'O. Il s'y trouve trois gouvernements : ceux d'*Arkhangel*, d'*Olonetz* et de *Vologda.*

Le gouvernement d'Arkhangel est le plus boréal et le plus grand de la Russie d'Europe ; quoiqu'il soit plus étendu que la France, il ne renferme qu'environ 300 000 habitants, c'est-à-dire la population d'un des moindres départements français. La rigueur du froid y est extrême. Une partie de ce pays, vers l'O., est peuplée par des *Lapons ;* une autre, à l'E., par des *Samoïèdes ;* ce dernier peuple offre un aspect étrange et désagréable : il a le visage plat, les yeux étroits et longs, le nez singulièrement enfoncé, la bouche très-fendue, les cheveux rudes et luisants, les oreilles grandes et élevées, le teint basané. Il est encore plongé dans un état voisin de la barbarie. Les rennes forment sa principale richesse. — Le chef-lieu du gouvernement est *Arkhangel* ou *Arkhangelsk,* centre du commerce du nord de la Russie : cette ville a 20 000 habitants, et se trouve sur la Dvina, un peu au-dessus de son embouchure dans la mer Blanche. — On remarque, dans le même gouvernement, *Kola,* la ville la plus septentrionale de la Russie d'Europe, et *Onéga,* à l'embouchure du fleuve du même nom.

Le gouvernement d'Olonetz, au milieu duquel est le lac Onéga, a pour chef-lieu *Pétrozavodsk.* — Celui de Vologda, beaucoup plus étendu, a un chef-lieu plus important, nommé aussi *Vologda.*

Versant de la mer Baltique. — Cette région s'étend entre les monts Valdaï et la Baltique. Elle comprend : 1° les gouvernements maritimes de *Saint-Pétersbourg,* d'*Esthonie* ou *Rével,* de *Livonie* ou *Riga,* de *Courlande* ou *Mitau,* et les gouvernements intérieurs de *Novgorod,* de *Pskov,* de *Vitebsk,* de *Vilna,* de *Kovno,* de *Grodno ;* — 2° le grand-duché de *Finlande ;* — 3° le royaume de *Pologne.*

Le gouvernement de *Saint-Pétersbourg,* ou simplement *Pétersbourg,* formé de l'ancienne province finnoise d'*Ingrie* ou *Ingermanie,* est un pays bas, humide, et naturellement stérile et triste ; mais, comme il renferme la capitale de l'empire, il est parsemé d'un grand nombre de maisons de plaisance, de parcs, de jardins potagers et d'établissements industriels. — SAINT-PÉTERSBOURG s'élève, au fond du golfe de Finlande, sur les deux rives et sur plusieurs îles de la Néva. Sa plus vaste et plus belle partie occupe la rive gauche du fleuve. Cette ville fut bâtie par Pierre le Grand, au commencement du dix-huitième siècle, au milieu de marais insalubres. Malgré le désavantage de son site, c'est une des capitales les plus magnifiques de l'Europe ; elle est du moins la plus régulière, et l'on en admire les rues larges, les quais superbes, les beaux canaux, surtout celui de la *Fontanka*. Saint-Pétersbourg a une forme ovale ; sa circonférence est de 35 kilomètres ; mais dans cet espace il se trouve plusieurs emplacements sans habitations. On y compte 550 000 âmes. Parmi les monuments de cette immense cité, il faut signaler la statue équestre en bronze de Pierre le Grand, posée sur un énorme bloc de granite ; le palais de l'Amirauté, le palais de la Tauride, le palais d'Hiver, le palais d'Été, le palais de l'Ermitage, le palais de Marbre, la colonne Alexandrine, le théâtre d'Alexandre, les églises d'Isaac et de Notre-Dame de Kazan. — Près de la ville, s'élève le bel observatoire de *Poulkova*.

Les châteaux impériaux sont nombreux dans le gouvernement de Saint-Pétersbourg : les plus célèbres sont ceux de *Tzarshoé-Sélo*, de *Peterhof*, d'*Oranienbaum*, de *Gotchina*.

A ce gouvernement appartient encore l'importante place forte et maritime de *Kronstadt*, située sur la petite île de Kotline, dans le golfe de Finlande, à l'O. de la capitale, avec 50 000 habitants. — Il faut aussi remarquer la forteresse de *Schlusselbourg*, à l'endroit où la Néva sort du lac Ladoga.

L'*Esthonie* (le *pays des Esthes*), ou le gouvernement de *Révél*, borde la côte méridionale du golfe de Finlande. Le chef-lieu est le port de *Révél* ou *Réval*, ville de 25 000 âmes.

La *Livonie* (le *pays de Lives*), ou le gouvernement de *Riga*, a pour chef-lieu *Riga*, l'un des ports les plus commerçants de la Russie, sur la Duna, non loin de l'embouchure du fleuve : c'est une ville de 75 000 habitants. — On trouve dans la même contrée *Dorpat* ou *Derpt*, importante par son université.

La *Courlande* (c'est-à-dire le *pays des Coures*), ou le gouvernement de *Mitau*, est le plus méridional et le plus agréable de ces gouvernements; le chef-lieu est *Mitau*, ville de 18 000 habitants. Il s'y trouve *Libau*, le plus occidental des ports russes.

Le chef-lieu du gouvernement de *Novgorod* est *Novgorod* ou *Véliki-Novgorod*, sur le Volkhov, près et au N. du lac Ilmen : c'était, au moyen âge, le siége d'une république riche et puissante; il n'y a plus aujourd'hui que 18 000 âmes. Cependant, cette antique cité offre encore un bel aspect.

Le gouvernement de *Pskov* a pour chef-lieu la ville du même nom, située près et au S. E. du lac Peipous.

Le gouvernement de *Vilna* a pour chef-lieu *Vilna*, qui était la capitale de la Lithuanie, et qui renferme 70 000 habitants.

Le gouvernement de *Kovno* a un chef-lieu du même nom.

Les gouvernements de *Vitebsk* et de *Grodno* ont aussi des chefs-lieux du même nom, peuplés, chacun de 30 000 âmes. On remarque *Dunabourg*, dans le gouv. de Vitebsk.

La FINLANDE, c'est-à-dire le *pays des Finnois*, s'appelle, dans le langage des naturels, *Suomenma*; elle s'étend au N. du golfe de Finlande et à l'E. de celui de Botnie, et présente des côtes partout hérissées de rochers, découpées par de nombreux enfoncements et bordées par de petites îles. L'intérieur est rempli de lacs. Le climat est sain et assez doux pour la latitude. On y récolte beaucoup de blé et de seigle. Ce pays n'appartient que depuis 1809 à la Russie qui l'a enlevé à la Suède. Il a le titre de grand-duché, et jouit d'une administration nationale et de ses propres lois. On y compte environ 1 700 000 habitants.

Les gouvernements de la Finlande sont ceux de *Nyland*, *Abo*, *Tavastehus*, *Viborg*, *Saint-Michel*, *Kuopio*, *Vasa* et *Uleaborg*; ils portent les noms de leurs chefs-lieux, excepté celui de *Nyland*, dont le chef-lieu est *Helsingfors*. Cette dernière ville, peuplée de 22 000 habitants, est la capitale de tout le grand-duché; elle est très-agréablement placée, sur une petite presqu'île qui s'avance dans le golfe de Finlande. — Non loin de là, est la célèbre place forte de *Sveaborg*. — *Abo*[1], qui a été longtemps la capitale de la Finlande, se trouve vers l'extrémité S. O. du pays.

Frederikshamn, dans le gouvernement de Viborg, est connue par le traité de 1809, entre la Russie et la Suède, pour la cession de la Finlande.

Les gouvernements de Vasa et d'Uleaborg correspondent à l'ancienne province suédoise d'*Ostro-Botnie* (*Botnie orientale*).

Bomarsund, chef-lieu des îles d'Aland, fut bombardée et prise par les forces anglo-françaises en 1854.

Les *Finnois*, qui se nomment eux-mêmes *Suomi*, paraissent être originaires de l'Asie; ils parlent une langue tout à fait différente du russe, et se font remarquer par leurs mœurs douces et leur caractère loyal et bon.

Le royaume de POLOGNE, qui n'est, en réalité, qu'une vice-royauté russe, ne correspond qu'à une faible partie de l'ancien et puissant royaume de Pologne, démembré par des partages en 1772, 1793 et 1795 : la Russie, la Prusse et l'Autriche ont eu, chacune, une part dans le naufrage de cette vaste monarchie; mais la première a obtenu la plus grande portion. Les habitants du petit royaume actuel de Pologne s'insurgèrent en 1830 et luttèrent avec courage pour leur indépendance; ils sont retombés depuis sous la domination russe. En 1863 et 1864, ils ont cherché de nouveau, mais vainement, à se séparer de la Russie, par une insurrection qui s'est propagée aussi dans la Lithuanie.

1. On prononce *Obo*.

Ce pays n'est pas plus grand qu'un gouvernement russe d'une moyenne étendue; mais il est plus peuplé : il renferme environ 5 000 000 d'habitants. Il offre une surface très-unie, et le nom même de *Pologne* (*Polska*) signifie *pays plat;* la montagne de *Sainte-Croix*, au S., est presque la seule hauteur remarquable. Il y a des cantons marécageux, de vastes forêts, mais aussi beaucoup de terrains très-riches en blé, en lin, etc. Malheureusement, le cultivateur est en général apathique et négligent, et il ne met pas toujours à profit la fertilité du sol. On trouve dans les forêts reculées une sorte de bœuf sauvage nommé *urus* ou *aurochs*, animal grand et redoutable, portant une longue crinière. On y remarque aussi des bisons, assez semblables à nos bœufs domestiques.

La Vistule, en polonais *Wisla*, parcourt du S. au N. le royaume de Pologne, et y reçoit à droite le Bug ou Bog. Le Niémen limite le pays vers le N. E., et la Warthe, affluent de l'Oder, l'arrose à l'O.

Ce royaume se divise en cinq gouvernements : au N., *Augustowo* et *Plock;* — au milieu et à l'O., *Varsovie;* — à l'E., *Lublin;* — au S., *Radom.*

Varsovie est la capitale de la Pologne et du gouvernement du même nom, qui s'appelait autrefois Masovie. Cette ville se nomme en polonais *Warszawa*, et s'étend sur la rive gauche de la Vistule. Sur la rive droite, est *Praga*, que l'on considère comme un faubourg de la capitale. Varsovie a des rues belles et larges; elle renferme cent douze palais et beaucoup d'établissements scientifiques et littéraires. On y compte 163 000 âmes.

Les autres villes remarquables du royaume de Pologne sont : *Plock*, au N. O., sur la Vistule; — *Kalisch* ou *Kalisz*, belle ville, à l'O.; — *Lublin*, au S. E., peuplée de 19 000 habitants, et remarquable par le palais de Sobieski; — les forteresses importantes de *Zamosc* et de *Modlin;* — *Lodsi* ou *Lodz*, ville industrielle, de 32 000 âmes; — *Lowicz*, intéressante aussi par son industrie; — *Suwalki*, chef-lieu du gouvernement d'Augustowo.

(Longtemps la Pologne a possédé *Cracovie*, qui a été la

capitale de ce royaume, et qui est située au S. O. de Varsovie, sur la Vistule. Cette ville devint, en 1815, la capitale d'une petite république, mais a été annexée à l'Autriche en 1846.)

Versant de la mer Noire et de la mer d'Azov. — On trouve dans cette région dix-sept divisions.

Cinq sont maritimes : les gouvernements de *Bessarabie* ou *Kichénev*, de *Kherson*, de *Tauride* ou *Simféropol*, d'*Ekatérinoslav*, et le pays des *Cosaques du Don*.

Onze sont intérieures : le gouvernement de *Podolie* ou *Kaménetz*, dans le bassin du Dniestr; — les gouvernements de *Volhynie* ou *Jitomir*, de *Kiev*, de *Minsk*, de *Mohilev*, de *Smolensk*, de *Tchernigov*, de *Poltava* et de *Koursk*, dans le bassin du Dniepr; — les gouvernements d'*Ukraine* ou *Kharkov* et de *Voronej*, dans le bassin du Don.

La *Bessarabie*, renfermée entre le Dniestr et le Pruth, a longtemps appartenu à la Turquie, et ne dépend de la Russie que depuis 1812. Elle a pour chef-lieu *Kichénev*, ville de 95 000 âmes; ses autres principales villes sont : *Bender* ou *Bendéry*, sur le Dniestr; *Akkerman*, ville de 29 000 habitants, située à l'embouchure de ce fleuve, et célèbre par le traité de 1826 entre les Russes et les Turcs.

Le gouvernement de *Kherson* a pour chef-lieu la ville du même nom, de 40 000 âmes, sur le Dniepr, dont l'estuaire ou *liman* commence en cet endroit. — Il contient encore : *Nikolaev*, ville neuve et bien bâtie, sur le Boug, avec un port militaire et 45 000 âmes, près des ruines d'*Olbia*, colonie de Milésiens; — *Odessa*, une des principales places maritimes de l'Europe, avec 120 000 habitants; — le port et la forteresse d'*Otchakov*, vers l'embouchure du Dniepr, à droite du fleuve; — *Kinbourn*, autre forteresse, sur la rive opposée et sur une langue de terre étroite. Les Français et les Anglais ont enlevé cette dernière place aux Russes en 1855.

Le gouvernement de *Tauride* doit son nom à l'ancienne

péninsule de *Tauride*, ou *Chersonèse Taurique*, aujourd'hui la Crimée, qui en forme la partie la plus importante. Cette presqu'île offre au N. une plaine basse et malsaine; au S., elle est couverte de montagnes pittoresques, au pied desquelles s'ouvrent des vallées délicieuses, qui sont la partie la plus tempérée et la plus agréable de la Russie. Des Tatares à mœurs douces et patriarcales habitent dans ces montagnes.— La capitale de la Tauride est *Simféropol* ou *Akmetchet* (25 000 hab.), dans le S. de la Crimée. — Il se trouve aussi, dans le S., *Baktchisarai*, ville à la physionomie toute tatare, et jadis résidence des khans de Crimée. — On remarque, sur la côte S. O. de la presqu'île, la célèbre place de *Sévastopol* ou *Sébastopol*, prise par les Français et les Anglais en 1855, après un long siége, qui l'a presque entièrement détruite. Près de là, sur les bords de la Tchernaïa, rivière qui se jette dans le port de Sévastopol, sont les ruines d'*Inkerman*, où les Anglo-Français vainquirent les Russes en 1854. — Dans la même partie S. O. de la presqu'île, on voit *Kamiech* et *Balaklava*, deux ports occupés par les Français et les Anglais pendant 1854 et 1855. — En s'avançant au N. de Sévastopol, on trouve l'*Alma*, petite rivière qui va déboucher sur la côte occidentale, et qui est célèbre par une victoire des Français et des Anglais, en 1854. — Sur la côte occidentale, est *Eupatoria*, occupée par les mêmes alliés, dans les mêmes années. — Au N., à l'entrée de la presqu'île, s'offre la petite place forte de *Pérékop*. — Sur la côte S. E., on distingue *Kéfa* ou *Caffa*, nommée aussi *Féodosia* (anciennement *Théodosie*), ville aujourd'hui presque dépeuplée, mais qui fut riche et florissante au moyen âge, lorsque les Génois la possédaient; — enfin, à l'extrémité orientale de la presqu'île, sont *Kertch* et *Iénikalé*, deux petites places maritimes, prises par les forces anglo-françaises en 1855.

Le gouvernement d'*Ekatérinoslav* porte le nom de son chef-lieu, et renferme, vers l'extrémité N. E. de la mer d'Azov, *Taganrog*, *Marioupol*, les principaux ports de cette mer; *Azov*, autrefois considérable, aujourd'hui ruinée, sur le Don, près de l'embouchure de ce fleuve; *Rostov*, port assez important, sur le même fleuve; *Nakhitchévan*, ville manufacturière et toute peuplée d'Arméniens.

Les *Cosaques du Don* sont une partie importante du peuple des Cosaques, répandu dans beaucoup d'autres parties de la Russie, et fameux par son esprit belliqueux : ce peuple a adopté la langue des Russes, mais il a conservé des mœurs distinctes et des institutions assez libres; les Cosaques du Don, en particulier, ont une constitution toute militaire qui diffère entièrement de l'organisation des gouvernements de l'empire. Ils ont pour capitale *Novo-Tcherkask*.

La *Podolie* a pour chef-lieu *Kaménetz*; — *Bar*, dans ce gouvernement, a donné son nom à une célèbre confédération des Polonais en 1768.

Le chef-lieu de la *Volhynie* est *Jitomir*, ville de 38 000 âmes.

Kiev, chef-lieu du gouvernement du même nom, sur le Dniepr, est une des villes les plus anciennes de la Russie : elle a été la résidence des premiers souverains russes, et fut longtemps la cité la plus riche et la plus populeuse de cette contrée; elle renferme encore 70 000 habitants. — *Berditchev*, dans ce gouvernement, est une florissante ville de 53 000 habitants, presque tous israélites.

Ces trois gouvernements ont fait partie de la Pologne, ainsi que ceux de *Minsk* et de *Mohilev*, dont les chefs-lieux portent le même nom. — *Minsk* est une ville de 30 000 âmes. — *Mohilev* est célèbre par une victoire des Suédois sur les Russes en 1707.

Smolensk, sur le Dniepr, fut prise par les Français en 1812, malgré ses importantes fortifications.

Le gouvernement de *Poltava*, fertile et très-peuplé, a pour chef-lieu la ville du même nom, de 20 000 habitants, célèbre par la victoire de Pierre le Grand sur Charles XII, roi de Suède, en 1709.

Le gouvernement de *Koursk* a pour chef-lieu *Koursk*, ville de 30 000 habitants.

Celui d'*Ukraine* ou de *Kharkov*, remarquable par sa fertilité, a pour chef-lieu *Kharkov*, peuplée de 52 000 habitants.

Voronej, chef-lieu du gouvernement du même nom, a 40 000 âmes.

Versant de la mer Caspienne. — Il y a sur ce versant un gouvernement maritime : *Astrakhan* ; — et dix-neuf gouvernements intérieurs : *Tver*, *Iaroslav*, *Kostroma*, *Nijnii-Novgorod*, *Kazan*, *Simbirsk*, *Samara*, *Saratov*, traversés par le Volga ; — *Moscou*, *Kalouga*, *Orel*, *Toula*, *Riazan*, *Vladimir*, *Tambov*, *Penza*, arrosés par des tributaires de la rive droite de ce fleuve ; — *Viatka*, *Perm*, *Orenbourg*, arrosés par des tributaires de la rive gauche.

Ces gouvernements, excepté celui d'Orenbourg, portent le nom de leurs chefs-lieux. Parmi ces chefs-lieux, les plus importants sont : *Astrakhan*, grande et florissante ville maritime, de 45 000 âmes, sur une île du Volga, à 50 kilomètres de la mer Caspienne ; — *Tver*, fort belle ville de 25 000 habitants, sur le Volga ; — *Iaroslav* ou *Iaroslavl*, sur le même fleuve, avec 30 000 habitants ; — *Nijnii-Novgorod*, et, par abréviation, *Nijégorod*, ou simplement *Nijnii*, ville de 40 000 âmes, située au confluent du Volga et de l'Oka, et fameuse par ses foires ; — *Kazan*, près du Volga, avec 63 000 habitants et une célèbre université ; — *Simbirsk* et *Samara*, villes 25 à 30 000 habitants ; — *Saratov*, qui en a 65 000 ; — *Toula*, ville de 58 000 habitants, célèbre par ses manufactures d'armes ; — *Orel*, peuplée de 35 000 âmes ; — *Eletz*, avec 25 000, dans le gouvernement d'Orel ; — *Kalouga*, ville de 35 000 habitants, renommée par son caviar, préparation faite avec des œufs d'esturgeon ; — *Tambov*, avec 36 000 habitants ; — *Penza*, avec 25 000 ; — enfin, *Moscou*, en russe *Moskva*, qui fut longtemps la métropole de la Russie, et qui conserve encore le titre de seconde capitale de l'empire. Cette grande cité s'étend sur les deux rives de la Moskva, et a 50 kilomètres de tour ; mais la population n'y est que de 350 000 âmes, en été ; elle compte en hiver 100 000 habitants de plus, parce qu'une riche et nombreuse noblesse et sa suite viennent y passer la mauvaise saison. Moscou fut presque entièrement détruite en 1812 par l'incendie qu'allumèrent ses propres habitants, quand les Français y entrèrent; on l'a rebâtie rapidement, et aujourd'hui elle est plus belle que jamais. Au centre de la ville, s'élève le Kremlin, espace fortifié qui comprend un majestueux assemblage de palais et d'églises. — On voit, dans le même gouvernement, *Mojaïsk*, prise par les Français en 1812, et où se trouve le monastère *Troïtzkoï*, célèbre lieu de pèlerinage. — On y remarque aussi *Borodino*, où se livra, en 1812, la bataille de la Moskva.

Le gouvernement de *Viatka*, et le grand gouvernement de *Perm*, très-riche en mines de fer, de cuivre et d'or, ont des chefs-lieux du même nom. — Le gouvernement d'*Orenbourg*, très-grand aussi et qui possède abondamment les mêmes métaux, a pour chef-lieu *Oufa* ; la ville la plus importante y est cependant *Orenbourg*, sur l'Oural et sur la limite même de l'Asie. Il s'y rend beaucoup de marchands de la Tatarie, et il s'y fait un commerce considérable.

Une partie des gouvernements de Perm et d'Orenbourg est au delà des monts Ourals, et se trouve en Asie.

Région entre la mer Caspienne et la mer Noire. — Cette région renferme le gouvernement de *Stavropol*, et les territoires du *Kouban*, du *Térek* et du *Daghestan*.

Le premier a pour chef-lieu *Stavropol*, et a été longtemps appelé province du *Caucase*, quoiqu'il ne touche pas à la chaîne de ce nom : il en est séparé par la *Circassie*. Baigné à l'E. par la mer Caspienne, il est séparé de la mer Noire, à l'O., par le pays des *Cosaques de la mer Noire*. Le pays de ces Cosaques et une partie du revers septentrional du Caucase occidental ont formé le territoire du *Kouban*, récemment érigé, et dont le chef-lieu est *Ékatérinodar*.

Le territoire du *Térek*, situé sur le flanc N. du Caucase

moyen, est formé d'une partie considérable de la *Circassie*, contrée très-montagneuse, et habitée par un grand nombre de peuplades, qui ont longtemps soutenu leur indépendance contre les Russes. Elles sont aujourd'hui à peu près entièrement soumises ou ont été forcées d'abandonner leur pays et de se réfugier en Turquie. Ces peuplades sont célèbres par leur beauté. Les principales sont les *Tcherkesses* ou *Circassiens proprement dits* (qu'on appelle aussi *Adighé*), les *Abkhases* ou *Abases*, les *Ossètes* et les *Lesghiz*.

Le territoire du *Daghestan*, c'est-à-dire le *pays des montagnes*, s'étend à l'E. de la Circassie et sur le flanc septentrional de la partie la plus orientale du Caucase; il a pour chef-lieu *Derbent*, place forte, sur la mer Caspienne.

Chemins de fer. — Le principal chemin de fer que possède la Russie est celui de *Saint-Pétersbourg à Moscou*, prolongé jusqu'à *Nijnii-Novgorod*, par *Vladimir*. Il y en a un de *Saint-Pétersbourg à Varsovie*, avec embranchement de *Kovno* à *Kœnigsberg*; *Varsovie* communique avec *Cracovie*, *Vienne*, *Berlin*; *Helsingfors*, avec *Tavastehus*.

Peuples différents compris dans l'empire Russe. — Langues, religion, gouvernement, etc. — Des populations très-diverses habitent la Russie : les unes sont d'origine *slave* : tels sont les *Russes* (du moins en grande partie), les *Polonais* et les *Ruthènes*. — Il y a, dans les anciens gouvernements polonais, un assez grand nombre de *Lithuaniens*, divisés en *Lithuaniens proprement dits* ou *Litaouis*, et *Lettes* ou *Lettons*. — D'autres populations appartiennent à la race *finnoise*, comme les *Finnois proprement dits*, *Finlandais* ou *Tchoudes*, les *Votes*, les *Esthes* ou *Esthoniens*, les *Lives*, les *Caréliens*, une grande partie des Russes de l'intérieur appelés *Moscovites* ou *Grands-Russes*; les *Biarmiens* ou *Permiens*, dans le N. E. de la Russie, divisés en *Sirianes*, *Permiens proprement dits* et *Votiaks*; les *Vogoules*, les *Mordouans*, les

Tchérémisses, répandus dans les parties orientales.— Les *Lapons*, pour la langue, se rattachent aux *Finnois;* mais ils semblent plutôt appartenir, physiologiquement, à la race *mongolique*. Les *Samoïèdes* sont de cette dernière race.

Il y a, dans le S. E. et le S., un autre peuple d'origine *mongole*, les *Kalmouks*, venus primitivement du centre de l'Asie. — D'autres, dans l'E., le S. E. et le S., sont d'origine *turque* et *tatare*, comme les *Tchouvaches*, les *Bachkirs*, les *Nogaïs*, les *Koumyks*, les *Kirghiz*, les *Tatares de Crimée*. — Les *Cosaques*, ou plutôt les *Kasaks*, se sont formés d'un mélange de Slaves et de Tatares ou de Mongols.

Les peuples *caucasiens* comprennent les *Circassiens* ou *Tcherkesses*, les *Abases*, les *Kistes*, les *Lesghiz*, les *Ossètes*.

Les *Allemands* sont nombreux dans le territoire qui s'étend entre le golfe de Finlande et la frontière de la Prusse ; ils ont formé beaucoup de *colonies* dans les parties méridionales. — Il y a des *Suédois*, dans le N. O.; des *Grecs* et des *Arméniens*, particulièrement dans le S.; des *Valaques* et des *Moldaves*, dans le S. O.; des *Juifs*, dans un grand nombre de gouvernements, surtout ceux de l'O.; les *Tsiganes* ou *Bohémiens*, dans presque tous.

Les Russes et les Polonais forment la masse de la population. Ceux qu'on appelle les Petits-Russes[1] ont conservé plus complétement que les autres la physionomie nationale, et sont essentiellement Slaves ; ils sont mieux faits et ont des qualités morales plus élevées. — Le Russe est bon, prévenant et hospitalier ; il se montre ordinairement gai, actif, courageux, fort religieux. Cependant il cache au fond du cœur des passions ardentes, qui l'entraînent quelquefois à des actes d'une grande brutalité ; on lui reproche l'amour du gain. La langue russe est riche, sonore, flexible : elle a de la naiveté et de l'élégance. —Les Polonais sont braves, enthousiastes de la liberté ; leur noblesse est nombreuse, fort brillante, et pleine de dignité dans ses manières ; mais les paysans offrent

1. Voir plus loin le tableau historico-physique de la Russie.

presque partout le tableau de la misère et de la négligence. La langue polonaise n'est ni aussi harmonieuse ni aussi riche que le russe; cependant elle est assez agréable.

On parle, d'ailleurs, en Russie, un grand nombre de langues : outre le russe et le polonais, les principales sont le finnois, le letton et le lithuanien (qui ont entre eux beaucoup de rapports); le turc, dans le S.; l'allemand, assez répandu à l'O.; le suédois, dans plusieurs villes de la Finlande.

Toute la haute société connaît le français.

Les Russes et les Polonais ont une facilité remarquable pour apprendre les idiomes étrangers.

Le gouvernement de la Russie est une monarchie absolue; l'Empereur ou *Tzar* prend aussi le titre d'autocrate de toutes les Russies. La religion dominante est la religion grecque, une des branches du christianisme : elle ne reconnaît pas la suprématie spirituelle du Pape. L'Empereur est le chef suprême de l'Eglise grecque en Russie; mais il délègue son autorité à l'assemblée du Saint-Synode, qui siége à Saint-Pétersbourg.

Le clergé se divise en deux classes distinctes : 1° le *clergé blanc*, ou clergé séculier, qui comprend les *popes* (curés), et auquel le mariage est ordonné; 2° le *clergé noir* ou régulier, qui est contraint au célibat et qui jouit du privilége exclusif d'occuper les dignités ecclésiastiques.

Les catholiques romains sont très-nombreux dans les provinces polonaises. Il y a aussi beaucoup de grecs-unis, ainsi nommés parce qu'ils se sont réunis, pour plusieurs points religieux, à l'Eglise romaine. Les Juifs y sont fort répandus, et l'on a appelé la Pologne le *Paradis des Juifs :* presque tout le commerce s'y trouve entre leurs mains.

Les protestants se rencontrent en grand nombre dans les provinces baignées par la Baltique. Il y a beaucoup de mahométans dans le S. et dans le S. E. de la Russie; Dans les parties orientales, plusieurs peuplades professent le bouddhisme, et reconnaissent la suprématie religieuse du grand lama du Tibet.

La civilisation n'est pas encore très-avancée dans cet empire : les hautes classes, il est vrai, sont éclairées, connaissent les inventions que l'on fait sur tous les points du globe, parlent les principales langues de l'Europe, montrent de l'urbanité et des manières élégantes dans leurs relations sociales; mais les classes inférieures sont restées plongées dans de profondes ténèbres. Beaucoup de paysans étaient naguère encore *serfs*, c'est-à-dire la propriété de la couronne et des seigneurs; on a décrété enfin leur affranchissement. Le gouvernement a donné l'exemple de cette belle réforme, en libérant les serfs nombreux de la couronne.

L'armée de terre de la Russie, sur le pied de paix, est de 1 200 000 hommes, dont 800 000 pour l'armée active, et, sur le pied de guerre, de 1 600 000. La flotte compte environ 600 bâtiments. Le revenu de l'État s'élève à 1 500 000 000 de francs, et la dette publique à 6 milliards.

La Russie a une industrie fort récente encore, et cependant déjà avancée ; elle fabrique des toiles de lin et de chanvre, des tissus de coton, de laine et de soie, des verres, des cristaux, des cuirs, des eaux-de-vie, de la potasse, de la colle de poisson.

Le commerce de la Russie, malgré l'immense étendue de cet empire, n'offre qu'environ 670 millions de francs d'importations et 700 millions d'exportations. Le principal commerce se fait par la Baltique, où se trouvent les grands ports de Saint-Pétersbourg et de Riga. Sur la mer Noire, on remarque surtout le port d'Odessa; sur la mer Caspienne, celui d'Astrakhan ; sur la mer Blanche, celui d'Arkhangel. On exporte des grains, du chanvre, des graines de lin et de chanvre, du fer, du cuivre, de l'or, des peaux, des fourrures, des cuirs, de la laine, du suif, de la toile, des bois de construction, de la potasse. On y importe du coton, des tissus teints, des tissus de soie et de coton, des tissus de laine, du sucre, du café, des vins. Une grande partie des opérations commerciales de cet empire se traitent dans les foires, dont plusieurs attirent un nombre énorme d'étrangers : la principale est celle de *Nijnii-Novgorod.*

Possessions russes hors de l'Europe. — L'empire Russe s'étend non-seulement en Europe, mais dans le N. et l'O. de l'Asie et dans le N. O. de l'Amérique septentrionale. Il occupe ainsi dans le N. du globe un vaste espace, depuis 30° 20' jusqu'à 78° 25' de latitude N.; et depuis 15° de longitude E. jusqu'à 132° de longitude O., ce qui fait une longitude totale de 213°. La plus grande longueur de cette immense monarchie est d'environ 13 000 kilomètres, et se trouve vers le 55e parallèle : sa plus grande largeur est de 3000 kilomètres. La superficie comprend 20 000 000 de kilomètres carrés. C'est à peu près le septième de la surface des parties terrestres du globe. La population s'élève à 76 000 000 d'habitants.

La Russie d'Asie, peuplée de 7 à 8 000 000 d'habitants, se divise en deux parties : 1° la *Sibérie*, qui occupe le N. de l'Asie et qui vient de s'augmenter d'importants territoires dans le bassin de l'*Amour*; 2° la *Transcaucasie*, renfermée entre la mer Caspienne et la mer Noire, dans l'O. de cette partie du monde, et composée de la *Géorgie*, de l'*Iméréthie*, de l'*Arménie russe*, etc.

La Russie américaine comprend une partie du N. O. de l'Amérique; mais les côtes seules sont réellement occupées par les Russes, qui y possèdent, entre autres territoires, les îles du *Roi George III* et les îles *Aléoutiennes*.

TABLEAU

des divisions historico-physiques de la Russie d'Europe.

(Sans le royaume de Pologne et la Finlande.)

RÉGION BALTIQUE	Gouv. de Saint-Petersbourg. — Esthonie ou Revel. — Livonie ou Riga. — Courlande ou Mitau.
GRANDE-RUSSIE	— Moscou. — Smolensk. — Pskov. — Tver. — Novgorod. — Iaroslav. — Kostroma. — Vladimir. — Penza. — Tambov. — Riazan. — Toula. — Kalouga. — Orel. — Koursk. — Voronej.
RUSSIE SEPTENTRIONALE	— Arkhangel — Vologda. — Olonetz.
PETITE-RUSSIE	— Kiev. — Tchernigov. — Poltava. — Kharkov ou Ukraine.
RUSSIE MÉRID. ou NOUV.-RUSSIE.	— Ékaterinoslav. — Kherson. — Tauride. — Bessarabie. Pays des Cosaques du Don.

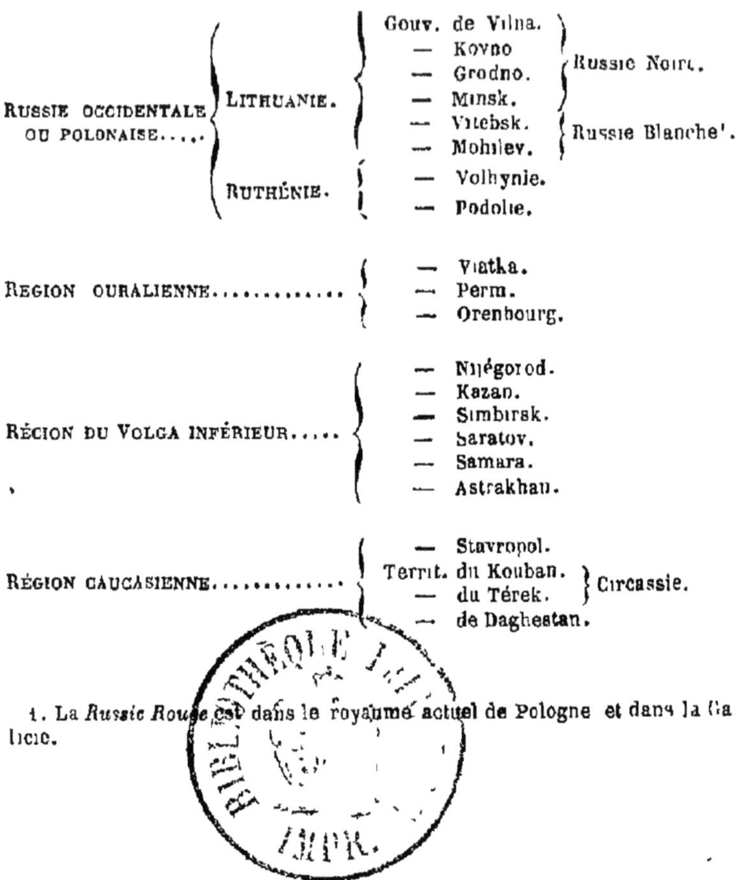

Région	Subdivision	Gouvernement	Groupe
Russie occidentale ou polonaise.....	Lithuanie.	Gouv. de Vilna.	Russie Noire.
		— Kovno	Russie Noire.
		— Grodno.	Russie Noire.
		— Minsk.	Russie Noire.
		— Vitebsk.	Russie Blanche[1].
		— Mohilev.	Russie Blanche[1].
	Ruthénie.	— Volhynie.	
		— Podolie.	
Region ouralienne............		— Viatka.	
		— Perm.	
		— Orenbourg.	
Région du Volga inférieur.....		— Nijégorod.	
		— Kazan.	
		— Simbirsk.	
		— Saratov.	
		— Samara.	
		— Astrakhan.	
Région caucasienne............		— Stavropol.	
		Territ. du Kouban.	Circassie.
		— du Térek.	Circassie.
		— de Daghestan.	

1. La *Russie Rouge* est dans le royaume actuel de Pologne et dans la Galicie.

RÉSUMÉ DES DIVISIONS DE L'EUROPE.

	PAYS.	SUPERFICIE en kilom. carrés	POPULAT.	CAPITALES.	POPULAT des capitales
Sur le versant de l'océan Atlantique et de l'océan Glacial	ILES BRITANNIQUES	300 000	30 000 000		
	Angleterre.	....	....	Londres	3 000 000
	Écosse	....	....	Édinbourg. .	170 000
	Irlande..............	....	....	Dublin	250 000
	BELGIQUE..........	29 500	4 900 000	Bruxelles. ..	200 000
	NÉERLANDE ou PAYS-BAS........	34 000	3 500 000	La Haye.....	80 000
	PRUSSE.	355 000	24 000 000	Berlin.	700 000
	CONFÉDÉRATION DE L'ALLEMAGNE DU NORD (sans la Prusse)	59 000	5 500 000		
	DANEMARK.........	38 000	1 800 000	Copenhague.	155 000
	Monarc. Scand. { SUÈDE...	440 000	4 000 000	Stockholm...	130 000
	Monarc. Scand. { NORVÈGE	300 000	1 600 000	Christiania..	55 000
A la fois sur les versants Océanique et Méditerranéen	RUSSIE............ (Y compris la Pologne et le grand-duché de Finlande.)	5 870 000	69 000 000	Saint-Petersbourg.....	550 000
	AUTRICHE	623 000	34 500 000	Vienne......	580 000
	ÉTATS DE L'ALLEMAGNE DU SUD (Bavière, Wurtemberg, etc.).......	115 000	9 000 000		
	SUISSE	40 900	2 500 000	Berne.......	30 000
	FRANCE.....	547 000	37 500 000	Paris	2 000 000
	Pénins. Hispan. { ESPAGNE..	465 000	16 000 000	Madrid......	300 000
	Pénins. Hispan. { PORTUGAL.	91 000	3 500 000	Lisbonne....	275 000
Sur le versant Méditerranéen.	ITALIE............ (Royaume d'Italie, États de l'Église.)	286 000 (dont 12 000 aux États de l'Église)	25 000 000 (dont 700 000 aux États de l'Église)	Florence. ... (roy. d'Italie) Rome (États de l'Église).	120 000 200 000
	TURQUIE D'EUROPE (En y comprenant les principautés slaves et roumaines de Servie, de Valachie et de Moldavie.)	528 000	15 000 000	Constantinople........	700 000
	GRÈCE ET ILES IONIENNES	53 600	1 500 000	Athènes.....	50 000
	TOTAUX......	10 175 000	288 800 000		

TABLE DES MATIÈRES.

Géographie physique de l'Europe.

Divisions politiques de l'Europe.

FIN DE LA TABLE.

8982. — Imprimerie générale de Ch. Lahure, rue de Fleurus, 9, à Paris.

MÉTHODE UNIFORME

POUR

L'ENSEIGNEMENT DES LANGUES

PAR E. SOMMER.

La *Méthode uniforme pour l'enseignement des langues* reçoit pour ainsi dire tous les jours de nouveaux compléments; elle offre dès à présent, pour chacune des branches de l'enseignement grammatical, toutes les ressources désirables.

On se rappelle avec quel intérêt et quelle sympathie la partie exclusivement classique de la *Méthode* a été accueillie par le public et par la presse. Tous les journaux et la plupart des *Revues* ont rendu le compte le plus favorable des trois grammaires française, grecque et latine, et se sont accordés à y voir l'accomplissement d'un progrès réel dans l'enseignement grammatical. D'un autre côté, le Conseil impérial de l'instruction publique revêtait successivement de sa sanction les divers volumes qui lui étaient présentés; des recteurs accordaient à la *Méthode* leurs encouragements, en favorisaient l'introduction, la recommandaient même, dans des circulaires officielles, à l'attention des professeurs et des chefs d'établissements de leur ressort; enfin plusieurs Conseils académiques désignaient la grammaire française de M. Sommer au choix des instituteurs.

Mais la publication des trois grammaires classiques

n'était qu'un service rendu à la partie la moins nombreuse de nos établissements d'instruction. L'idée si juste et si vraie de l'uniformité dans l'enseignement de la grammaire n'avait pas reçu par là tous les développements dont elle était susceptible. Ces facilités offertes aux élèves des lycées et des colléges, n'était-il pas plus désirable encore de les assurer à cette masse d'enfants pour qui les littératures anciennes n'existent que de nom, et qui, destinés au commerce ou aux carrières industrielles, n'ayant que peu d'années à consacrer à leur instruction première, ont un si grand besoin de connaître les langues vivantes, d'en savoir le plus possible, de les étudier aussi le plus rapidement possible?

Il n'est pas nécessaire d'entrer dans de longs détails pour faire ressortir les avantages de la *Méthode uniforme*. Qu'on veuille bien jeter un coup d'œil sur l'état actuel de l'enseignement grammatical. Nous supposons qu'entre toutes les grammaires existantes on ait choisi les meilleures, les plus parfaites; il n'en est pas moins vrai qu'autant on aura choisi de grammaires, autant on aura de systèmes différents. Et c'est au début des études, c'est quand l'esprit de l'enfant n'est pas encore formé, qu'on l'oblige à se plier à cette diversité de méthodes. Ajoutons qu'en général les grammaires de langues vivantes sont faites par des étrangers, ce qui est fort naturel d'ailleurs; mais alors, outre la divergence de vues qui existera entre l'auteur de la grammaire anglaise et celui de la grammaire allemande, par exemple, on rencontrera encore chez tous les deux une opposition inévitable et presque instinctive aux procédés à l'aide desquels on enseigne dans nos écoles la langue maternelle. Il faudra en quelque sorte que l'enfant, pour apprendre l'allemand d'une manière profitable, ait pris tout d'abord un point de vue allemand, qu'il ait déjà le génie allemand; ce qui est, on en conviendra, demander l'impossible : commencer par où l'on serait trop heureux de finir!

Les auteurs de la *Méthode uniforme* suivent une marche tout autre, et, ce semble, beaucoup plus rationnelle. Leur point de départ, c'est le français. Quelque divers que soient les génies des langues, quelque opposés même qu'ils puissent être parfois entre eux, il y a néanmoins un fonds commun, qui fait une partie considérable de toute grammaire. Les éléments du langage sont les mêmes partout; les définitions, la classification, la nomenclature, qui sont bonnes pour le français, ne le sont pas moins pour l'espagnol, pour l'anglais, etc. Quel profit y a-t-il pour l'enfant à avoir deux ou trois définitions du verbe, deux ou trois dénominations pour certains temps, deux ou trois dispositions différentes des temps et des modes dans la conjugaison? N'est-ce pas là une cause de confusion pour cette intelligence encore faible, souvent paresseuse? N'est-ce pas un obstacle au progrès? Nous en avons tous fait l'expérience. Si donc l'on admet, pour la partie élémentaire, ce fonds commun, c'est un procédé bien simple et bien naturel que de conserver le même ordre, les mêmes dénominations, les mêmes définitions, pour des choses qui sont absolument les mêmes; de ne pas présenter à l'enfant les mêmes éléments de plusieurs manières; de ne pas lui faire apprendre le matin une définition, un terme, qu'il lui faudra changer le soir; de ne pas lui faire appliquer sur la foi d'un livre telle règle qu'un autre livre démentira.

Ainsi donc, le français pour base, la comparaison constante des autres langues avec le français, tel est le principe, le lien commun de toutes les grammaires publiées. On peut tout espérer de cette innovation féconde, ou plutôt de ce retour aux vrais principes de la saine logique; et déjà, pour un grand nombre d'établissements d'instruction secondaire, ce n'est plus simplement une espérance, c'est un progrès réalisé.

La *Méthode uniforme pour l'enseignement des langues* se compose jusqu'à présent des volumes suivants :

Premières notions de grammaire générale ou Exposé des principes de la méthode, par M. E. Sommer. 1 volume in-12, broché............. 75 c.

1° LANGUE FRANÇAISE.

Abrégé de grammaire française, par M. E. Sommer. In-12, cart....... 75

Questionnaire sur l'Abrégé de grammaire française. In-12, cart. .. 40

Exercices sur l'Abrégé de grammaire française, par M. A. Castillon, professeur au collège Sainte-Barbe In-12, cart...................... 75

Exercices sur l'analyse grammaticale et sur l'analyse logique, par M. F. de Parnajon, profes. au lycée Napoléon, agrégé des classes de grammaire. In-12, cart .... 1 fr.

Cours complet de grammaire française, par M. Sommer. In-8 1 fr. 50

Exercices sur le Cours complet de grammaire française, par M. F. de Parnajon. In-8, cart........ 1 fr. 50

2° LANGUES ANCIENNES.

Abrégé de grammaire latine, par M. E. Sommer In-12, cart. 1 fr. 25

Questionnaire sur l'Abrégé de grammaire latine, In-12, cart..... 60

Exercices sur l'Abrégé de grammaire latine, par M. F. de Parnajon. In-12, cart.............. 1 fr. 25

Cours de versions latines. 1re partie à l'usage des classes de huitième et de septième. In-12, cart... 1 fr.

Cours de versions latines, 2e partie, à l'usage des classes de Sixième et de cinquième. In-12 cart. 1 fr. 25

Cours de thèmes latins, par M. F. de Parnajon. In-12, cart. ... 1 fr. 50

Cours complet de grammaire latine, par M. E. Sommer. In-8, cart. 2 fr. 50

Exercices sur le Cours complet de grammaire latine, par M. F. de Parnajon. In-8, cart.......... 2 fr. 50

Abrégé de grammaire grecque, par M. E. Sommer. In-12, cart. 1 fr. 50

Questionnaire sur l'Abrégé de grammaire grecque, In-12, cart... 60

Exercices sur l'Abrégé de grammaire grecque, par M. F. de Parnajon. In-12, cart......... 1 fr. 50

Cours de versions grecques, 1re partie à l'usage des classes de sixième et de cinquième In-12, cart... 1 fr.

Cours de versions grecques, 2e partie à l'usage des classes de cinquième et de quatrième. In-12 cart. » fr. »

Cours de thèmes grecs, par M. F. de Parnajon. In-12, cart ... 1 fr. 50

Cours complet de grammaire grecque, par M. E. Sommer. In-8. 3 fr.

Exercices sur le Cours complet de grammaire grecque, par M. F. de Parnajon. In-8, cart.......... 3 fr.

3° LANGUES VIVANTES.

Abrégé de grammaire anglaise, par M. C. Fleming. In-12, cart. 1 fr. 25

Exercices sur l'Abrégé de grammaire anglaise, par M. C. Fleming. In-12, cart....................... 1 fr. 25

Exercices oraux de langue anglaise, par M. A. Beljame. In-12, cart....................... 1 fr. 50

Cours complet de gramm. anglaise, par M. C. Fleming. In-8, cart. 3 fr.

Abrégé de grammaire allemande, par M. A. Desfeuilles. In-12, cart....................... 1 fr. 50

Exercices sur l'Abrégé de grammaire allemande, par le même. In-12, cart....................... 1 fr. 50

Abrégé de grammaire italienne, par M. P. Paoli. In-12, cart... 1 fr. 25

Exercices sur l'Abrégé de grammaire italienne, par M. Rapelli. In-12, cart................ 1 fr. 25

Cours complet de grammaire ital., par le même. In-8 (*Sous presse*).

Abrégé de grammaire espagnole, par P. Hernandez. In-12, cart. 1 fr. 25

Exercices sur l'Abrégé de grammaire espagnole, par le même. In-12, cart....................... 1 fr. 25

Cours complet de gramm. espagnole, par le même. In-8, cart. 3 fr. 50

Des corrigés ont été publiés pour chacun des volumes d'exercices, de thèmes et de versions.

Imprimerie générale de Ch. Lahure, rue de Fleurus, 9, à Paris.

www.ingramcontent.com/pod-product-compliance
Ingram Content Group UK Ltd.
Pitfield, Milton Keynes, MK11 3LW, UK
UKHW020309230726
13925UKWH00001B/304